dtv

20 Tage im 20. Jahrhundert

Herausgegeben von
Norbert Frei
Klaus-Dietmar Henke
Hans Woller

Harold James

Rambouillet, 15. November 1975

Die Globalisierung der Wirtschaft

Aus dem Englischen übersetzt
von Hermann Graml

Deutscher Taschenbuch Verlag

Ein Überblick über die gesamte Reihe findet sich auf S. 286/287

Vom Verfasser autorisierte Übersetzung

Einige Stellen dieses Buches sind entnommen aus: Harold James, International Cooperation Since Bretton Woods (© 1996 International Monetary Fund)

Originalausgabe
Juni 1997

Umschlaggestaltung: christof berndt & simone fischer
Umschlagfoto: Gipfeltreffen in Rambouillet, 1975 (© dpa)
Satz: Oreos GmbH., Waakirchen
Druck und Bindung: C. H. Beck'sche Buchdruckerei, Nördlingen
Gedruckt auf säurefreiem, chlorfrei gebleichtem Papier
Printed in Germany · ISBN 3-423-30615-7

Inhalt

Das Treffen in Rambouillet

Zunächst war alles nur als einmalige Reaktion auf eine akute wirtschaftliche und politische Gefahr gedacht: Als sich die Führer der sechs größten westlichen Industriestaaten am 15. November 1975 fünfzig Kilometer vor Paris in einem romantischen Schloß aus dem 14. Jahrhundert trafen, glaubte noch kaum jemand daran, daß daraus eine regelmäßige Übung werden könnte. Die Initiative zu dem »Gipfel von Rambouillet« hatten der deutsche Bundeskanzler Helmut Schmidt und der französische Staatspräsident Valéry Giscard d'Estaing ergriffen – zwei Politiker, die eine enge Zusammenarbeit pflegten und die beide unter dem nachhaltigen Eindruck einer Erfahrung standen, die sie 1973 als Finanzminister gemacht hatten. Damals waren sie mit ihrem amerikanischen und ihrem britischen Kollegen in der Bibliothek des Weißen Hauses zusammengekommen, um Maßnahmen gegen eine ernste Währungskrise zu besprechen. Jetzt, 1975, wollten sie diese Art von informeller Konferenz – »unseren kleinen Klub«, wie sie das nannten – auf höchster politischer Ebene und unter Zuziehung Italiens und Japans fortsetzen. Frei vom Druck der jeweiligen nationalen Politik und von der Bedächtigkeit und Vorsicht bürokratischer Apparate sollten Meinungen reifen und Entscheidungen getroffen werden können. Finanz- und Außenminister sollten zwar bei der Hand sein, um Ratschläge in speziellen Fragen beizusteuern, aber nicht zur »Hausrunde« gehören.

Tatsächlich residierten dann während der drei Tage von Rambouillet nur die sechs Staatsoberhäupter und Regierungschefs – in Luxussuiten – im Schloß selbst. Nichts sollte die intime Atmosphäre stören. Sogar der mächtige Außenminister der USA, Henry Kissinger, dem als einzigen ein Schlafzimmer im Schloß offeriert worden war, entschloß sich, nachdem er herausgefunden hatte, daß zu seinem Zimmer keine eigene Toilette gehörte, wie die anderen Minister in einem Pariser Hotel zu wohnen. Schreibkräfte standen zur Verfügung, doch hatte ihnen Giscard mit Bedacht die üblichen Gerätschaften wie Schreibtische oder Kopfhörer für die Übersetzungsanlage vorenthalten. Die kontinentaleuropäischen Führer gedachten auch auf jede Form von Kommuniqué zu verzichten.

Die angenehme Umgebung aus Frankreichs Feudalzeit kontrastierte mit einem tiefsitzenden Pessimismus der Diskutanten. Die vierfachen Erhöhungen des Ölpreises, die dem Jom-Kippur-Krieg von 1973 folgten, schienen eine fundamentale Wende in der globalen Verteilung von Wirtschaftsmacht anzuzeigen, nämlich zuungunsten der wohlhabenden industrialisierten Länder (»des Nordens«), die bis dahin am meisten vom Wachstum der Weltwirtschaft und vom zunehmenden globalen Handel profitiert hatten. Die Notwendigkeit, sich dem höheren Energiepreis anzupassen, führte in den fortgeschrittenen Industrieländern zu ernsten Rezessionen. Doch handelte es sich nicht allein um eine wirtschaftliche Krise. In den späten neunziger Jahren des 20. Jahrhunderts, in denen eine ziemlich selbstgefällige Überzeugung von der historischen Zwangsläufigkeit des Triumphs der westlichen repräsentativen Demokratie weit verbreitet ist, mag es vielen schwerfallen, sich die pessimistische Stimmung der siebziger Jahre zu vergegenwärtigen. Damals diagnostizierte der »Club of Rome« die »Grenzen des Wachstums«, und Sozialwissenschaftler wie politische Kommentatoren ritten auf den Schwächen oder dem Versagen des demokratischen Systems herum. Vor allem kamen etliche zu dem Schluß, daß die repräsentative Demokratie nur funktionieren könne, wenn es nicht zu heftigeren Zusammenstößen von Verteilungsansprüchen komme, und daß wiederum solche Zusammenstöße nur dann vermeidbar seien, wenn es bei den historisch einzigartig hohen Zuwachsraten der fünfziger und sechziger Jahre bleibe. Außerdem bedeutete das Faktum des geringeren Wachstums eine neue Belastung der internationalen Beziehungen. Insbesondere drohten die unterschiedlichen Reaktionen auf den Ölboykott, den die arabischen Produzenten über diejenigen Staaten verhängten, die Israel unterstützten, einen Keil zwischen Westeuropa und die USA zu treiben.

Helmut Schmidt, der eine typisch deutsche Sensitivität für die Zusammenhänge zwischen wirtschaftlicher und politischer Labilität besaß, befürchtete, daß in der allgemeinen Krise der westlichen Demokratien Deutschlands zweites demokratisches Experiment bereits vor dem Scheitern stehe. Schließlich wurde weithin geglaubt, daß die Weimarer Demokratie zu Beginn der dreißiger Jahre einer Wirtschaftskrise zum Opfer gefallen war, zu deren weiteren Folgen der Zweite Weltkrieg gehörte. In Großbritannien und Italien nahm die Debatte über die »Unregierbarkeit« moderner Demokratien noch düsterere Züge an. 1974 hatte Großbritannien zwei allgemeine Wahlen unter der Frage »Wer beherrscht Britannien?« erlebt. Die neue Labour-Regierung war besessen von der Furcht vor einem Militärputsch. Teile des Vereinigten Königreichs – in Nordirland – waren zu »no go areas« erklärt worden, wo Polizei und Armee es aufgegeben hatten, jene Pflicht wahrzunehmen, die gewöhnlich als die erste Aufgabe des modernen Staates gilt, die Aufrechterhaltung der öffentlichen Sicherheit. Obendrein gab es ernste finanzielle Probleme; nach dem Zusammenbruch einiger Spekulationsbanken war eine generelle Bankenkrise nur durch die Intervention der Bank von England abgewendet worden. In der neuartigen Verbindung »Stagflation« stagnierte oder schrumpfte die Wirtschaft, während zugleich galoppierende Inflation herrschte. Die Regierung sah sich genötigt, beim Internationalen Währungsfonds eine Anleihe aufzunehmen. Premierminister Harold Wilson, in den sechziger Jahren als eine dynamische und charismatische Persönlichkeit auf dem Plan erschienen, der moderne Politik auf der Grundlage einer »weißglühenden technologischen Revolution« versprochen hatte, zeigte sich nun emotional und intellektuell erschöpft – und war drauf und dran zurückzutreten. In Italien sahen viele, zu Helmut Schmidts Entsetzen, den Eintritt der Kommunistischen Partei in die Regierung kommen; die Teilnahme von Ministerpräsident Aldo Moro am Gipfeltreffen von Rambouillet sollte daher auch zeigen, daß Italien ein Teil »des Westens« sei. Später wurde Moro von Terroristen der Roten Brigaden entführt und unter mysteriösen Umständen ermordet, die auf eine Beteiligung von Führern seiner eigenen Christdemokratischen Partei hindeuteten. Auch Japan war von importiertem Öl abhängig – und daher vom »shokku« heftig gebeutelt; Ministerpräsident Takeo Miki schwieg fast während des gesamten Treffens.

Die stärkste Macht der Erde hatte ihre eigenen Legitimationsprobleme: US-Präsident Gerald Ford verdankte weder das Amt des Präsidenten noch das des Vizepräsidenten einer Wahl. Richard Nixon hatte ihn nach dem erzwungenen Rücktritt von Spiro Agnew zu seinem Stellvertreter ernannt, und das zu einer Zeit, da der Watergate-Skandal das Weiße Haus selbst mehr und mehr ins Zwielicht brachte. Als Ford dann dem mit Schimpf und Schande aus dem Amt gejagten Nixon nachfolgte, glaubten viele, die Präsidentschaft der USA sei unheilbar geschädigt. Zum Zeitpunkt des Gipfeltreffens erreichte überdies eine der Finanzkrisen New Yorks ihre Spitze. Die Regierung hatte die Stadt, in der viele Ausländer die Essenz Amerikas und der amerikanischen Kraft sahen, längst aufgegeben. Eine Zeitungsschlagzeile faßte dies bündig zusammen: »Ford an New York: Geh zum Teufel!«

Ford hatte die aus Europa kommende Idee, die Krise des Westens in einer intimen Runde der Staats- und Regierungschefs zu erörtern, anfänglich mit Skepsis aufgenommen. Dann erkannte er darin jedoch eine Gelegenheit, amerikanischen Optimismus zu verbreiten. Er eröffnete die Diskussion mit der Behauptung, daß »das amerikanische Volk sehr gut auf die Rezession reagiert« habe, und er bekundete seine Übereinstimmung mit dem französischen Gastgeber: »Ich teile die Meinung, daß es notwendig ist, auf wirtschaftlichem Felde zusammenzuarbeiten.« Aber es sei auch wichtig, etwas für die Verteidigung des belagerten Westens zu tun: »Diese Gipfelrunde ist dazu gedacht, sich mit wirtschaftlichen Fragen zu befassen, aber in einem grundsätzlicheren Sinne ergibt sie sich aus der enormen Interdependenz unserer Gesellschaften und aus den Werten, die uns gemeinsam sind. [...] Wir müssen sicherstellen, daß die derzeitige weltwirtschaftliche Situation nicht als Krise des demokratischen oder des kapitalistischen Systems gesehen wird.« Ford versicherte seinen Gesprächspartnern, er werde nicht zulassen, daß New York falliere; die bisher an den Tag gelegte Härte seiner Regierung sei ein taktisches Manöver gewesen: »Stadt und Staat New York wurden dadurch zu verantwortungsvollem Handeln gezwungen.«

Mit optimistischen Reden war es freilich nicht getan, sollten Demokratie und westliche Werte gerettet werden. Die Gespräche von Rambouillet hatten indes zwei konkrete Ergebnisse: eine Vereinbarung über einen neuen Mechanismus für internationales monetäres Management und eine umstrittene politische Strategie, die dem Norden die Kontrolle über die Ereignisse zurückgewinnen sollte. Am wichtigsten und am haltbarsten war die Einigung über eine finanzielle Reform zur Überwindung des anarchischen Zustands während der ersten Hälfte der siebziger Jahre, in dem die Nachkriegsordnung der festen Wechselkurse bei freier Konvertierbarkeit der Währungen, allgemein als das System von Bretton Woods bekannt, zusammengebrochen war. Vor dem Gipfeltreffen hatten französische und amerikanische Unterhändler bilateral einen Entwurf für eine Reform des internationalen Währungssystems ausgearbeitet, von dem sie glaubten, daß er allgemein akzeptabel sei. Mühsam genug zustande gekommen, fixierte die Vereinbarung eine mittlere Linie zwischen den extremen Positionen Frankreichs und der USA. Frankreich hatte eine Rückkehr zu festen Wechselkursen verlangt, jedoch gesichert durch einen festeren Anker als den amerikanischen Dollar, vielleicht sogar durch eine Wiedereinführung des Goldstandards. Die Vereinigten Staaten hingegen hatten in freien Wechselkursen und in einem auf der Anarchie des Marktes basierenden System keine Probleme gesehen. Am Ende versprach das Kommuniqué von Rambouillet »Anstrengungen zur Wiederherstellung größerer Stabilität in den grundlegenden wirtschaftlichen und finanziellen Bedingungen der Weltwirtschaft«, dazu Maßnahmen gegen »gestörte Marktbedingungen oder unberechenbare Wechselkursschwankungen«.

In diesem Sinne arbeitete eine Konferenz, zu der das Interimskomitee des Internationalen Währungsfonds 1976 in Jamaika zusammentrat, und die hier beschlossenen Reformgrundsätze führten zu einer gewissen Veränderung des Internationalen Währungsfonds, als dessen Hauptaufgabe nun die »Überwachung« der Wirtschaftspolitik galt; Ziel war eine größere Stabilität. Vorerst sollte es keine Rückkehr zu einem Regime fester Wechselkurse geben, wenn auch eine solche Rückkehr nie ausdrücklich ausgeschlossen wurde. In der Praxis bewegten sich die wichtigeren Währungen weiterhin frei, doch gab es jetzt eine eindeutige Verpflichtung zu strengerer Disziplin in der Haushalts- und Finanzpolitik. Die neue Vereinbarung wurde in ergänzte Vertragsartikel für den Internationalen Währungsfonds gefaßt, die 1978 in Kraft traten. Die offizielle Historikerin des Fonds, Margaret de Vries, kommentierte sie mit dem Satz, sie stellten »auf internationaler Ebene eine frühe Verkörperung neokonservativen Denkens dar, das eher auf freie Märkte und freie Wirtschaft setzte als auf gouvernementale Eingriffe«.[1]

Die zweite Initiative des Treffens von Rambouillet stand im Dienste der Absicht, die wirtschaftliche und politische Macht der größeren Industrieländer wieder zur Geltung zu bringen. Der Gedanke entsprang dem machiavellistischen Geist Henry Kissingers. Der amerikanische Außenminister begann seinen Appell in der dritten Sitzung der Konferenz mit clowneskem Charme: »Ich bin für diese Gelegenheit dankbar. Etliche Leute an diesem Tisch haben schon ihre Sorge um meinen Zustand zum Ausdruck gebracht. Sie sind es nicht gewöhnt, mich schweigend zu sehen. Das ist überraschend für sie.« Kissingers Strategie verfolgte das Ziel, die OPEC, das Kartell der Ölproduzenten, aufzubrechen. Er nahm an, daß es sich der Iran unter der Führung des Schahs nicht leisten könne, die Ölförderung zu drosseln; wenn der Iran und andere Ölproduzenten dazu gebracht werden könnten, ihre neuen Gewinne so schnell und so enthusiastisch wie möglich wieder auszugeben, würden sie von hohen Exporten abhängig werden, und dies müsse auf längere Sicht zu einer Preisabschwächung führen. Eine sofortige Reaktion sei geboten, um mit den unmittelbaren Wirkungen der Ölkrise fertig zu werden; danach werde der Konsumismus das Kartell zerstören. Gerade der Schah – rapider Modernisierung verpflichtet und auf eine neue Mittelklasse angewiesen, die Geschmack am Luxus gefunden habe – sei das ideale Objekt einer solchen Politik. Allgemein gesagt, sollten also die Märkte die Macht der Kartelle untergraben: Konsumentenmärkte brächten Kunden in neuen geographischen Zonen und schafften neue Nachfrage; Finanzmärkte würden die Gelder für diese Käufe flüssig machen.

Kissinger glaubte, eine solche »kohärente Strategie« zur »Bekämpfung unserer Abhängigkeit« werde darüber hinaus andere Entwicklungsländer davon abhalten, das OPEC-Modell zur Neugestaltung der Weltwirtschaft und zur Schaffung einer »Neuen Internationalen Wirtschaftsordnung« nachzuahmen: »Wir stimmen über die Notwendigkeit der Kooperation mit Produzenten überein. Durch Kooperation können wir die Gemäßigten von den Radikalen in der OPEC, die LDCs (Less Developed Countries) von den OPEC-Ländern trennen und eine Menge anderer PECs verhindern. [...] Wir sollten versuchen, [...] die unheilige Allianz zwischen den LDCs und der OPEC aufzubrechen.« Zehn Jahre später war Kissingers großer Plan verwirklicht, nach 1985 sank der Ölpreis beträchtlich, und die

Welt hatte sich nicht zugunsten der Erzeuger verändert. Allerdings war es seit Mitte der siebziger Jahre sehr wohl zu einer Verlagerung von wirtschaftlicher Macht gekommen – jedoch in einer Art, die in jenen krisengeschüttelten Tagen weder Kissinger noch die OPEC-Produzenten vorausgesehen hatten.

Dieses Buch sucht den Charakter dieser Verschiebung wirtschaftlicher Macht zu erklären: weg von den traditionellen Industrieländern und hin zu Regionen, die in den sechziger und siebziger Jahren noch als unterentwickelt oder als wenig entwickelt galten. Das heißt, die Verschiebung erfolgte hin zu den neuen Wachstumszentren in Brasilien, Indien, Mexiko und vor allem Ostasien. Diese Entwicklung war und ist zum Teil eine Folge der globalen Zugänglichkeit von Techniken und Ideen. Wirtschaftlicher Fortschritt wird dadurch zu einem Phänomen, das nationale Grenzen offenbar mühelos überschreitet. Aber eine solche Erklärung allein kann nicht hinreichend sein. Sie läßt zum Beispiel jene großen Räume unserer Welt außer acht, in denen bis heute nur wenige Anzeichen für ein »Wirtschaftswunder« zu bemerken sind. Dieses Buch will zeigen, wie die Entwicklung mit der Entstehung neuer liberaler Konzepte für Wirtschaftsmanagement verbunden war und wie die neuen Ideen oft als Ergebnis einer akuten Krise traditioneller Formen des Umgangs mit der Wirtschaft angenommen und angewandt wurden.

Noch eine weitere Konsequenz der Gespräche von Rambouillet muß erwähnt werden: Das Gipfeltreffen schien, da es offenbar einigen Erfolg gezeitigt hatte, der Wiederholung wert, und so wurden Zusammenkünfte der Staats- und Regierungschefs der wichtigsten Industrieländer (seit 1976 Kanada hinzukam, waren es sieben) eine regelmäßige Erscheinung der internationalen Politik. Zur Routine geworden, haben die Gipfeltreffen der »Group of Seven« (G-7) gewiß einige wirtschaftliche und politische Vereinbarungen produziert. Doch bald überwogen bloßes Spektakel und Theaterdonner die konkreten Resultate, da die Gastgeber immer wieder der Versuchung erlagen, der heimischen Bevölkerung ihren internationalen Einfluß zu demonstrieren.

Das Geschehen nach Rambouillet war, wie so viele historische Prozesse, zur Zeit der Konferenz nicht leicht vorherzusehen. Das Treffen erwies sich nicht als die Geburtsstunde einer neuen Form des internationalen Wirtschaftsmanagements zur Rettung der westlichen Demokratie. Wirtschaft und Demokratie erwiesen sich als viel widerstandsfähiger, als ihnen die meisten der vom Chaos und dem scheinbar drohenden Kollaps der siebziger Jahre paralysierten Beobachter zugetraut hatten. Auch war es Rambouillet nicht beschieden, den grandiosen Idealismus wiederzubeleben oder zu erhalten, mit dem 1944 die Konferenz von Bretton Woods die Organisierung internationaler wirtschaftlicher Zusammenarbeit in Angriff genommen hatte; die Fähigkeit der Regierungen zu solcher Zusammenarbeit wurde nicht merklich verbessert. Die wahre Bedeutung des Gipfeltreffens von Rambouillet liegt eher darin, daß es den Beginn einer Entwicklung bezeichnet, an der die damaligen Akteure nur einen ziemlich begrenzten Anteil haben konnten, nämlich der Entfesselung der Dynamik eines globalen Marktes.

Kapitel 1

Interdependenz im Weltwirtschaftssystem

Bei vielen wirtschaftlichen Problemen unserer Tage ist es von Nutzen, sie in weiterer historischer Perspektive zu sehen. Es ist ein Gemeinplatz geworden, sich die moderne Welt unausweichlich auf dem Wege zu immer engerer Verflechtung vorzustellen. Wir denken uns als Teil einer einzigen globalen Wirtschaft. Wir sehen, wie Konsumgüter über Kontinente transportiert werden, wie Arbeiter ihren Arbeitsplatz verlieren, weil es auf der anderen Seite des Globus zu technischen Veränderungen oder Marktschwankungen kommt, wie Geldströme fließen, deren Umfang jede physische Bewegung von Waren übertrifft. In jüngster Zeit hat sich gerade der Prozeß der finanziellen Integration dramatisch beschleunigt. Der Tagesdurchschnitt der Nettodevisengeschäfte erreichte 1992 mit 880 Milliarden Dollar fast ein Drittel des Welthandels dieses Jahres (noch 1987 lag der Wert der täglichen Devisengeschäfte in den größeren Finanzzentren nur bei einem Zehntel des jährlichen Welthandels).[1] Die globale wirtschaftliche Integration ist ein Prozeß, der für viele Menschen fortwährend mehr Möglichkeiten schafft, allerdings auch mehr Gefahren und mehr Ängste. Der Pfad der Globalisierung ist holprig, und für diejenigen, die von Einbrüchen betroffen sind, mag es kein großer Trost sein, zu wissen, daß die Entwicklungen, die über sie hinweggehen, keineswegs neue Erscheinungen sind. Doch seit Jahrhunderten hat die Erweiterung der Märkte sowohl Wachstum wie Zerrüttung gebracht.

In jeder Gesellschaft sind die Kosten und die Wohltaten wirtschaftlicher Globalisierung stets ungleich verteilt, aber Globalisierung tut besonders weh, wenn eine Gesellschaft nur geringe Kohäsion besitzt und zu keiner Verständigung über eine gerechte Lastenverteilung gelangt. Wo Globalisierung Schäden anrichtet, sind wir versucht, der Ursache zu Leibe zu gehen. Eine populistische Reaktion will die Veränderung aufhalten, die anscheinend von außen aufgenötigt wird. Angesichts der Schrecken wird die nationale Souveränität beschworen, und manchmal fällt die Reaktion außerordentlich aggressiv aus. »Warum sollen wir für uns selber Leiden schaffen? Wir sollten Leiden für andere schaffen!«, sagte kürzlich ein russischer Gegner der wirtschaftlichen Öffnung.[2] Ein solcher Widerstand droht die unbestreitbaren Wohltaten des Prozesses der Globalisierung zu gefährden.

Über die letzten zwei Jahrhunderte hatte eine Zunahme des Tempos der Wirtschaftstätigkeit hohen Anteil an der dramatischen Steigerung des Wohlstands und des Lebensstandards in aller Welt. Diese Transformation war zunächst das Resultat sowohl verbesserter Transport-und Kommunikationsmöglichkeiten wie bestimmter Veränderungen der Nachfrage. Sie kann mit dem Begriff Marktintegration, der Verbindung zuvor isolierter lokaler und regionaler Märkte, charakterisiert werden. Als die Kosten für den Transport von Gütern über große Entfernungen zurückgingen, nahm die Selbstgenügsamkeit ein Ende; eine interdependente Wirtschaft entstand.

Zu den Charakteristika von Perioden hohen weltwirtschaftlichen Wachstums gehörte, daß der Handel im selben Maße wie die Produktion oder sogar noch schneller zunahm. In der expandierenden Wirtschaftswelt des späten 19. Jahrhunderts wuchsen industrielle Produktion und Welthandel in annähernd gleichen Jahresraten (um geschätzte 3,4 Prozent). Für den größten Teil der Periode sehr dynamischen Wachstums nach dem Zweiten Weltkrieg entwickelte sich der Handel noch rascher als die Produktion: Im anfänglichen Wachstumsspurt zwischen 1948 und 1958 weist der Weltexport 6,2 Prozent Wachstum pro Jahr auf, während die Gütererzeugung jährlich um 5,1 Prozent zunahm; in den sechziger Jahren war der Unterschied zwischen den Zuwachsraten noch größer (für den Zeitraum 1958 bis 1970 lauten die entsprechenden Zahlen 8,3 und 6,6 Prozent). Nach Mitte der achtziger Jahre stimulierte ein hohes Exportwachstum abermals die Weltwirtschaft.[3] Im Vergleich hierzu waren für den Kollaps der Wirtschaft in der Zwischenkriegszeit erhebliche Schrumpfungen des Handels kennzeichnend. Die schlechte Handelsleistung ging einher mit einer allgemein schwachen Wirtschaft. Selbst in der

Expansionsphase der zwanziger Jahre, auf dem Höhepunkt der Nachkriegserholung, zeigte sich der Handel als schlechterer Rekonvaleszent denn die Produktion. 1929 lag der Handel um 35 Prozent über dem Stand von 1913, während die industrielle Erzeugung um 47 Prozent höher war.[4] Die Schwäche des Handels zählte zu den wichtigsten Ursachen der generellen wirtschaftlichen Verwundbarkeit.

Der Zusammenhang zwischen Handelsproblemen und kränkelnder Produktion ist auch in der Zeit evident, die dem Ende des langen Booms nach 1945 folgte. In den labileren siebziger Jahren, als die Zuwachsraten fielen und die Konsequenzen zu vermehrtem Elend und zu härteren politischen Konflikten führten, lag das Wachstum des Handels nur noch wenig über dem der Erzeugung (1970 bis 1982 lediglich 3,9 zu 3,6 Prozent). Nach der scharfen Rezession in den frühen achtziger Jahren[5] kehrte mit der Erholung des Handels die Hoffnung zurück, daß Wachstum doch wieder möglich sei.

Die Beobachtung solch langfristiger Trends in Handel und Erzeugung kann zu ökonomischen Prophezeiungen führen, die wiederum das menschliche Verhalten beeinflussen. In der »guten« Zyklus-Psychologie der Expansionsperiode erscheint der Handel als ein Mittel allgemeiner Bereicherung. In der »bösen« Zyklus-Psychologie, die sich in Zeiten der Schrumpfung einstellt, wird der Handel hingegen als Kostenfaktor – zum Beispiel der darin Beschäftigten – wahrgenommen, und Staaten intervenieren, um ihn zu beschränken. Herrscht unter der Parole »immer weiter und immer aufwärts« Expansion, erobert der Handel die Welt. In den düsteren Tagen der Depression kommen selbst die hervorragendsten Wirtschaftswissenschaftler zu der Ansicht, daß es eine langfristige Tendenz des Handels gibt, im Verhältnis zur Produktion abzunehmen. Die Erfahrung der Zwischenkriegszeit hat zum Beispiel John Maynard Keynes von der Richtigkeit dieser These überzeugt.

Die Entwicklung des Handels verrät den Mangel an Stetigkeit und Regelmäßigkeit im Tempo der Internationalisierung. Perioden intensiver und zunehmender Integration folgen Anstrengungen, die auf Entflechtung und Auflösung gerichtet sind. Neue Handelsstrukturen können dramatische und zerstörende Verän-

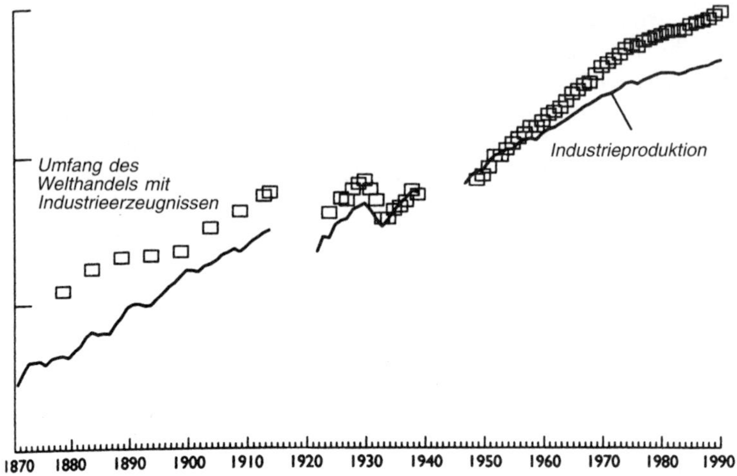

Abbildung 1: Weltproduktion und Welthandel 1870–1990
Quellen: League of Nations, The World Economy. Tabelle VII; General Agreement on Tariffs and Trade, International Trade.

derungen in der Beschäftigungslage mit sich bringen. Aber das vielleicht offensichtlichste Symptom einer Störung ist die Verschiebung in der internationalen Position eines Landes, die sich an der Zahlungsbilanz ablesen läßt. Bis zum 20. Jahrhundert konnte das als Abfluß oder Zufluß wertvoller Metalle – von Metallgeld – registriert werden. In der Tradition des Merkantilismus wurde der Besitz solcher Metalle mit politischer Stärke gleichgesetzt. Ein Land mit positiver Zahlungsbilanz erwarb Gold und Silber und damit auch Macht. Eine alternative Tradition des ökonomischen Denkens vertrat später als Liberalismus oder Manchestertum die Auffassung, daß größere internationale Integration die einheimische Akkumulation von Reichtum begünstige. Zwei widerstreitende Auffassungen rivalisierten also miteinander: Der ökonomische Liberalismus als die Doktrin derer, die sich an den vom Handel bescherten Gewinnen orientierten, und der Merkantilismus als die Reaktion jener, die auf die Kosten von Transformation und Anpassung schauten. Wenn eine ungünstige Zahlungsbilanz nationale Schwäche bedeutete, mußte jedes

Land um einen möglichst großen Anteil an den begrenzten Gold- und Silberbeständen kämpfen, wobei viele Mittel zu Gebote standen: von der Beschränkung des Imports über Eingriffe in den inneren Gebrauch wertvoller Metalle durch Geldverschlechterung bis zur direkten Anwendung physischer Gewalt gegen andere Staaten. Die Ergebnisse mußten in allen Fällen darin bestehen, fast jedes Land ärmer zu machen, als es ohnedies gewesen wäre.

Ein System vereinbarter Regeln für die internationale Verteilung von Anpassungskosten könnte ein Mittel zur Vermeidung offener Konflikte sein, unter denen letztlich alle leiden.[6] Es gibt mehrere Optionen, von denen die am einfachsten anzuwendende ein purer Automatismus wäre, ähnlich wie Ende des 19. Jahrhunderts unter dem Goldstandard. (Die tatsächliche Praxis war damals allerdings nicht so simpel wie die Ideologie, denn einige Zentralbanken, namentlich die von Frankreich und Deutschland, behandelten den Goldstandard in Wahrheit als ein gelenktes System.) Da es keinen Hochzollschutz gab, kam es jedoch, als eine große Nationalwirtschaft nach der anderen den Goldstandard annahm, zu einer Periode kräftiger kommerzieller Expansion und ausgedehnter Prosperität. Aber ein Automatismus ist nicht unbedingt populär, und oft wurde er für Anpassungsschwierigkeiten sowie für eine Vielfalt nationaler und persönlicher wirtschaftlicher Mißgeschicke verantwortlich gemacht. Manchmal paßte es den Regierenden auch in den Kram, Nöte der Regierten auswärtigen Kräften zuzuschreiben. Ebenso oft verschärft ein Automatismus Konflikte statt sie zu mildern, und zwar dann, wenn sein Ergebnis als nationalen Interessen entgegenstehend empfunden wird. Nationale Gegenwehr erfordert in diesem Falle eine aggressive Wendung gegen die ganze Weltordnung, nicht bloß eine bescheidene Modifizierung oder Neuformulierung der eigenen Politik. Zu bestimmten Zeiten, so nach dem Ersten Weltkrieg, erwächst aus dem Automatismus sogar die Verfolgung einer Politik des »beggar thy neighbor« (»mach Deinen Nachbarn arm«).

Ein hartes Regelsystem, das zu jedem automatischen Mechanismus gehört, bringt das Risiko mit sich, daß Teilnehmer, denen die Regeln als zu inflexibel erscheinen, mit der ganzen Ordnung brechen. Ein automatisches System kann nicht modifiziert, sondern nur akzeptiert oder abgelehnt werden. Auf der anderen Seite führt das völlige Fehlen von Regeln zu Anarchie. Angesichts dieses Dilemmas ergab sich die Frage, ob es möglich sei, Prinzipien für die Festlegung von Regeln wie auch für deren Anpassung an neue Umstände zu formulieren.

Vor diesem Hintergrund kam es in der zweiten Hälfte des 20. Jahrhunderts zu jener Innovation, die das Thema dieses Buches bildet: zur Schaffung eines institutionalisierten und quasirechtlichen Prozesses für die Anwendung von Regeln in den internationalen Wirtschaftsbeziehungen. Auf der Konferenz von Bretton Woods wurde 1944 etwas geschaffen, das sich vom krud automatischen Charakter des Goldstandards ebenso unterschied wie vom internationalen Wirtschaftsmanagement der Zwischenkriegszeit – nämlich ein sehr komplexes System von Regeln und ein institutionalisierter Mechanismus zu ihrer Anwendung und Ergänzung beziehungsweise zur Ahndung von Verstößen.

Ein solches System kann natürlich keine sofortige Harmonie und keine unmittelbare Zufriedenheit bescheren. Hätte sich beides eingestellt, wäre das eine große Überraschung gewesen. Von Anwälten ist oft zu hören, daß am Ende eines Prozesses alle Beteiligten mit dem Ausgang – sofern es tatsächlich einen gibt – unzufrieden sind; ähnliches gilt auch für die quasi-gerichtliche Beilegung von Differenzen in Fragen internationaler Wirtschaftspolitik. Doch bleibt stets die Möglichkeit der radikalen Ablehnung einer Gemeinschaft mit wechselseitig wohltätiger Interaktion. Im liberalen Weltwirtschaftssystem erkennen die Teilnehmer an, daß alle vom Handeln anderer betroffen sind und daß sie infolgedessen ihr Handeln im Lichte dieser Interdependenz zu modifizieren haben. Die Alternative ist der Merkantilismus[7], in dem ein jeder den eigenen Vorteil und den Nachteil der Konkurrenten sucht. In der modernen Welt ist die restriktiv-egoistische Haltung oft mit Populismus verbunden.

Ohne ein internationales System, das zu Flexibilität und Anpassung fähig ist, werden die Gesellschaften der einzelnen Staaten ständig zwischen beiden Polen pendeln: zwischen Internationalismus und nationaler Egozentrik, zwischen Anerkennung und Ablehnung einer internationalen Ordnung. Das früheste Beispiel für die Wirkungsmacht dieser entgegengesetzten Einstellungen ergab sich als Reaktion auf die politischen Wirren und die Inflation im Europa des 16. Jahrhunderts. Große Mengen von Silber gelangten in den Geldkreislauf, erst aus mitteleuropäischen Minen, dann mehr noch aus den Territorien, die Spanien in Mexiko und Peru in Besitz nahm. Da Soldaten auf Bezahlung in Hartgeld bestanden, wurden Gold- und Silberbarren zum sofortigen und sichtbaren Ausweis militärischer und politischer Macht. Mithin wurden Länder, denen es gelang, die größten Schätze anzuhäufen und festzuhalten, im internationalen Staatensystem am mächtigsten. Gegen ein so verführerisches politisches Kalkül blieb die Meinung, der Reichtum solle gleichmäßiger verteilt werden, bis zum 18. Jahrhundert die Ansicht einer Minderheit. In der Terminologie der Globalisierung bestand die dramatische Erfahrung des frühneuzeitlichen Europa darin, daß deren Nutzen dem politischen System zufiel, also den absoluten Monarchen, während ihre Kosten von den städtischen Handels- und Produktionszentren getragen wurden.

Erst im 18. Jahrhundert kam es zu einer systematischen Propagierung der Idee, daß durch Handel alle profitieren: zunächst durch Schriftsteller, die mit den großen Handelsstädten der Welt, Amsterdam und London, verbunden waren, gegen Ende des Jahrhunderts dann durch die Publizisten der Schottischen Aufklärung, vor allem natürlich durch Adam Smith. Kommerz brachte den Wohlstand anfänglich in die Handelszentren an Küsten und Flüssen, danach, mit dem Ausbau des Transport- und Kommunikationswesens, in eine viel breitere Inlandswirtschaft. Bessere Straßen und Kanäle, wie sie im 17. und 18. Jahrhundert entstanden, Eisenbahnen, größere Segelschiffe und schließlich Dampfschiffe, wie sie im 19. Jahrhundert gebaut wurden, revolutionierten die Produktion (Industrielle Revolution). Widerstand gegen die Ausbreitung allgemeinen Wohlstands resultierte weiterhin aus militärischen und strategischen Überlegungen, aber die Chancen, die durch bessere Kommunikation winkten, ließen die militärisch-merkantilistische Option doch immer mehr als überholt erscheinen.

Daß es leichter fiel, Güter zu bewegen, veränderte die Handelsströme, was sich wiederum auf die Produktion auswirkte. In den siebziger Jahren des 19. Jahrhunderts entwickelte sich der Getreideanbau in den Prärien der USA, zugleich öffnete die Eisenbahn die Getreidegebiete Rußlands. Als Folge davon kam es in Mittel- und Westeuropa zu einem steilen Fall der Getreidepreise. Die Landwirte reagierten dort mit der Forderung nach Zollschutz, um die einheimischen Märkte gegen den Druck der internationalen Wirtschaft zu sichern. Ende der siebziger Jahre war die mächtige Bewegung zur Liberalisierung des Handels, die unter den Freihandelsprinzipien des Manchestertums bis dahin die internationale Geschichte der nachnapoleonischen Welt beherrscht hatte, schließlich gestoppt. Ein Land nach dem anderen ging zwischen 1879 und 1881 zur Schutzzollpolitik über: Deutschland, Frankreich, Österreich-Ungarn, Italien. Im Vergleich zu den Reaktionen auf wirtschaftliche Krisen, die das 20. Jahrhundert bringen sollte, blieben die Zölle gewiß relativ niedrig und dienten außerdem vornehmlich dem Schutz von Agrarprodukten. Dennoch trugen sie dazu bei, daß der internationale Handel in eine Periode geringeren Wachstums eintrat, und erst nach Mitte der 1890er Jahre kehrte die internationale Wirtschaft zu einem schnelleren Entwicklungstempo zurück.

Wachstumsphasen der Weltwirtschaft führten nicht einfach dazu, daß die Menge der tatsächlich von Land zu Land bewegten Güter zunahm. Die Möglichkeit des Warentransports machte wirtschaftliche Aktivität in neuen Zentren attraktiv, und Millionen Männer und Frauen reagierten auf diese Aussichten. Teils aus elenden Verhältnissen in ihrer Heimat ausbrechend, teils verlockt von den schier unbegrenzten Möglichkeiten, die andere Kontinente boten, setzten sie sich in Bewegung. Bevölkerungsdruck hatte schon im 16. Jahrhundert als eine der Triebfedern der imperialistischen Expansion Spaniens und Portugals, später dann Hollands, Frankreichs und Englands gewirkt. Im 19. Jahrhundert nahmen die Menschenströme aber einen viel größeren Umfang an. 36 Millionen emigrierten zwischen 1871 und 1915 aus Europa, meist nach Nord- und Südamerika.[8] Zugleich wanderte eine beträchtliche Anzahl von Indern und Chinesen nach tropischen Ländern aus, um dort auf europäisch geleiteten Plantagen oder beim Eisenbahnbau und in den Minen zu arbeiten.[9]

Wie der zunehmende internationale Güterverkehr Schocks

auslöste, die protektionistische Reaktionen provozierten, so bewirkte die Wanderbewegung, die über die Grenzen der klassischen Einwanderungsländer drängte, dort Versuche, den Zustrom an Menschen zu reduzieren. 1882 unterbrachen die Vereinigten Staaten die chinesische Immigration, und 1921 beziehungsweise 1924 verfügte die amerikanische Regierung mit den Quotengesetzen eine quantitative Beschränkung der Zuwanderung aus Osteuropa und dem Mittelmeerraum.

Die Entwicklung und Besiedlung neuer Produktionsräume erforderte den Transfer von Ressourcen: von landwirtschaftlichen Maschinen, Baugerät und sonstiger Ausrüstung der Siedler. Das dritte Element, das zusammen mit dem Transfer von Gütern und Menschen die Erweiterung und das Zusammenwachsen der Weltwirtschaft über das 19. Jahrhundert hinweg in Gang hielt, war die relativ ungehinderte Bewegung von Kapital. Wie bei der Wanderung von Arbeitskraft, wirkte auch beim Kapital ein Zusammenspiel von Flucht und Anreiz. Lange Perioden der Abflüsse europäischen Kapitals fielen mit relativer Stagnation der Wirtschaft in Europa zusammen, als dort Investitionsmöglichkeiten begrenzt schienen und sich die Blicke auf größere Gewinnchancen in anderen Kontinenten richteten. Der Kapitaltransfer fluktuierte je nach den Informationen über Anlagemöglichkeiten. Zwar kam es dabei oft zu langfristigen Bindungen der Investoren, und in vielen Fällen war das Kapital vom Export technischer Kenntnis und Fertigkeit begleitet, doch blieb der Fluß von Geldern ungleichmäßig. Krisen in Ländern, die Kapital aus Europa aufnahmen, lösten Panik auf europäischen Märkten aus. Als amerikanische Banken, Bergwerks- und Eisenbahngesellschaften 1857, 1873 oder 1884 fallierten, als in Argentinien Städte 1890 den Schuldendienst aussetzten, brachen in Europa Geldhäuser zusammen, büßten die Zentralbanken Gold ein und geriet die Geschäftstätigkeit insgesamt ins Stocken. Zeigten sich finanzielle Probleme und Insolvenzen in Ländern, die nicht über einen so festen politischen Rahmen verfügten wie die USA, sahen sich die europäischen Mächte immer wieder veranlaßt, eine politische Lösung aufzuerlegen oder gar koloniale Herrschaft auszudehnen. Die Reorganisierung der Schulden des Ottomanischen Reiches nach der Zahlungseinstellung von 1875 wurde zum Muster der Intervention westlicher Staaten. Ausländische Gläubiger übernahmen die Verwaltung der Zölle und Monopole als die »dette ottomane«. Als einige Jahre später, 1882, Ägypten den Schuldendienst einstellte, reagierten Großbritannien und Frankreich sofort mit der Entsendung von Truppen und zwangen dem Land ein neues finanzielles Regime auf.

Der Transfer von Gütern, Menschen und Kapital verlangte einen relativ hoch entwickelten finanziellen Apparat. Die Verschiffung von Waren über die Ozeane erforderte längerfristige Kredite. Der Drei-Monate- beziehungsweise 90-Tage-Wechsel wurde zum Standardmittel, weil ungefähr diese Zeit gebraucht wurde, um Güter zum Hafen zu transportieren, dort einzuladen, übers Meer zu schaffen und am Bestimmungsort wieder auszuladen.

Messen wir das Ausmaß der globalen finanziellen Integration als die Bewegung von Ersparnissen und Investitionen, so deutet manches darauf hin, daß zu Beginn des 20. Jahrhunderts die Welt enger verflochten war als jemals danach – trotz der ungeheuren Ströme des heutigen Devisenverkehrs. Investitionen und Ersparnisse waren global koordiniert, was zur Folge hatte, daß ein Überschuß von Investitionen in einem bestimmten Gebiet ohne weiteres durch den Export von Sparüberschüssen in einer anderen Region finanziert werden konnte. Selbst in den achtziger und neunziger Jahren unseres Jahrhunderts, also in einer Zeit hoher Integration, war und ist ein solcher Transfer wesentlich schwieriger und von erheblich mehr Stirnrunzeln der Politiker begleitet als in der goldenen Ära, die dem Ersten Weltkrieg vorausging.[10]

Der fundamentale Mechanismus, der das Funktionieren dieses so schön koordinierten Finanzsystems erlaubte, stand jedoch bereits fest und sicher, ehe im 19. Jahrhundert der große Aufschwung wirtschaftlicher Aktivität einsetzte. Die Idee eines Weltfinanzsystems ist sehr alt – mindestens so alt wie die Existenz von Fernhandel. Kleine Waren von hohem Wert, insbesondere kostbare Metalle und Geld, hatten immer schon große Entfernungen zurückgelegt. Münzen aus der Frühzeit des Römischen Imperiums sind jenseits des Indischen Ozeans, in China, Sri Lanka und an der Küste von Thailand und Südvietnam gefunden worden.[11] Seit etwa 1000 n. Chr. wurden große Mengen an sudanesischem Gold über die Sahara gebracht und begannen ab dem 14. Jahrhundert im ganzen Mittelmeergebiet zu zirkulieren. Die weite Verbreitung von Münzen und wertvollen Metallen gab den Anstoß zu finanziellen Innovationen. Ein weiterer wichtiger Impetus kam im 16. Jahrhundert, als aus der Neuen Welt größere Mengen Silber nach Spanien gelangten und durch kommerzielle wie politische Transaktionen – nicht zuletzt durch die Finanzierung spanischer Armeen – in den Mittelmeerraum und ins übrige Europa weiterflossen. Die inflationäre Stimulierung durch das spanische Silber internationalisierte die Wirtschaft und schuf mächtige Anreize für Investitionen und technische Neuerungen. Eine fast gleichzeitige und analoge Stimulierung bewirkte in Ostasien die rapide Entwicklung der japanischen Silbergewinnung, die sich gegen Ende des 16. Jahrhunderts schätzungsweise auf ein Drittel der Weltproduktion belief.[12]

Kaufleute im Mittelmeerraum begannen im 14. Jahrhundert, ausländische Wechsel als Zahlungsmittel zu akzeptieren. Schon im 16. Jahrhundert konnten auf Häuser in Genua, Sevilla oder London gezogene Wechsel in weit entfernten Gegenden gehandelt, indossiert und diskontiert werden. Nachdem im Amsterdam des frühen 17. Jahrhunderts eine Einrichtung für den Wechselverkehr geschaffen worden war, konnten in Transaktionen, bei denen es keine physische Bewegung von Waren gab, Wechsel sogar als Mittel kurzfristiger Kreditgewährung verwendet werden. Das Resultat dieser Innovationsperiode war die Schaffung eines Systems, das man als integrierten internationalen Kapitalmarkt bezeichnen könnte. Im frühen 18. Jahrhundert berichteten Amsterdamer Zeitungen regelmäßig über die Preise englischer Wertpapiere, und Amsterdamer Häuser betrieben deren An- und Verkauf. Zu Beginn des 20. Jahrhunderts brachte die Londoner ›Times‹ die Vortagspreise für die Aktien von fünfzig amerikanischen Gesellschaften, und auch in Amsterdam, Berlin, Paris und Wien wurden dem Publikum (kürzere) Listen dieser Art präsentiert. Das integrierte globale Finanzsystem war anfänglich extrem schockanfällig: Eine temporäre Unterbrechung des Nachrichtenflusses, aufregende neue Informationen oder lediglich die Herausbildung größerer Zinsunterschiede lösten abrupte Wertschwankungen und massive Geldbewegungen aus.

Die periodischen Ausbrüche finanzieller Panik waren einerseits ein Zeichen für das Ausmaß der Integration, andererseits für viele Menschen ein Grund, in der internationalen Finanzwelt einen Faktor der Destabilisierung zu sehen. Eine vor kurzem vorgelegte Analyse des Zusammenhangs der Bewegungen, die während solcher Krisen bei den Aktienpreisen in den diversen Märkten zu verzeichnen waren, beweist klar, daß die finanzielle Integration der europäischen Märkte während des 18. und 19. Jahrhunderts auf gleichmäßig hohem Stand blieb. In der Krise von 1907, als durch das unterseeische Kabel auch Informationen vom amerikanischen Markt übermittelt wurden, ergab sich dann ein noch höheres Maß an Integration.[13]

Zu Beginn des 20. Jahrhunderts war die Welt in erstaunlichem Maße zusammengewachsen. Bessere und raschere Information verringerte die Möglichkeit von Zusammenbrüchen, und so gewann die Ansicht Boden, daß das System stabiler werde. Vor allem im Rückblick erschien das frühe 20. Jahrhundert als eine Zeit des strahlenden Optimismus. So schrieb John Maynard Keynes 1919 über die dahingeschwundene Sicherheit der Jahre vor dem Großen Krieg: »Während er im Bett seinen Morgentee nahm, konnte ein Londoner übers Telefon die Produkte der ganzen Erde bestellen, in der Menge, die er haben wollte, und dabei der alsbaldigen Lieferung an seine Türschwelle leidlich sicher sein; im gleichen Augenblick und mit dem gleichen Mittel konnte er sein Vermögen bei der Erschließung von Ressourcen und bei neuen Unternehmen in jeder Weltecke riskieren und an den prospektiven Früchten und Gewinnen ohne Anstrengung, ja ohne jede Schwierigkeit teilhaben; ebenso konnte er sich entschließen, sein Geschick mit dem guten Glauben der Bewohner eines jeden größeren Ortes auf jedwedem Kontinent zu verbinden, den ihm Neigung oder Informationen empfahlen. Er konnte, sofern er das wünschte, ohne weiteres billige und bequeme Reisen in jedes Land und in jedes Klima reservieren lassen, ohne dabei einen Gedanken an einen Paß oder sonstige Formalitäten zu verschwenden, konnte seinen Diener zur nächsten Zweigstelle einer Bank schicken, um sich soviel von dem kostbaren Metall zu verschaffen, wie er für richtig hielt, und konnte dann zu fremden Regionen aufbrechen, ohne von den dort herrschenden Religionen,

Sprachen oder Sitten eine Ahnung zu haben, geprägten Reichtum in der Tasche und bei der geringsten Störung tief gekränkt und höchlich überrascht. Vor allem aber hielt er diesen Stand der Dinge für normal, sicher und dauerhaft – ausgenommen weitere Verbesserungen –, jede Abweichung hingegen für vernunftwidrig, skandalös und vermeidbar.«[14]

Die optimistische Vorstellung, daß es möglich sei, Wachstum mit Stabilität zu verbinden, hatte auch darin einen Grund, daß nicht einfach die Idee der Integration triumphierte, sondern ebenso die Vision von einem bestimmten institutionellen Arrangement zur Sicherung sowohl des Informationsflusses wie rationaler und prompter Reaktionen auf Informationen. Die Bedeutung des Handels im späten 19. Jahrhundert und die Einsicht der Regierungen, daß das Fernhalten von der internationalen Kommerzwirtschaft ökonomische Rückständigkeit, wahrscheinlich auch militärische Unterlegenheit und politische Demütigung bedeutete, führten zu der Bereitschaft, ein gemeinsames Finanzsystem zu akzeptieren, und zwar in Gestalt des internationalen Goldstandards. Der Goldstandard war eine Art von Informationsstandard. Daß er bis zum Beginn des 20. Jahrhunderts fast weltweit Geltung erlangt hatte, war eine Folge des spektakulären Erfolgs und der wirtschaftlichen Macht Großbritanniens, das sich am Ende der napoleonischen Kriege als erstes Land auf den Goldstandard festgelegt hatte.[15] Stufenweise nahm zwischen 1871 und 1875 auch das neugegründete Deutsche Reich das Prinzip einer Goldwährung an, die es mit der Frankreich auferlegten Kriegsentschädigung finanzierte. Frankreich, dazu gezwungen, große Quantitäten an Silber zu opfern, gab 1873 den bimetallistischen Silber-Gold-Standard auf. Die Vereinigten Staaten kehrten, nach einer Periode der Währungslabilität und der Inflation im Gefolge des Bürgerkrieges, zwischen 1873 und 1879 zu einer stabilen Währung mit purem Goldstandard zurück. Japan, ebenfalls in politischer Transformation und Modernisierung begriffen, schloß sich dem Goldstandard 1875 an. Österreich-Ungarn folgte 1892, das Russische Reich 1895, Indien 1899 und Mexiko 1904. Damit war das System praktisch universal geworden.

Oft erwiesen sich die unmittelbaren Folgen des Anschlusses

an die goldene Version des internationalen Systems als kostspielig. Hinzu kam, daß Gold mitnichten als die offensichtlich beste Basis eines internationalen Währungssystems erschien; die meisten zeitgenössischen Wirtschaftswissenschaftler glaubten an die theoretische Überlegenheit des französischen bimetallistischen Systems.[16] Neue Mitglieder des goldgestützten Systems sahen sich ungewöhnlich hohen Anpassungskosten konfrontiert. So war Rußlands Annahme eines internationalen Standards mit einer einschneidenden Deflation verbunden, in der die Regierung eine doppelte Aufgabe zu bewältigen versuchte, nämlich den Ausgleich des Haushalts und die Erzwingung eines Exportüberschusses; hohe Steuern sollten die russischen Landwirte veranlassen, mehr von ihrem Getreide zu vermarkten. Die Kosten eines Vorgangs, der später »Anpassungsstrategie« genannt wurde, waren für die Menschen erschreckend: Während der großen russischen Hungersnot von 1891/92, in der Millionen starben, hieß es – entgegen der Alternative »exportieren oder sterben«, die Finanzminister Wyschnegradsky postulierte – »exportieren und sterben«.[17] Das Regierungsprogramm stieß auf den Widerstand von Populisten, russischen Nationalisten, Konservativen und Sozialisten, weil es bei unnötigen Opfern Rußland fremden Einflüssen unterwerfe. Einige kritische Wirtschaftswissenschaftler vertraten die Ansicht, die potentiellen langfristigen Vorteile könnten weder die der russischen Bevölkerung auferlegten Leiden noch die durch Rußlands Anschluß an den Weltmarkt entstehende politische Abhängigkeit rechtfertigen. Sie waren der Überzeugung, daß das ausländische Kapital, das als Ergebnis der Stabilisierung angezogen werde, jene Einkommensverluste nicht kompensieren könne, die durch die Erzwingung des Deflationsprogramms entstünden. Wyschnegradsky wurde zwar entlassen, doch hatte die Regierung die Einwände im Grunde ignoriert: teils weil sie ausländisches Geld brauchte, um Regionen zu entwickeln, die für Rußlands militärische und strategische Position von essentieller Bedeutung waren, teils weil sie über die Aufnahme ausländischen Kapitals auswärtige Allianzen zu befestigen hoffte, teils aber auch weil sie vom Prestige des Goldes geblendet war.

Auch in anderen Ländern provozierte der Goldstandard in

den neunziger Jahren populistische Proteste. In den Vereinigten Staaten führte William Jennings Bryan seine Präsidentschaftskampagne mit dem Versprechen, damit Schluß zu machen, daß die Menschen »an ein Kreuz aus Gold geschlagen werden«, und in Deutschland unterstützten Landwirte und konservative Populisten die Forderung nach einem kombinierten Gold- und Silberstandard, der, wie sie glaubten, ein inflationäres Element enthalten und sie mithin von ihren Schulden befreien würde. Selbst in Großbritannien, dem Musterland des Goldstandards, fand das Silber einige Fürsprecher.[18]

Die Attraktion des britischen Modells und sein starker Einfluß bei der Ausbreitung des Goldstandards als des angemessenen Vermittlungsinstruments im internationalen Finanzverkehr dürfen nicht vergessen lassen, daß dieses System seinen Erfolg nicht irgendeinem Zwang verdankte, sondern der Kooperation. Die Bank von England fungierte als Zentralbank. Keynes verglich sie, als er nach dem Ersten Weltkrieg zurückblickte, mit dem unsichtbaren Dirigenten eines internationalen Orchesters.[19] Da ihre Reserven aber sehr beschränkt waren, brauchte sie in einer Krise die Unterstützung durch andere Zentral- und Privatbanken. In der ernstesten Krise des späten 19. Jahrhunderts, als eine argentinische Zahlungseinstellung eine große Londoner Handelsbank ins Verderben zu reißen drohte (die Baring-Krise von 1890), borgte die Bank von England Geld von ausländischen Zentralbanken und auch von Rothschild in Paris.[20] In dem Vierteljahrhundert, in dem der klassische Goldstandard nahezu universale Geltung hatte, arbeiteten die wichtigeren Zentralbanken eng zusammen. Diese finanzielle Harmonie entwickelte sich trotz der wachsenden Spannung zwischen den Großmächten und ermutigte daher Beobachter wie Sir Norman Angell zu dem Schluß, die globalen Finanzbeziehungen seien sowohl ein Anreiz wie ein Modell für die internationale Zusammenarbeit und für die Bewahrung des Friedens.[21]

Die Bank von England vermochte die Rolle des internationalen Dirigenten nicht zuletzt deshalb zu spielen, weil andere Länder bereit waren, einen beträchtlichen Teil ihrer Währungsreserven als Deposite in London zu halten. Sowohl Rußland wie Japan besaßen erhebliche Sterling-Aktiva. In dem Jahrzehnt vor dem Ersten Weltkrieg gewannen indische Reserven zunehmende Bedeutung für die Aufrechterhaltung der Stabilität des Goldstandards; Indien war gegen Ende des 19. Jahrhunderts zu einem wichtigen Exporteur geworden und erhöhte seinen Bestand an britischen Staatspapieren von 3,5 Millionen Pfund im Jahr 1902 auf 16 Millionen Pfund 1912.[22]

Ein so prekär balanciertes System schien bei etlichen Gelegenheiten dem Zusammenbruch nahe. Im März und dann erneut im Oktober 1907 kollabierten amerikanische Banken, weshalb beträchtliche Mengen an Gold aus Europa abflossen. Die Bank von England benötigte zum Ausgleich der Verluste dringend Gold. Sie arbeitete mit der Bank von Frankreich zusammen und holte sich Gold aus 24 Ländern. Die Lehre des Jahres 1907 schien in der Erkenntnis zu bestehen, daß der kooperative Goldstandard nur noch so gerade eben funktionierte.

Am Ende brach das System jedoch nicht wegen innerer Strukturschwächen zusammmen, sondern weil es im August 1914 zum Krieg zwischen den europäischen Mächten kam. Schon in den ersten Tagen der Mobilmachung sahen sich die größeren kriegführenden Staaten durch massenhafte Panikverkäufe von Anlagen gezwungen, die rechtliche Basis für das Funktionieren des Goldstandards aufzugeben, nämlich die Vorschrift, wonach Papiergeld jederzeit in Gold umzutauschen sei. Zunächst nahm man an, daß die Suspendierung dieser Vorschrift nur »für die Dauer des Krieges« gelten würde. Da der Krieg jedoch viel länger dauerte, als alle vorausgesehen hatten, die an den Entscheidungen des Juli und August 1914 beteiligt waren, schwand das Vertrauen in die automatische Stabilität des Wirtschaftssystems dahin. In der tiefen Verstörung, die der Krieg hinterließ, begann dann eine lange und schmerzensreiche Suche nach einer neuen internationalen Ordnung.

Der Erste Weltkrieg hatte das Fundament zerstört, auf dem der alte Goldstandard aufgebaut gewesen war, und zwar vornehmlich deshalb, weil er das Verhältnis zwischen Europa und der übrigen Welt völlig veränderte. So verschob sich das Vorkriegsmuster der Industrialisierung, als einige fortgeschrittene europäische Wirtschaften mit Märkten an der Peripherie Handel getrieben hatten. In den Vereinigten Staaten machte die industrielle Produktion einen gewaltigen Sprung. Neuere Industrien (Chemie und elektrische Geräte) profitierten von der Konfiskation deutscher Patente. Aus einem Schuldnerland verwandelten sich die USA in ein machtvolles Gläubigerland. Japan und Indien wiederum entwickelten sich zu wichtigen Textilproduzenten und -exporteuren. Mit der Veränderung des industriellen Gesichts der Erde änderte sich auch das Geflecht der Handelsbeziehungen. Überdies hatte der Krieg einen großen Teil der europäischen Handelsflotten zerstört, so daß nach seinem Ende die unsichtbaren Einnahmen Europas dramatisch abfielen. Alles in allem mußte der strukturelle Wandel in der Weltwirtschaft für alle europäischen Länder in Zahlungsbilanzproblemen zum Ausdruck kommen.

Zweitens verursachte der Krieg – vor allem in den kriegführenden Ländern – eine ungeheure Expansion der Staatstätigkeit, insbesondere eine drastische Zunahme der Ansprüche an eine staatliche Wirtschaftslenkung. Diese Erwartungen verringerten die Bereitschaft und die Fähigkeit der Gesellschaften, den jeweiligen Lebensstandard entsprechend der entstandenen Zahlungsbilanzprobleme zu regulieren. Als Folge wurde die Zahlungsbilanz in der Nachkriegswelt zum Gegenstand heftiger und bitterer politischer Auseinandersetzungen.

In jedem Land war der Krieg durch eine Zunahme der Staatsverschuldung finanziert worden, konkret fast überall durch die Ausgabe von Papiergeld, dessen Konvertibilität »für die Dauer des Krieges« suspendiert wurde. Jede Seite hoffte, die Kosten des Krieges als Sieger den Besiegten aufbürden zu können. 1918 kam Deutschland mit dem Frieden von Brest-Litowsk und einem folgenden Ergänzungsabkommen seinem Kriegsziel recht nahe, »das Bleigewicht der Milliarden« – so die Worte des Staatssekretärs des Reichsschatzamtes – um den Hals des russischen Volkes zu hängen. Das Zusatzabkommen sah eine gigantische Kriegsentschädigung vor. Kaum ein Jahr später präsentierten die westlichen Alliierten den deutschen Unterhändlern in Versailles eine gleichartige Forderung. 1921 legte der »Londoner Zahlungsplan« Deutschlands Reparationsschuld auf 132 Milliarden Goldmark fest; das entsprach dem deutschen Nationaleinkommen der Vorkriegszeit von fast zwei Jahren.

Das finanzielle Erbe des Krieges bestand in Inflation, in Deutschland und ganz Mitteleuropa sogar in einer extremen Währungsschwäche, die in Hyperinflation mündete. Das war das Ergebnis beträchtlicher Haushaltsdefizite, verursacht von Kriegskosten, höheren Subventionen für Unternehmen, größeren Leistungen für soziale Umgestaltung – aber ebenso von der Abneigung der Regierungen, Maßnahmen zur Kontrolle der Geldströme zu treffen, und zwar aus der Furcht heraus, ein deflationärer Schock werde zu sozialer und politischer Destabilisierung führen. Kurzum: In den Nachkriegsgesellschaften heizten »strukturelle« Zwänge die Geldschöpfung an.[23] Die während des Krieges noch allgemeine Hoffnung, nach der Einstellung der Feindseligkeiten werde es eine simple und automatische »Rückkehr zur Normalität« geben, erwies sich als illusorisch.

Vielmehr erforderte der Neuaufbau der internationalen Wirtschaft ein weit höheres Maß an Verhandlungen, Interventionen und Management als der klassische Goldstandard, und im Laufe dieses Wiederaufbaus wurden nationale und soziale Gefühle empfindlich traktiert. Da sich der Grad der Kriegs- und Nachkriegsinflation in den einzelnen Ländern sehr unterschied (wobei Rußland und Österreich-Ungarn an einem Ende der Skala standen und die Vereinigten Staaten am anderen), begegnete die Berechnung eines Systems neuer Wechselkurse größten Schwierigkeiten. Die Geschichte der zwanziger Jahre ist eine traurige Chronik von oft hochherzigen und nicht selten ingeniösen, doch am Ende zur Erfolglosigkeit verdammten Versuchen, mit der komplizierten finanziellen Erbschaft des Großen Krieges fertig zu werden. Anfänglich verfolgten die Regierungen eine Doppelstrategie: Auf der einen Seite bemühten sie sich um die Schaffung einer Basis für die Restauration eines Systems stabiler Wechselkurse, auf der anderen Seite suchten sie nach Therapien für das Problem der Hyperinflation.

Auf der internationalen Wirtschaftskonferenz von Genua im April 1922 traten noch die meisten Länder für die Wiederherstellung der Vorkriegskurse ein, ausgenommen in Fällen wie Österreich oder Deutschland, in denen dies evidentermaßen unmöglich war. Doch gab es auch die Erkenntnis, daß eine allgemeine Rückkehr zum Goldstandard einschneidende deflationäre Effekte haben mußte.[24] Zur Lösung des Problems hielten die Fachleute eine britische Anregung für geeignet, der zufolge in vermehrtem Maße Devisen als Reserven Verwendung finden sollten. Der Vorschlag stellte einen Versuch dar, einen mittleren Weg zu gehen zwischen der Deflation, die bei einer Rückkehr zum Goldstandard drohte, und den inflationären Tendenzen, die durch die Kriegsfinanzierung entstanden waren und durch ein Phänomen verlängert wurden, das ein Beobachter als die »Rauschgiftsucht der Nachkriegsfinanzminister« charakterisiert hat.

Das System, das in den Genueser Diskussionen schließlich anvisiert wurde, verlangte von den Zentralbanken der beteiligten Länder eine wesentlich aktivere Rolle bei der Koordinierung der nationalen Politik.[25] Koordinierung und Kooperation waren nach Ansicht der Experten nur möglich, wenn die Länder nicht einfach nationale Ziele verfolgten, sondern sich zur Aufrechterhaltung des ganzen Systems verpflichteten. Ein politisch unabhängiges Management durch die Zentralbanken sollte dies sicherstellen. Als Aufgabe sowohl der nationalen wie der internationalen Kreditpolitik erschien nicht allein die Bewahrung der festgesetzten Kurse, sondern auch die Vermeidung »ungebührlicher Fluktuationen in der Kaufkraft von Gold.«[26] Auf der Konferenz von Genua wurde auch erkannt, daß das Handeln der Vereinigten Staaten in dieser Hinsicht ausschlaggebend sein mußte, wenn ein internationales monetäres System wiederhergestellt werden sollte, da die USA aus dem Krieg als der größte internationale Gläubigerstaat hervorgegangen waren.

Zumindest hinsichtlich der persönlichen und institutionellen Beziehungen hat die anglo-amerikanische Zentralachse der finanziellen Kooperation, die für die Arbeitsfähigkeit des Goldwechselstandards notwendig war, anfänglich gut funktioniert. Montagu Norman, Gouverneur der Bank von England, und Benjamin Strong, Gouverneur der New Yorker Bundesbank, unterhielten einen engen persönlichen Kontakt, was durch die neue Kommunikationstechnologie sehr erleichtert wurde. Sie wechselten häufig Briefe und Telegramme über den Atlantik, und sie besuchten einander. Strong schrieb an Norman mit ungezwungener Vertrautheit: »Sie sind ein lieber wunderlicher Kerl, und eine meiner Pflichten scheint darin zu bestehen, Ihnen von Zeit zu Zeit Predigten zu halten.«[27]

Was war unter »Predigten« zu verstehen? Gelegentlich opferten die Leiter der Zentralbanken, wie das in der Logik des Systems lag, das Interesse des eigenen Landes dem Funktionieren des Ganzen. Die beiden herausragenden Fälle dieses Altruismus erwiesen sich am Ende als zerstörerisch: 1925 setzte sich Norman erfolgreich für eine Rückkehr der Sterlingwährung zum Goldstandard ein (und zwar zum Vorkriegskurs von 1 Pfund = 4,86 Dollar), weil er glaubte, daß dies der Londoner City dazu verhelfen werde, ihre normale Rolle in der Weltwirtschaft zurückzugewinnen. Die Maßnahme kam den britischen Finanzinteressen zugute, jedoch nicht dem ganzen Lande; am Ende trug sie auch nichts zur Stabilisierung der internationalen Finanzordnung bei. Norman bewirkte mit seiner Aktion eine Überbewertung, die Großbritannien in der zweiten Hälfte der zwanziger Jahre fortwährend Zahlungsbilanzprobleme bescherte. Der zweite Fall kam 1927, als sich Benjamin Strong, nach einem Treffen der Clubs der führenden Zentralbanken auf Long Island, dem Verlangen nach einer Zinssenkung fügte, die den europäischen Wirtschaften helfen sollte. Das Resultat bestand in der weiteren Anheizung des spekulativen amerikanischen Börsenbooms von 1928/29, der Gelder aus Europa absaugte und den Boden für den großen Börsenkrach in der Wall Street von 1929 bereitete.

Das neue System schien anfänglich auch insofern gut zu funktionieren, als es mehr und mehr Länder zum Anschluß bewog. Norman und Strong entwickelten eine gemeinsame Methode zur Behandlung jener Probleme, die mit der wirtschaftlichen Stabilisierung in den vom Krieg so hart mitgenommenen Staaten Mitteleuropas verbunden waren. Das System verlangte ein großes Maß an umsichtigem Management. Strong stand Plänen, die Devisenprobleme aller Länder auf gleiche Weise anzugehen, höchst kritisch gegenüber; er glaubte, derartige Schemata seien »zum Scheitern verurteilt«.[28] Vielmehr hielt er eine spezielle und ad hoc konzipierte Therapie für Stabilisierung, Haushaltsausgleich und Notenbankreform für erforderlich.

Zunächst bauten die Chefs der Zentralbanken auf Stabilisierungsprogramme, die vom Völkerbund erarbeitet worden waren: Die ersten Objekte dieser Technik waren Österreich (1922) und Ungarn (1923). Die Empfehlungen des Völkerbunds schlossen dramatische und scharfe Maßnahmen zur Haushaltsstabilisierung ein, ferner Kontrollen der Banken, um eine auf Privatkrediten beruhende Wiederkehr von Inflation zu verhindern. Die Regierungen, die diese Programme exekutieren sollten, waren gewöhnlich schwach und labil. Auf sich allein gestellt, hätten sie nicht genügend politische Stärke aufbringen können, um Eingriffe vorzunehmen, die große einheimische Interessengruppen enttäuschen mußten: Geschäftsleute und Landwirte, die auf staatliche Subventionen rechneten, Arbeiterorganisationen, die höhere Sozialleistungen verlangten, oder Staatsbedienstete, die in ihren während des Krieges geschaffenen Positionen bleiben wollten. Die Maßnahmenbündel konnten nur realisiert werden, weil sie von außen auferlegt und von der Autorität einer internationalen Institution gedeckt waren. Sie erschienen somit als abgesetzt von der einheimischen politischen Debatte und von den Pressionen der Interessengruppen. Die internationale Institution konnte innenpolitisch zum Schuldigen für die ganze Härte der Stabilisierungsmaßnahmen erklärt werden, die im übrigen durchaus gewisse Hoffnungen auf Besserung weckten.

Der wichtigste Fall einer solchen Rückkehr zum internationalen monetären System war die Stabilisierung der deutschen Mark nach dem Ende der Hyperinflation von 1921 bis 1923. Den rechtlichen Rahmen fixierte ein internationales Expertenkomitee, die nach dem amerikanischen Bankier Charles Dawes benannte Dawes-Kommission. Auf dieser Grundlage entstand eine neue Währung, die Reichsmark, und eine unabhängige Zentralbank mit internationaler Repräsentation in ihrem Aufsichtsrat; verbunden damit war eine internationale Anleihe in Höhe von 190 Millionen Dollar, die die deutsche Regierung instandsetzen sollte, die Reparationszahlungen an die Westmächte wieder aufzunehmen. Nachdem Deutschland zum Goldstandard zurückgekehrt, Großbritannien 1925 die Goldkonvertibilität eingeführt und Frankreich 1926 seine Inflation überwunden hatte, schien die Ausweitung des neuen internationalen Finanzsystems unaufhaltsam zu sein. Italien führte – mit Hilfe von Strong und Norman – 1927 eine Stabilisierung durch. Ende 1928 gehörten, wenn man von China und einigen kleineren Ländern auf Silberstandard absieht, nur Spanien, Portugal, Rumänien und Japan nicht dem Goldstandard an. Jedoch schloß sich Rumänien 1929 an, Portugal in der Praxis 1931 und Japan im Januar 1930. Im Dezember 1930 gab die Bank für Internationalen Zahlungsausgleich Spanien eine Stabilisierungsanleihe, doch scheiterte die Konvertibilitäts-Operation im April 1931 an der Revolution der Republikaner, die – und das war einer der attraktivsten Punkte in ihrem Programm – die ausländischen Stabilisierungskredite ablehnten. Spanien vermied so den Eintritt in den mittlerweile fast universalen Klub der Gold-Länder und entging damit einem guten Teil des durch internationale Ansteckung verbreiteten Leidens der Weltwirtschaftskrise.

Zu der Zeit, als Portugal, Spanien und Japan die Stabilisierung ins Auge faßten, waren die Unsicherheiten und Verwundbarkeiten des Systems bereits sichtbar geworden. Nach 1929 erlebte die Welt eine dramatische monetäre Kontraktion. Zeitgenossen machten entweder die Grenzen verantwortlich, die der Vermehrung der globalen Goldvorräte gezogen waren (Gustav Cassel), oder aber die amtliche französische und amerikanische Finanzpolitik (Sir Henry Strakosch). Frankreich und die USA verzeichneten Ende der zwanziger Jahre Zuflüsse an Gold und akkumulierten beträchtliche Reserven, ließen es jedoch nicht zu, daß sich diese internationalen Reserven auf die einheimische Geldschöpfung auswirkten. Im Sommer 1931, am Vorabend der Krise, die den Goldstandard zu Fall brachte, besaßen die USA zwei Fünftel der Goldreserven der Welt, Frankreich besaß ein Fünftel.[29] Diese Sterilisierung schränkte in den beiden Ländern die Expansion ein, während jene Staaten, die Reserven verloren, durch den Mechanismus des Goldstandards genötigt waren, restriktiv zu reagieren. Die internationalen Goldwanderungen wirkten also deflationär: Einerseits unterblieb in den Überschußländern jede Expansion, andererseits sahen sich die Defizitländer zur Kontraktion gezwungen.[30]

Das Resultat war ein außerordentlich schockanfälliges System. Der erste Schock bestand im Sinken der Warenpreise nach 1925 und ihrem steilen Abfall nach 1929. Kapital wurde nach dem Ersten Weltkrieg ohnehin erheblich kurzfristiger angelegt als in der Vorkriegszeit, war auch weniger mit Technologie-Transfers verbunden, die so oft mit längerfristigen Anlagen einhergehen. Da Anlagen im Ausland meist aus spekulativen Motiven geschehen, hatte eine Änderung der Erwartungen heftige Auswirkungen. Jener Preiszusammenbruch veränderte nun die Erwartungen auf den Kapitalmärkten erheblich. Länder, die in hohem Maße von Rohstoffexporten abhingen, verloren an Attraktivität, und der Zufluß an Kapital wurde schwächer und schwächer. Wenn nun der Zinsendienst schwerer fiel, suchte man den Export zu steigern; das ließ die Preise noch tiefer fallen, und es wurde allmählich unmöglich, neues Kapital anzuziehen.[31]

Dem Preisschock folgten finanzielle Schocks. Die Verwundbarkeit war dort am größten, wo Banken gemäß mitteleuropäischer Tradition eng mit der Industrie verflochten waren, sich sowohl im Anleihegeschäft engagierten wie Wertpapiere auf eigene Rechnung erwarben und sich bis zum Ende der zwanziger Jahre praktisch zu gigantischen industriellen Holdinggesellschaften entwickelt hatten. Im Mai 1931 brach eine der größten mitteleuropäischen Banken, die Österreichische Creditanstalt, zusammen.[32] Die dadurch ausgelöste Panik griff nach Ungarn und Deutschland über, und stets war die Finanzkrise von grenzüberschreitenden Geldbewegungen begleitet, da Inländer wie Ausländer ihre Einlagen abzuziehen suchten. Zu den mitteleuropäischen Reaktionen auf diesen Vorgang zählten neben einer Restrukturierung der Banken das vereinbarte Einfrieren kurzfristiger ausländischer Kredite (Stillhalte-Abkommen) und die Einführung von Devisenkontrollen. Eine solche Art der Behandlung des Problems trug dazu bei, daß es zu einem Domino-Effekt über nationale Grenzen hinweg kam. Als klar wurde, daß britische Banken über Gelder, die sie in Mitteleuropa hielten, auf Grund der Finanzkrisen und der Stillhalte-Abkommen vorerst nicht mehr verfügen konnten, setzte auf diese Banken selber ein Run nach flüssigen Mitteln ein. Im September 1931 führte die gleiche Kombination von Bankenschwäche und grenzüberschreitender Geldbewegung, die in den Monaten zuvor Mitteleuropa erschüttert hatte, dazu, daß Großbritannien vom Goldstandard abging. Das Königreich hatte sich unfähig gezeigt, die globale Wirtschaft zu stabilisieren oder wenigstens die eigene Position in der internationalen Ordnung wiederherzustellen.[33]

Der 21. September 1931 bezeichnete das Ende des Nachkriegs-Versuchs, ein neues internationales Finanzsystem aufzubauen. Wer daran aktiv beteiligt oder naher Beobachter gewesen war, behielt ein lebenslanges Trauma: Nach 1945 haben Wirtschaftswissenschaftler mit so unterschiedlichen Haltungen und Auffassungen wie Robert Triffin, Friedrich Hayek und Raul Prebisch ihre Empfehlungen ausdrücklich mit der Notwendigkeit begründet, ein erneutes 1931 zu verhindern. Auch in den Köpfen der Teilnehmer der Konferenz von Bretton Woods spukte noch das Gespenst von 1931.

Der gleiche Mechanismus, der das englische Pfund erschüttert hatte, verursachte unmittelbar anschließend eine finanzielle Destabilisierung in den Vereinigten Staaten (1931 bis 1933) und Frankreich (1932 bis 1936) mit Stürmen auf Banken und Geldabflüssen, die erst ein Ende fanden, als auch diese Länder den Goldstandard verließen.[34] Angesichts des Preisschocks und des finanziellen Schocks erwies sich die in den zwanziger Jahren etablierte internationale Kooperation als hoffnungslos ungenügend. Die Verbindung zwischen London und New York hatte weitgehend auf dem persönlichen Verhältnis zwischen Norman und Strong beruht; nachdem Strong 1928 gestorben war, litt mithin die Zusammenarbeit. Die Beziehungen zwischen der Bank von England und der Bank von Frankreich waren 1929, als über eine Revision der Reparationsregelung für Deutschland verhandelt wurde, recht gespannt. Die neue Regelung, der 1930 angenommene Young-Plan, schloß mit der Gründung einer Weltbank einen Versuch zur Institutionalisierung internationaler wirtschaftlicher Kooperation ein. Der Haager Vertrag rief die Bank für Internationalen Zahlungsausgleich (BIZ) ins Leben, in erster Linie als einen entpolitisierten Apparat zur Verwaltung der Reparationen, das heißt zum Transfer von Reichsmark in andere Währungen, damit die Reparationsgläubiger bezahlt werden konnten. Aber Artikel 3 des Statuts der BIZ trug ihr auch auf, »die Kooperation der Zentralbanken zu fördern und weitere Erleichterungen für internationale finanzielle Aktivitäten zu schaffen«.[35]

Schon 1930 schlug der Gouverneur der Bank von England vor, über die BIZ kurzfristige Kredite zur Stabilisierung der Devisenmärkte zu verteilen, und Anfang 1931 regte er an, dort einen auf Bonds basierenden Stabilisierungsfonds zu schaffen, der zur »Unterstützung und Gesundung« der unter der Depression leidenden Problemländer Osteuropas und Lateinamerikas beitragen solle. Aber Normans Ideen fanden nicht viel Zustimmung, in Frankreich begegneten sie sogar Feindseligkeit.[36]

Die Resultate des Versagens der internationalen Zusammenarbeit zeigten sich nach der Sommerkrise 1931 in aller Deutlichkeit. Die ersten Opfer des Vertrauensschwunds, Österreich, Ungarn, Deutschland und Rumänien, machten mit der Einführung von Handels- und Devisenkontrollen jener freien Konvertierbarkeit ein Ende, die das zentrale Element des internationalen Systems gewesen war. Als er während einer Pause in den Verhandlungen über das deutsche Stillhalte-Abkommen im Londoner St. James Park spazierenging, sagte Carl Melchior, einer der hervorragendsten deutschen Bankiers: »Was wir jetzt erlebt haben, ist eine Zerstörung der Spielregeln des kapitalistischen Systems, das von strikter Einhaltung der Regeln abhängt. Zum ersten Mal habe ich, nach dem Willen des Staates, die Erfüllung einer Vereinbarung ablehnen müssen, die ich aus freien Stücken unterschrieben hatte.«[37]

Nach 1931 schien der einzige Weg zur Rettung von Währungen in der Aufgabe des Goldstandards zu bestehen. Am 20. April 1933 löste der eben ins Amt gewählte amerikanische Präsident Franklin D. Roosevelt den Dollar vom Gold. Die New Yorker Bundesbank suchte einen neuen Kurs zwischen Sterling und Dollar auszuhandeln. Dann aber, während in London gerade eine Weltwirtschaftskonferenz stattfand, gab der Präsident am 3. Juli 1933 bekannt, daß die Vereinigten Staaten nicht die Absicht hätten, den Dollar zu stabilisieren. Inländische Prioritäten (Steigerung der Agrarpreise und Stop der deflationsbedingten Runs auf die Banken) hatten Vorrang. »Das gesunde innere Wirtschaftssystem einer Nation ist ein größerer Faktor für ihre Wohlfahrt als der Preis ihrer Währung beim Wechseln in die Währungen anderer Nationen.«[38] Mit Roosevelts Ankündigung schwand jede Hoffnung, in London werde eine Einigung über Währungsstabilisierung und Zollabbau zustande kommen.

Spekulative Geldbewegungen, ähnlich jenen, die zwischen 1931 und 1933 die finanziellen Institutionen der USA ruiniert hatten, erfaßten schließlich auch die letzten Länder des »Goldblocks«: Belgien, Frankreich und die Schweiz. Belgien ging bei der Lösung vom Goldstandard voran, nachdem es 1935 zum Run auf die Banken gekommen war; Frankreich und die Schweiz folgten im Oktober 1936.

Nachdem auch der französische Franc vom Goldstandard abgekoppelt worden war, machten die wichtigeren westlichen Staaten einen bescheidenen Versuch, internationale finanzielle Kooperation wiederherzustellen. Die Regierungen Großbritanniens und der USA gaben eine gemeinsame Erklärung ab, in der sie versprachen, auf den französischen Schritt nicht mit Abwertung zu reagieren. Noch im Oktober 1936 verpflichteten sich Frankreich, Großbritannien und die Vereinigten Staaten zu Konsultationen über die täglichen Wechselkurse und zum täglichen Ausgleich zwischen den nationalen Devisenkonten. Die Vereinbarung, die zur Einhüllung der französischen Abwertung gedacht war, ist als Tripartite Monetary Agreement bezeichnet worden, und manche sehen sie als das Vorspiel zu einer sehr viel systematischeren Nachkriegskooperation.[39] In Wahrheit aber gab es keine Verständigung über eine langfristige Stabilisierung der Währungen und keine Verpflichtung auf einen bestimmten Wechselkurs. Die Inhalte waren also äußerst beschränkt, und der Herbst 1936 bedeutete keineswegs das Ende der spekulativen Angriffe auf den Franc. Im Juni 1937 wurde der Franc abermals abgewertet und danach einige Zeit beweglich gehalten, ehe man einen neuen Stabilisierungsversuch wagte. Die Paniken der Depressionszeit standen in den dreißiger Jahren großen Kapitalbewegungen zu Investitionszwecken im Wege. Zwar gab es erhebliche Kapitalwanderungen, doch sie reflektierten Spekulation, Nervosität und Kapitalflucht. Als Resultat der wachsenden politischen Spannungen in Europa verwandelten sich die USA, die während des Booms der zwanziger Jahre zu den wichtigen Kapitalexporteuren gehört hatten, wieder in einen Großimporteur von Kapital.

Wenn die westlichen Länder bessere monetäre Koordination

versprachen und suchten, so nicht nur aus rein finanzpolitischen, sondern auch aus staatspolitischen Motiven. Die Demokratie war in Europa in die Defensive geraten, und die Bedrohung durch das nationalsozialistische Deutschland nahm ständig zu. Die Führer der USA und Großbritanniens hielten Frankreich für wirtschaftlich und politisch labil, und sie sahen allenthalben Hinweise darauf, daß Deutschland Angriffe auf den Franc förderte, um Frankreich noch mehr zu schwächen. Henry Morgenthau, der Chef des amerikanischen Schatzamts, sagte, die Kapitalflucht aus Frankreich untergrabe die französische Regierung und berge in sich »die Gefahr einer Bewegung in Richtung Autarkie und politischer Diktatur«.[40] Hilfe von außen, selbst in Gestalt einer recht schwachen Verpflichtung zum Verzicht auf Abwertungskonkurrenz, könne Frankreich ermutigen, sich deutscher Expansion zu widersetzen.

Vielen war 1936 klar, daß es einen engen Zusammenhang gab zwischen dem Zusammenbruch wirtschaftlicher Kooperation und dem Aufstieg von Diktaturen, radikalem Nationalismus und politischem Expansionismus. Die Verbindung zwischen gescheiterter wirtschaftlicher Kooperation und wachsender politischer Spannung zeigte sich am deutlichsten in den Handelsbeziehungen. Die Weltwirtschaftskrise war von einer Zunahme protektionistischer Schritte wie der Festsetzung von Quoten, der Erhöhung von Zöllen und der Lenkung des Handels begleitet. Das Ergebnis bestand in einer Kontraktion des Welthandels, die ihrerseits die Depression laufend verschärfte. Einzelne Maßnahmen des wirtschaftlichen Protektionismus mochten begründet erscheinen, und Regierungen konnten argumentieren – was sie manchmal auch taten –, daß ihr Handeln lediglich dazu diene, das Übergreifen der weltweiten Deflation auf das eigene Land zu verhindern.[41] Der Beweis, daß eine bestimmte Zoll- oder Handelspolitik die Weltwirtschaft in Mitleidenschaft zog, war nicht leicht zu führen. Selbst bei dem berüchtigsten zollpolitischen Akt der Zwischenkriegszeit, den amerikanischen Hawley-Smoot-Zöllen, kann nicht gezeigt werden, daß sie direkt einen spürbaren Rückgang des internationalen Handels bewirkten. Aber sie ermutigten andere Staaten zu ähnlichem Vorgehen[42], und die Kumulation der Effekte war katastrophal.

Hawley-Smoot und die Welle der Nachahmungen bereiteten auch den Weg für eine neue Art der Machtpolitik. Die Kombination von Devisen- und Handelskontrollen gab Staaten mit einem großen Binnenmarkt eine scharfe Waffe in die Hand, wenn sie mit schwächeren Ländern umgingen. Im Gefolge der schweren Finanzkrise schloß Deutschland 1931 bilaterale Clearing-Abkommen mit Ungarn und Rumänien. Nach Hitlers Machtübernahme benutzte Deutschland Handelsbeziehungen ganz offen als Mittel, die Staaten Südosteuropas in seinen Machtbereich zu ziehen.[43] Auf Grund einer Reihe bilateraler Vereinbarungen kaufte das Dritte Reich Produkte zu Preisen, die über denen des Weltmarkts lagen. Das hieß: Die kleinen Staaten erkauften einen wirtschaftlichen Gewinn – bessere Preise und den Zugang zu einem größeren Markt – um den Preis politischer Abhängigkeit.

Japan sah sich während der Depression mit dem Kollaps jener Märkte konfrontiert, die es seit 1910 aufgebaut hatte. Die amerikanischen Hawley-Smoot-Zölle (und die Entwicklung der Kunstseide) trafen die japanischen Seidenerzeuger. Der wichtigste Exportartikel der zwanziger Jahre, Baumwolltextilien, war vor allem im britischen Empire verkauft worden, und diese Märkte wurden abgeschottet, als Großbritannien 1932 auf der Konferenz von Ottawa ein handelspolitisches Präferenzsystem für das Commonwealth einführte. Japan reagierte mit Versuchen, näher gelegene Exportmärkte zu erschließen, und nach dem Dezember 1932 mit einer drastischen Abwertung des Yen. Beides zusammen bewirkte die einzige wirtschaftliche Erholung der dreißiger Jahre, die von einer Steigerung des Exports getragen war. Allerdings gewann gleichzeitig ein anderes Ziel an Attraktivität: die territoriale Expansion in Asien zur Eroberung von Absatzmärkten und Rohstoffen.

Jedoch unterminierte die Depression den internationalen Frieden nicht allein durch den Übergang von Handelsdiplomatie zu gewalttätigem Imperialismus. Unter der Wirtschaftskrise litt auch die Stabilität demokratischer Systeme. In großen Teilen Europas und Lateinamerikas brachen demokratische Regierungen zusammen, die sich unfähig zeigten, mit der Krise fertig zu werden. Gleichzeitig verringerte der Kollaps der internationalen Kooperation für etliche Staaten den Anreiz zu verantwortungsbewußtem Handeln. In den zwanziger Jahren hatte die Hoffnung auf auswärtige Hilfe bei der wirtschaftlichen Stabilisierung und auf künftige Kapitalzuflüsse als Dämpfer außenpolitischer Abenteuerlust gewirkt. Italien, seit 1922 unter der Herrschaft Mussolinis, hatte gleichwohl außenpolitische Zurückhaltung und Mäßigung an den Tag gelegt; als aber internationale Kooperation keine Gewinne mehr verhieß, betrat der Diktator den Weg der Gewalt und der territorialen Expansion.

Als der Zweite Weltkrieg ausbrach, zogen viele Beobachter aus den wirtschaftlichen und politischen Erfahrungen der dreißiger Jahre eine eindeutige Lehre: Wirtschaftskrisen verursachen politische Instabilität, und das Scheitern internationaler Zusammenarbeit führt zur Gefährdung des Friedens. Mithin ist es Sache der Ökonomen und Staatsmänner, in Zukunft nicht nur Depressionen zu vermeiden, sondern auch Mittel und Wege zur Förderung und Institutionalisierung internationaler wirtschaftlicher Kooperation zu finden; an ihnen sei es zu verhindern, daß ein kurzer euphorischer Glaube an Internationalismus wieder, wie nach dem Ersten Weltkrieg, in eigensinnigen und destruktiven Nationalismus umschlägt.

Kapitel 2

»Prosperität hat keine festen Grenzen«

Die Konferenz von Bretton Woods war der erste erfolgreiche Versuch, einen rechtlichen und institutionellen Rahmen für ein Weltwirtschaftssystem zu schaffen. Ihre Teilnehmer suchten bewußt aus der Lektion der Großen Depression zu lernen und damit zur Vorbereitung des Friedens beizusteuern. Zuvor hatten Verhandlungen stattgefunden, an denen anfänglich nur die Vereinigten Staaten und Großbritannien beteiligt waren, dann aber auch die anderen Mitglieder der Vereinten Nationen (also die Kriegskoalition gegen die Achsenmächte). Eine Verständigung wurde möglich durch die fundamentale Einsicht, daß Streit über Handelsprobleme durch eine monetäre Vereinbarung zu überwinden sei.

Damit war die Paralyse geheilt, von der alle Zwischenkriegsversuche zu internationaler Kooperation befallen gewesen waren. Die Londoner Weltwirtschaftskonferenz von 1933 hatte allgemein als letzte – verspielte – Gelegenheit gegolten, eine Regelung zu erreichen.[1] Dort waren Handel und monetäre Angelegenheiten separat behandelt worden. Selbst im Vorbereitungsstadium hatten sich zwei Unterausschüsse die Arbeit an der Tagesordnung geteilt. Das Monetäre Subkomitee war mit Finanzen und Währungsstabilisierung befaßt, das Ökonomische Subkomitee mit dem Handel. Das Resultat dieser Arbeitsteilung konnte vorhergesehen werden und hätte der Komik nicht entbehrt, wäre es nicht so tragisch gewesen. Die monetäre Diskussion kam zu dem Schluß, Voraussetzung für eine Stabilisierung sei der Abbau von Handelsbarrieren. »Ein freierer Handel [ist] Voraussetzung für eine Rückkehr zu normalen wirtschaftlichen Verhältnissen und zum Goldstandard.« Auf der anderen Seite ergaben die Debatten über den Handel, daß nichts getan werden könne ohne eine Überholung des internationalen Finanzsystems, da »die Welt seit zehn Jahren versucht hat, die Zahlungsbilanz durch Leihen und Borgen auszugleichen, statt durch Kaufen und Verkaufen«.[2] Dies war offensichtlich das beste Rezept für totalen Stillstand: Die Handelsexperten erwarteten den ersten Schritt von den Finanzexperten und umgekehrt. John Maynard Keynes zog sogleich den Schluß, daß von einer so großen Ansammlung von Experten kaum Erfolge erwartet werden dürften; vonnöten sei vielmehr das Zielbewußtsein und die Beharrlichkeit »einer einzigen Macht oder einer Gruppe gleichgesinnter Mächte«.[3]

Als fundamentale Ursache des Wandels zwischen 1932/33 einerseits und den Diskussionen der letzten Kriegsjahre andererseits ist das unnachgiebige Festhalten der politisch und wirtschaftlich stärksten Macht der Welt an dem Grundsatz multilateraler Verhandlungen zur Reduzierung von Zöllen und zur möglichst weitgehenden Eliminierung von Handelsquoten anzusehen. Die kompromißlose Haltung der Vereinigten Staaten brachte selbst Gegnern und Skeptikern den unausweichlichen Schluß nahe, daß die Liberalisierung des Handels nicht Gegenstand von Diskussionen oder von Feilschen sein kann. Welches Glück für die Welt, daß es im Krieg keine Handelsgespräche gegeben hat! Als nach Kriegsende einzelne Länder über Ausnahmeregelungen zu streiten begannen, die sie von einer vorgeschlagenen Internationalen Handelsorganisation wünschten, rebellierten die Vereinigten Staaten, und die anvisierte Institution trat nicht ins Leben. Bretton Woods war bereits erfolgreich gewesen, und zwar auf Grund des Konsenses der Kriegsjahre, daß über den Handel nicht debattiert werden sollte und folglich die erste Konferenz der finanziellen Stabilisierung gelten müsse.

Die neue internationale Wirtschaftsordnung brauchte Regeln, die eine Wiederkehr der Unordnung und der Konflikte der dreißiger Jahre verhindern konnten. In der Handelspolitik mußte einfach Benachteiligung ausgeschlossen sein. Da in den dreißiger Jahren Abwertungen oft als Mittel handelspolitischer Vergeltung verwendet wurden, mußte nun eine Festlegung auf fixe Wechselkurse erfolgen (was dann in Artikel IV der Satzung des Internationalen Währungsfonds geschah), ferner eine Liberalisierung des internationalen Devisenverkehrs. Fixe Wechselkurse boten sich als leichtester und attraktivster Weg an, wenn man es den Staaten verwehren wollte, die Währungspolitik als Waffe in möglichen Handelskriegen einzusetzen.

Zu den Vereinbarungen von Bretton Woods gehörte die Anerkennung der Gleichberechtigung aller Währungen. Es konnte keine speziellen Reservewährungen geben. Jedes Land sollte den Kurs der eigenen Währung halten, indem es bei den Fremdwährungen intervenierte. Dazu verhalf ein Reservefonds, der herangezogen werden durfte, wenn die Zahlungsbilanz *temporärer* Stützung bedurfte. Die entscheidende Limitierung der nationalen monetären Souveränität, die in Bretton Woods vorgenommen wurde, bestand in der Verpflichtung, Nennwerte zu halten, das heißt sich in ein System fester Wechselkurse einzufügen. Eine Veränderung des Kurses sollte nur im Falle eines *»fundamentalen* Ungleichgewichts« in der Zahlungsbilanz und dann auf Grund einer Entscheidung der die Einhaltung der Regeln überwachenden Institution möglich sein. Im übrigen enthielten die Vereinbarungen komplizierte Vorkehrungen gegen nachteilige Auswirkungen der übernommenen Verpflichtung auf die jeweilige inländische Wirtschaft.

Das konzipierte System unterschied sich freilich erheblich von dem, das nach 1945 tatsächlich entstand. Es kam nicht zu einer multiplen Währungsordnung, vielmehr übernahmen ein bis zwei Schlüsselwährungen (der amerikanische Dollar und das britische Pfund) die führende Rolle, wobei andere Länder ihre Reserven großenteils in diesen beiden Währungen hielten. Lange Zeit mochte es so aussehen, als sei Bretton Woods eher eine noch nicht verwirklichte Idee als ein existierendes internationales »System«. Tatsächlich aber hatte Bretton Woods die Bedingungen geschaffen, unter denen ein System zu funktionieren beginnen konnte.

Um den politischen Erfordernissen der Zeit gerecht zu werden, mußte die ins Auge gefaßte Regelung nicht nur eine solide wirtschaftliche Vision enthalten, sondern auch jenen mächtigen Interessen dienen, die in den Verhandlungen präsent waren. In den Vereinigten Staaten herrschte eine tief verwurzelte Überzeugung vom Wert und Nutzen der Liberalisierung des Welthandels, demgemäß auch eine ausgeprägte Abneigung gegen den bilateralen Handel und die manipulierten Wechselkurse, wie sie dem nationalsozialistischen Deutschland eigentümlich gewesen waren. Im Hinblick auf wahrscheinliche Schuldnerländer (wie Großbritannien) sollte der monetäre Mechanismus die Ansammlung großer Überschüsse durch andere Staaten verhindern und für wahrscheinlich langfristige Gläubigerländer Strafen oder Abschreckungselemente enthalten. Die Überschußländer hatten einen Teil des Ausgleichs zu übernehmen, sollte sich die deflationäre Erfahrung der zwanziger Jahre nicht wiederholen.

Im Ergebnis führte das Zusammentreffen dieser beiden anfänglich konträren Impulse zu einem System fester Kurse. Dabei mußten sich die Friedensmacher auch mit einem ewigen Problem internationaler Politik herumschlagen: Wie war der Wunsch nach globaler Stabilität mit der Verfechtung nationaler Wirtschaftsinteressen zu versöhnen und mit der vom Erlebnis der Depression noch verstärkten Entschlossenheit, nationale Ziele, etwa die Erreichung annähernder Vollbeschäftigung, nicht auf dem Altar eines internationalen Systems zu opfern? Die Teilnehmer der Konferenz von Bretton Woods verstanden sehr gut, daß einer internationalen Ordnung kein Bestand vergönnt sein konnte, wenn sie in den einzelnen Staaten Feindseligkeit und Groll provozierte.

Lehren der Vergangenheit

Die große Krise der dreißiger Jahre hatte zwei unterschiedliche und dem Anschein nach gegensätzliche politische Tendenzen hinterlassen: in der Innenpolitik höchstes Interesse an einem Kurs der Vollbeschäftigung (gegebenenfalls auf Kosten anderer Länder), auf internationalem Felde hingegen neues Interesse an Kooperation.

Im wirtschaftlichen Denken hatte die Depression nicht zuletzt zur Formulierung einer Theorie geführt, nach der eine Nationalökonomie auf einem weit unterhalb der Vollbeschäftigung liegenden Produktionsniveau ihr Gleichgewicht finden konnte. Praktische Konsequenz einer solchen Theorie war die Forderung nach staatlicher Intervention, um zu einem höheren Niveau des Verbrauchs und der Investitionen zu gelangen und damit Nachfrage und Beschäftigung zu stimulieren. Darauf lief der Appell hinaus, der mit den Konzepten von John Maynard Keynes verbunden ist und den er am eindringlichsten in seinem 1936 erschienenen Buch ›The General Theory of Employment, Interest and Money‹ dargelegt hat. Es hat zur gleichen Zeit und sogar schon früher ähnliche Ansätze gegeben, so in den Arbeiten von Knut Wicksell und seinen Schülern in Schweden, von Michal Kalecki in Polen oder von Alvin Hansen in den Vereinigten Staaten; im allgemeinen aber wird dieser Auffassungswandel als die »Keynesianische Revolution« bezeichnet.

Die Realisierung eines derartigen Programms erforderte politisches Umdenken und vor allem ein stärkeres Eingreifen des Staates in das Wirtschaftsleben. Wahrscheinlich erlebte Skandinavien die erfolgreichste und haltbarste demokratische Version der Kombination von neuem Wirtschaftsdenken und neuer Politik. Expansive Haushaltspolitik – verbunden mit einer Umverteilung der Einkommen und Wachstumsorientierung – stützte sich dort auf parlamentarische Koalitionen, die Bauern- und Arbeiterinteressen repräsentierten. Anderswo war die Zunahme staatlicher Intervention nicht von einem Mehr an Demokratie begleitet.

In Lateinamerika brachte Brasilien die rascheste Erholung von der Depression als das Resultat einer Industrialisierungs- und Importersatzkampagne zustande; Präsident Getulio Vargas präsentierte dies als Leistung seines autoritären »Neuen Staates«. Im zunehmend schlechter werdenden internationalen Klima der dreißiger Jahre waren jedoch Ausgaben für militärische Zwecke die nächstliegende und attraktivste Form staatlicher Wirtschaftsstimulierung. Vor allem Deutschland und Japan wandten an, was Beobachter dann »Keynesianismus militärischer Art« nannten. Die Atmosphäre jener Jahre beeinflußte auch auf andere Weise die Politik. Handelspolitische Maßnahmen zielten darauf ab, sich Vorteile auf Kosten von Nachbarn zu verschaffen. Mit Abwertungen konnten für den Export günstige Wechselkurse erreicht werden. Abwertungen dienten einer »Beggar thy neighbor-Politik«. Was die Staaten auf dem Felde der internationalen Wirtschaft auch unternahmen, es galt der Maximierung der eigenen Wohlfahrt und Macht – auf Kosten aller anderen. Das Land, das sich bei der Manipulation seines internationalen Handels und seiner Währung besonders hervortat, war das nationalsozialistische Deutschland. Die dreißiger Jahre standen im Banne einer merkantilistischen und populistischen Vision. Die Weltwirtschaft wurde als ein Nullsummenspiel angesehen, in dem ein Gewinn an der einen unweigerlich zu einem Verlust an anderer Stelle führt. Von den größeren Staaten huldigten allein die USA nicht dieser merkantilistischen Vorstellung. Mit dem Reciprocal Trade Agreements Act von 1934 suchten sie die Welt in eine andere und bessere Richtung zu lenken, freilich nur mit bescheidenem Erfolg.

Anfänglich hatten die Befürworter der Neuen Wirtschaft die Beschäftigung mit internationalen Fragen möglichst vermieden. Sie glaubten, ein Merkmal der alten klassischen Doktrinen sei die Unterordnung inländischer Ziele unter die Gebote eines internationalen Systems gewesen und sie habe am Ende lediglich einer Handvoll Finanziers genutzt. Keynes selbst schien in den dreißiger Jahren weniger internationalistisch gesinnt als im Jahrzehnt davor und auch wieder danach. Als er Roosevelts Verzicht auf das Ziel der Dollarstabilität begrüßte, wirkte er geradezu euphorisch, und in seiner ›General Theory‹ argumentiert er, internationale Kapitalbewegungen seien häufig schädlich oder Verschwendung gewesen. Ende der dreißiger Jahre herrschte weithin die Überzeugung, daß die fundamentale Destabilisierung der vergangenen Dekade von leichtfertigen und unverantwortlichen Kapitalwanderungen (»Heißes Geld«) verursacht worden sei – und daß ein lebensfähiges internationales System der Beschränkung solcher Wanderungen bedürfe.

Als sich die politische Situation dann mehr und mehr verschlechterte und schließlich der Zweite Weltkrieg begann, erschien die Vernachlässigung der internationalen Beziehungen im theoretischen Rahmen der Neuen Wirtschaft als immer weniger gerechtfertigt. Zum einen waren Diskussionen über eine internationale wirtschaftliche Kooperation aufs engste mit denen über die Schaffung einer neuen Friedensordnung verknüpft. Zum anderen spielten im diplomatischen Geschäft zwischen den westlichen Alliierten finanzielle Probleme eine ständig größer werdende Rolle.

Ein neuer Internationalismus richtete sein Augenmerk auf die globale Verantwortung der mächtigsten Wirtschaft der Welt. Schon 1934 hatte der amerikanische Botschafter in Deutschland in einem Brief an Außenminister Cordell Hull auf die Lehren hingewiesen, die sich aus der Depression für die internationale Politik ergäben: »Die Zollpolitik von 1923 bis 1930, die gefährlichen Kredite von 1923 bis 1928 und die Weigerung des Senats 1921, den mit der Wahl von 1920 verbundenen Erwartungen zu entsprechen, das sind im Grunde die Ursachen für Hitler und Mussolini, für die britische und die französische Autarkie.«[4]

Wie war die Priorität der Innenpolitik mit dem Weltfrieden und größeren internationalen Aufgaben vereinbar? Drei Möglichkeiten gab es: Erstens konnten die Staaten zu der Einsicht gelangen, daß internationale Harmonie in ihrem eigenen Interesse lag; die Erfahrungen der dreißiger Jahre stimmten in diesem Punkt allerdings nicht optimistisch. Zweitens konnte ein internationales Rechtssystem geschaffen werden, das es erlaubte, schiedsgerichtliche Urteile zu fällen, wenn in wirtschaftlichen Fragen nationale und internationale Aufgaben kollidierten. Drittens konnte ein Automatismus eingerichtet werden, der die Staaten ohne lange bürokratische und rechtliche Verfahren in Richtung Frieden und Prosperität steuerte.

Die Diskussionen über die Nachkriegsordnung pendelten zwischen den Lösungen zwei und drei; am Ende wurden Elemente aus beiden genommen. Ein Automatismus war durchaus attraktiv, weil er die Einmischung der Politik verhinderte, doch mochte er nicht immer der jeweils gegebenen Situation gerecht werden. Ein Ermessensspielraum schien deshalb notwendig, und dieser konnte am ehesten durch die vertraglich vereinbarte Schaffung einer Institution mit rechtlichen Kompetenzen erreicht werden. Daraus resultierte der Kompromiß von Bretton Woods.

Vorbereitung für den Frieden: Die Herausforderung

Alle konnten darin übereinstimmen, daß das Problem nach dem Ersten Weltkrieg nur unzulänglich behandelt, eine Chance vergeben und die Saat des folgenden großen Konflikts gesät worden war. Bereits Wochen nach Kriegsbeginn im September 1939 schickte Keynes Präsident Roosevelt Memoranden, in denen er Vorschläge machte, wie nach dem Kriege der Wiederaufbau Europas mit besseren Methoden angegangen werden könne als in den zwanziger Jahren. Diese Vision einer Zukunft, die attraktiver sein würde als die Welt der Depression, trug auch dazu bei, die schweren Prüfungen des Krieges zu bestehen.

Überdies stellte sich bald die Notwendigkeit heraus, auf eine konkrete Herausforderung durch den Feind zu antworten. Nach dem Zusammenbruch Frankreichs im Juni 1940 entwickelte der deutsche Wirtschaftsminister Walther Funk in einer Serie von Reden das Konzept für eine »Neue Ordnung« in Europa, die fortan einen wichtigen Platz in der deutschen Kriegspropaganda einnahm. In wirtschaftlicher Hinsicht versprach die »Neue Ordnung« eine Alternative sowohl zum Bilateralismus und den Clearing-Konten der dreißiger Jahre wie zum ökonomischen Liberalismus des Goldstandards. Die Staaten sollten Herr über ihre eigenen Währungen sein. »Unter keinen Umständen werden wir eine Währungspolitik dulden, die uns vom Gold abhängig macht, da wir uns nicht an ein Medium binden können, dessen Wert wir nicht selbst festsetzen können.«[5] Funks Plan sah innerhalb Europas frei konvertierbare Währungen zu festen Wechselkursen vor; Lenkung werde es nur bei Transaktionen mit der Außenwelt geben. Als Anker der europäischen Währungen war die Reichsmark gedacht. Handelsbarrieren würden reduziert, die Produktion werde geplant. »Durch den Abschluß langfristiger Handelsverträge mit den europäischen Ländern wird beabsichtigt, daß sich die europäischen Wirtschaftssysteme durch ein weit in die Zukunft hinein geplantes Produktionssystem dem deutschen Markt anpassen.«[6]

Die britische Regierung bat Keynes um einen Gegenentwurf. Er wies mit Entschiedenheit die Vorstellung zurück, daß der Internationalismus der zwanziger Jahre als attraktives Muster für die Nachkriegsbeziehungen dienen könne. Es sei wirklich nicht damit getan, so Keynes, zur »guten alten Zeit« der Nachkriegsrezession oder der Weltwirtschaftskrise zurückzukehren, »das heißt zu Goldstandard oder internationalem Devisen-Laisser-faire, verschlimmert durch hohe Zölle, Arbeitslosigkeit etc.«. Vielmehr diagnostizierte Keynes eine »Sehnsucht nach sozialer und persönlicher Sicherheit«, die der Frieden freisetzen werde.[7] Doch fehlte es noch an detaillierten Vorstellungen von einer internationalen Wirtschaft, die solche Sicherheit hervorbringen konnte.

Zur Antwort der Vereinigten Staaten auf Deutschland gehörte die Liberalisierung des Handels, und der Verlauf des Krieges nötigte das Vereinigte Königreich dazu, sich mehr und mehr an der amerikanischen Haltung zu orientieren. Schon im September 1939, erst recht aber nach dem Fall Frankreichs lag klar zutage, daß Großbritannien sich nicht ohne substantielle amerikanische Unterstützung würde behaupten können. Offiziell waren die USA jedoch zur Neutralität verpflichtet. Ihre Hilfe zu gewinnen, erwies sich mithin als langwieriger und schwieriger Prozeß, der von Großbritannien beträchtliche Konzessionen verlangte. Im August 1940 lieferten die USA den Briten alte Zerstörer aus dem Ersten Weltkrieg und konnten dafür britische Marinestützpunkte in der westlichen Hemisphäre pachten. Damit allein war den britischen Nöten des Winters 1940/41 jedoch noch nicht zu begegnen. Gestärkt durch seinen dritten Wahlsieg im November 1940 bot Roosevelt Großbritannien Güter an, deren Bezahlung erst nach dem Ende des Krieges geregelt werden sollte. Das Gesetz, das diesen Vorgang ermöglichte, war in den Vereinigten Staaten heftig umstritten, und manche Kritiker des Präsidenten argumentierten, Großbritannien bringe die USA dazu, für einen allein im englischen Interesse geführten Krieg zu bezahlen. Teils zur Entwaffnung solcher Kritik, teils als Konsequenz der Diagnose, die Außenminister Cordell Hull für die wirtschaftlichen Krankheiten der dreißiger Jahre gestellt hatte, bestand die amerikanische Regierung darauf, in das Pacht- und Leihgesetz eine Klausel einzufügen, die Großbritannien zu handelspolitischen Konzessionen nach Kriegsende verpflichtete. Daß es sich hier um ein Quidproquo handelte, kam in der Bezeichnung der von den Vereinigten Staaten geforderten Konzession zum Ausdruck: »das Entgelt«. Der Entwurf des State Departments für Artikel VII des Pacht- und Leihgesetzes hatte festgelegt, daß die von den USA offerierte Hilfe den Handel zwischen den beiden Ländern nicht belasten dürfe und zu »beiderseitig vorteilhaften Wirtschaftsbeziehungen« sowie zu einer »Besserung der weltweiten Wirtschaftsbeziehungen« führen müsse; »diese sollen in den Vereinigten Staaten von Amerika wie im Vereinigten Königreich jeder Diskriminierung gegen den Import eines Produkts aus dem jeweils anderen Land vorbeugen«. Der protektionistische Panzer um das britische Empire und seinen Imperialismus mußte aufgebrochen werden. Viele in Großbritannien, darunter Keynes, sahen den möglichen Auswirkungen auf ihr Land mit Ängsten entgegen. Vor allem befürchteten sie, die Wiederherstellung des Freihandels werde den englischen Wohlfahrtsstaat gefährden.

Die Vorschläge, die Keynes im Spätsommer 1941 für die Lösung der finanziellen Nachkriegsprobleme ausarbeitete, zeugten von seiner Suche nach einem übergeordneten Rahmen für eine internationale Ordnung, unter dem der Artikel VII (»das Entgelt«) keine solche Gefahr für die britischen Interessen darstellte. Keynes' Ideen reflektierten jene Schwierigkeiten, mit denen sich Großbritannien nach dem Kriege mit Sicherheit konfrontiert sehen würde. Die Nachfrage nach Importwaren würde, so durfte angenommen werden, mit dem Ende der »Austerity« zunehmen, während die Exportkapazität noch unter der Umstellung eines großen Teils der Industrie auf Kriegsproduktion und der Abnützung der Anlagen leiden würde. Angesichts der hohen Verluste an Schiffen war ferner mit einem Rückgang der unsichtbaren Einnahmen zu rechnen. Andere europäische Länder sahen nach Jahren autarkistischer und dann vom Krieg diktierter Wirtschaftspolitik gewiß ähnlichen Problemen entgegen. In den zwanziger Jahren waren die Vereinigten Staaten, so glaubte Keynes, ihrer Verantwortung für den europäischen Wiederaufbau ausgewichen, indem sie, was Sache staatlicher Politik hätte sein sollen, privaten Initiativen überlassen hatten. Demgegenüber müsse jede neue internationale Konzeption jetzt sicherstellen, daß Länder, die eine starke Gläubigerposition aufgebaut hatten, ihrer Verantwortung voll gerecht wurden. »Das Ziel ... muß darin bestehen, die Hauptinitiative von den Gläubigerländern einzufordern, gleichzeitig jedoch in den Schuldnerländern genügend Disziplin zu wahren, um sie von einem Mißbrauch der ihnen zugestandenen Vorteile abzuhalten, der darin bestünde, daß sie verschwenderisch über ihre Verhältnisse leben.«[8]

Keynes' Konzept sah eine neue internationale Bank (Clearing Union) mit einer neuen internationalen Währung vor. Die für die vorgeschlagene Währung gewählte Bezeichnung »Bancor« weist darauf hin, daß das neue Geld als künstlich geschaffener Ersatz für Gold gedacht war, das aus der internationalen Wirtschaft allmählich verschwinden sollte, indem es von den Zentralbanken zwar an die neue internationale Bank (gegen »Bancor«) verkauft, jedoch nicht mehr zurückgekauft werden würde.

Die Aufgabe der Clearing Union sollte darin bestehen, die Zahlungsbilanzen im Gleichgewicht zu halten, und zwar durch die Schaffung von Regeln und Praktiken für die Behandlung von Überziehungen der Schuldner- und von Überschüssen der Gläubigerländer. Die Quoten für jedes Land in der Union sollten auf die Hälfte des Import- und Exportdurchschnitts der letzten fünf Jahre festgesetzt werden und über die Grenzen entscheiden, bis zu denen Schuldnerländer überziehen durften. Gläubiger hatten die über ihren Quoten liegenden Überschüsse an die Union zu transferieren und Zahlungen zu leisten, falls ihre Überschüsse ein Viertel ihrer Quote überstiegen. Das von Keynes entworfene Schema schuf eine nahezu perfekte Symmetrie: Ob Gläubiger oder Schuldner, beides sollte gleichermaßen unangenehm und kostspielig werden. Auf diese Weise gedachte Keynes eine Wiederholung der amerikanischen und französischen Politik der späten zwanziger Jahre unmöglich zu machen; die Regeln der Clearing Union würden solche Gläubigerländer zu wirtschaftlicher Expansion treiben.

Die Restauration eines multilateralen Finanzsystems hing in den Augen nahezu aller Wirtschaftswissenschaftler von der zeitlich unbegrenzten Kontrolle der Kapitalbewegungen ab. Das gefiel Keynes, der sich zum Nutzen sowohl von Kapitalexporten wie von Kapitalimporten wiederholt skeptisch geäußert hatte. Keynes teilte die Ansicht, daß die Kapitalflucht das größte internationale Problem der Zwischenkriegszeit gewesen sei. »Es gibt kein Land, das künftig ungestraft die Flucht von Geldern zulassen kann, ob die Flucht aus politischen Gründen erfolgt, um der inländischen Besteuerung zu entgehen, oder weil der Eigentümer erwartet, selbst flüchten zu müssen. Ebenso wird es kein Land geben, das Fluchtgelder ungestraft empfangen kann, die einen unerwünschten Import von Kapital darstellen, jedoch nicht ohne weiteres für feste Investitionen verwendet werden können.«[9] Keynes fügte hinzu, daß die neuen Kontrollen, die vielleicht »ein dauerndes Merkmal des Nachkriegssystems« werden, der »Ära internationaler Investitionen« kein Ende machen sollten. Aber es sollte Sache der Staaten und internationaler Vereinbarungen sein, in Übereinstimmung mit nationalen Prioritäten zu definieren, wann man es mit einer erwünschten Investition zu tun hatte und wann mit einer unerwünschten Kapitalbewegung. Der britische Wirtschaftswissenschaftler Sir Hubert Henderson bemerkte dazu: »Im Vereinigten Königreich stimmt man allgemein darin überein, daß wir das Recht behalten müssen, Kapitalbewegungen effektiv und unbefristet zu regulieren.«[10] Viele Amerikaner teilten diese Auffassung.

Die endgültige britische Empfehlung wurde 1943 unter dem Titel ›Vorschläge für eine internationale Clearing Union‹ veröffentlicht und enthielt alle hervorstechenden Elemente von Keynes' Überlegungen: die internationale Währung »Bancor«, die nach dem Handelsvolumen der Vorkriegsjahre berechneten Quoten, die Kontrolle der Kapitalbewegungen und die dem Direktorium der Union einzuräumende Kompetenz, eine Änderung von Wechselkursen zu verlangen.

Die Entwicklung des Supra-Nationalismus

Harry Dexter White, Mitarbeiter von Finanzminister Henry Morgenthau und auf amerikanischer Seite der wichtigste Schmied der wirtschaftlichen Nachkriegsregelung, war ein enthusiastischer Exponent der – als Teil der mit Roosevelts dirigistischem New Deal verbundenen – Neuen Wirtschaft gewesen. Aber er hatte seinen Wechsel zum neuen Wirtschaftsinternationalismus bereits vor Keynes begonnen. Schon vor Kriegsbeginn arbeitete er an Plänen für eine gesamtamerikanische Bank, und Ende 1941, als Keynes gerade die Clearing Union konzipierte, nahm White bereits Korrekturen an seinen Plänen vor, um einen neuen internationalen Mechanismus zu entwerfen.

Die Vereinigten Staaten beabsichtigten nun, einen neu zu schaffenden Stabilisierungsfonds mit Kompetenzen auszurüsten, die es erlaubten, jene Hindernisse zu überwinden, die in der Vergangenheit globaler wirtschaftlicher Kooperation im Wege gestanden hatten. Der Fonds sollte also die Macht erhalten, Vorgänge zu kontrollieren, die bislang in den Bereich der jeweiligen nationalen Souveränität gehörten. »Für den Erfolg eines jeden internationalen Stabilisierungsfonds, der eine wirklich nützliche Rolle spielen soll, ist es von vitaler Bedeutung, daß es zu einer Suspendierung gewisser wirtschaftlicher Elemente der nationalen Souveränität zugunsten internationaler Kollaboration kommt. [...] Wenn keine Regierung bereit ist, um eines größeren, wenn auch möglicherweise weniger offenkundigen Nutzens das zu opfern, was sie für einen Vorteil hält, auch wenn dieser Vorteil auf Kosten einer befreundeten Macht erlangt wird, dann wird die Welt zu den barbarischen internationalen Wirtschaftsbeziehungen der ›Zwanziger‹ und ›Dreißiger‹ zurückkehren.« Die Regeln, die die neue Institution durchsetzen sollte, schlossen auch die Aufhebung aller nicht ausdrücklich genehmigten Beschränkungen und Kontrollen des Devisenverkehrs ein. Mitgliedsländer sollten den Kurs ihrer Währung nur mit Zustimmung des Fonds ändern dürfen. Investitionen und Einlagen aus einem anderen Land sollten nicht ohne Einwilligung dieses Landes akzeptiert werden können. Die Mitglieder würden sich auch zur Herabsetzung von Handelsbarrieren verpflichten müssen – und zum Verzicht auf monetäre oder preispolitische Maßnahmen, die »früher oder später ein ernstliches Ungleichgewicht in der Zahlungsbilanz verursachen könnten, sofern vier Fünftel der Mitglieder des Fonds dem betreffenden Land ihre Mißbilligung der jeweiligen Maßnahme zum Ausdruck bringen«.[11]

Im Juli 1942 wurde eine erste Fassung des White-Vorschlags nach Großbritannien geschickt, und damit begann eine lange Auseinandersetzung nicht allein um zwei verschiedene Pläne, sondern um zwei unterschiedliche Management-Philosophien. Keynes beklagte anfänglich, in der amerikanischen Vorstellung würden dem Fonds zu große Vollmachten eingeräumt. Sie »dachten sich den Fonds als aktive und wohlmeinende Institution, die bei jeder Transaktion deren Ratsamkeit prüfen und dann ihr Okay geben oder versagen würde wie eine gewissenhafte Schullehrerin«.[12] Später wechselte Keynes die Metapher und gebrauchte eine Wendung, die dann von vielen Kritikern des Fonds, den er zu schaffen half, aufgegriffen wurde: In den Vereinigten Staaten, meinte er im Januar 1944, herrsche der Irrglaube, daß der Fonds »umfassende geschäftspolitische Vollmachten bekommen und über die Zentralbanken der Mitgliederländer das gleiche Maß an großmütterlichem Einfluß ausüben solle, das wiederum jene Banken über die anderen Banken ihrer Länder auszuüben gewohnt sind«.[13]

Auf amerikanischer Seite trachtete man vor allem danach, die praktisch unbegrenzte Verpflichtung zum Ausgleich der in den britischen Plänen angenommenen Defizite zu reduzieren. Keynes hatte, den Experten der amerikanischen Regierung zufolge, »keine Methode entwickelt, mit der die Vereinigten Staaten einer solchen Flutwelle von Bancor standhalten könnten«. Außerdem glaubten die Amerikaner, daß in einer nach Keynes' Entwurf konstruierten Institution Schuldnerländer stets in der Lage wären, die Gläubiger zu überstimmen. Beide Mängel mußten behoben werden, sollten die britischen Gedanken für die Amerikaner akzeptabel werden.[14]

Auch andere Länder beteiligten sich an den Planungen für eine Nachkriegsordnung. Kanada versuchte, einen Kompromiß zwischen der amerikanischen und der britischen Position zu finden. Französische Fachleute schlugen vor, Schritt für Schritt zum Goldstandard zurückzukehren. Die Sowjetunion verfolgte die Debatten mit größtem Interesse und schien bis in die letzten Tage des Jahres 1945 eine aktive Rolle zu suchen. Selbst im Lager des Feindes, im nationalsozialistischen Deutschland, fanden die Pläne von Keynes und White große Aufmerksamkeit, da sie als Hinweise genommen wurden, wie die Friedenswirtschaft wohl aussehen werde. Im Jahre 1943 stattete eine Gruppe deutscher Bankiers, geleitet vom Vizepräsidenten der Reichsbank, dem

Wirtschaftsberater der Bank für internationalen Zahlungsausgleich, Per Jacobsson, einen Besuch ab, um Einzelheiten der anglo-amerikanischen Währungspläne zu erfahren, und einige Wochen später kam Jacobsson sogar nach Berlin und hielt dort einen Vortrag über die internationale monetäre Nachkriegsordnung.[15]

Die anglo-amerikanischen Pläne entwickelten sich nicht zuletzt deshalb so erfolgreich, weil die Verhandlungen bilateral geführt wurden. Außerdem standen Keynes und White unter Zeitdruck. Gegen Ende 1942, als Entwürfe in verschlüsselten Funksprüchen den Atlantik überquerten, begannen die Unterhändler zu begreifen, daß der Krieg in nicht allzu ferner Zukunft siegreich beendet sein werde: Zu diesem Zeitpunkt mußten die Pläne fertig sein. White befürchtete, daß es vor dem Waffenstillstand nicht mehr zu einer Diskussion durch die Vereinten Nationen kommen werde, falls sich die britische Zustimmung weiter verzögern sollte.

Vor allem aber erwies sich eine Vereinbarung als möglich, weil schon die beiderseitigen Ausgangspositionen weitgehend übereinstimmten.[16] Keynes sagte von seinen Vorschlägen, daß sie »keinen Anspruch auf Originalität erheben. Sie sind ein Versuch, gewisse allgemeine Ideen auf eine praktikable Form zu reduzieren: Ideen, die zum gegenwärtigen wirtschaftlichen Meinungsklima gehören und in den letzten Monaten Publizität durch Autoren unterschiedlichster Nationalität erhalten haben. Es ist schwer zu sehen, wie ein Plan erfolgreich sein kann, der nicht diese allgemeinen Ideen verwendet, die aus dem Geist des Zeitalters geboren sind.«[17]

Der Durchbruch in den Verhandlungen kam am 16. Dezember 1942, als ein neuer amerikanischer Entwurf erstmals eine »Valutaknappheitsklausel« enthielt, was die Bereitschaft der USA zeigte, als Gläubigerland einen substantiellen Teil der Ausgleichslast zu übernehmen. Die anfängliche Größe des Fonds wurde, als Folge eines direkten Kompromisses, auf 8,5 Milliarden Dollar festgesetzt. Großbritannien stimmte dem Gedanken zu, den Fonds durch Beiträge in Gold und Devisen zu finanzieren; in London wollte man diese Beitrage »Quoten« nennen, doch wurde der Begriff wieder fallengelassen. Wie in den amerikanischen Entwürfen vorgesehen, sollte der Fonds die Befugnis haben, nach Beratung mit den Mitgliedstaaten Wechselkurse festzulegen. Damit waren die Vorarbeiten geleistet.

Universale Institutionen

Am 1. Juli 1944 trafen Delegationen aus 45 Staaten nach einer nächtlichen Bahnfahrt in Bretton Woods ein, einem waldreichen Kurort, der Erholung von dem heißen und stickigen Klima des sommerlichen Washington und von Atlantic City, dem Ort einer Vorkonferenz, versprach. Seit dieser Zeit wird der Name Bretton Woods weithin als Kürzel für die dort zustande gekommenen Verträge benutzt, und tatsächlich lag eine gewisse Symbolik darin, daß die internationale Wirtschaftskonferenz den Weg aus einem Geologischen Museum (1933 in London) an einen so kontemplativen Ort gefunden hatte. Die Arbeit an den Details des Abkommens begann am 3. Juli und dauerte bis zum 22. Juli, einige Tage länger als eigentlich vorgesehen.

Die Vereinbarung über den Internationalen Währungsfonds (IWF), wie sie in Bretton Woods formuliert wurde, spiegelte die zuvor erarbeiteten Prinzipien einer auf Quoten basierenden, die Einhaltung von Regeln erzwingenden Einrichtung wider. 25 Prozent der Fondsanteile waren in Gold einzuzahlen, die übrigen 75 Prozent in der Währung des jeweiligen Mitgliedstaates. Die Paritätswerte der Währungen aller Mitgliedsländer wurden vor dem Start des Fonds festgelegt, und die Höchst- und Mindestkurse für Devisengeschäfte durften bei Kassageschäften von der Parität nicht um mehr als ein Prozent abweichen. Die Mitglieder waren gehalten, keine Änderungen der Parität ihrer Währungen vorzunehmen oder vorzuschlagen, es sei denn, um »grundlegende Störungen des Gleichgewichts« zu korrigieren (Artikel IV, 5 a). Überschritten solche Änderungen zehn Prozent, konnte der Fonds Widerspruch einlegen. Artikel VI, 1 verfügte, daß »ein Mitglied die Ressourcen des Fonds nicht in Anspruch nehmen darf, um einen großen oder substantiellen Abfluß von Kapital zu decken«. Artikel VII, die »Valutaknappheitsklausel«, legte fest, daß der Fonds, sofern eine bestimmte Währung knapp zu werden beginne, die Mitglieder zu informieren habe und einen Bericht vorlegen könne, »der die Ursachen der Knappheit darlegt und Empfehlungen zu ihrer Beendigung enthält«; Sektion 3 erlaubte es, temporäre Verkehrsbeschränkungen in der knappen Währung zu verhängen. Artikel VIII verlangte, Zahlungen für laufende internationale Geschäfte nicht zu beschränken und sich nicht an diskriminierenden Währungsmaßnahmen zu beteiligen, wenngleich Artikel IX Ausnahmen für eine Übergangsperiode zuließ. Drei Jahre nach Geschäftsbeginn hatte der Fonds einen Bericht über Restriktionen zu erstatten, nach fünf Jahren sollten Konsultationen mit Mitgliedern stattfinden, die noch immer Restriktionen anwandten. Die regelmäßigen Konsultationen unter Artikel XIV entwickelten sich in der Praxis zu einem wichtigen Teil der Tätigkeit des Fonds in den fünfziger Jahren, zumal sie später auch für Mitglieder eingeführt wurden, die Artikel VIII und seine Konvertibilitätsverpflichtungen akzeptiert hatten.

Artikel XII legte die Grundsätze für die Funktionsweise des Fonds fest. Kontrollinstanz war ein Gouverneursrat, die Geschäftsführung oblag einem Direktorium. Jedes Mitgliedsland ernannte einen Gouverneur plus Stellvertreter für den Fonds und die Weltbank. Die praktische Leitung des Fonds war jedoch vom Exekutivrat auszuüben. Die fünf Mitglieder mit den höchsten Quoten hatten je einen Direktor zu ernennen. Zur Zeit von Bretton Woods waren dies die Vereinigten Staaten, das Vereinigte Königreich, die UdSSR, China und Frankreich. Die Struktur entsprach mithin ziemlich genau der des Sicherheitsrats der Vereinten Nationen mit seinen fünf ständigen Mitgliedern. Andere Mitglieder sollten sich zu Wahlkreisen gruppieren und weitere fünfzehn geschäftsführende Direktoren wählen. Ein Geschäftsführender Direktor, der weder dem Kreis der Gouverneure noch der Gruppe der Direktoren angehören durfte, konnte ohne Stimmrecht an den Sitzungen des Gouverneursrats teilnehmen und fungierte als Vorsitzender der Direktoren. Anders als bei den Vereinten Nationen mußte die nationale Zusammensetzung des Personals der neuen Einrichtung nicht die Zusammensetzung der Mitgliedsländer widerspiegeln. Artikel XIII löste ein nicht unwichtiges Problem, indem er bestimmte, daß das Hauptbüro des IWF auf dem Boden des Landes mit der höchsten Quote einzurichten sei.

Daß das Vorgehen auf Regelhaftigkeit zielte, war der Erinnerung an die Große Depression zu danken, und die Vereinbarungen enthielten auch noch andere Lehren aus den dreißiger Jahren. So sollten die internationalen Investitionen angemessen, aber gesteuert sein, da das Versagen des privaten amerikanischen Marktes 1928/29 eine wesentliche Ursache der Depression gewesen war. Solche Investitionen mußten in erster Linie Sache der zu gründenden internationalen Bank sein, besonders nach dem sehr ehrgeizigen Plan, den White formuliert hatte. Andere Nationen teilten ganz entschieden die Auffassung, daß größere Kreditoperationen erforderlich seien, um die internationale Wirtschaft wieder in Gang zu bringen. Die britischen Experten reagierten auf Whites Plan mit der Bemerkung, es sei »unbestreitbar, daß in der ersten Nachkriegsperiode Anleihen der Gläubigerländer an die Schuldnerländer notwendig seien, um weit verbreitetes Chaos und viel unnötiges menschliches Leiden zu vermeiden; ansonsten habe kein internationaler Finanzplan eine faire Chance«.[18]

Keynes war inzwischen ein enthusiastischer Befürworter der internationalen Bank geworden, die sowohl private Investitionen koordinieren wie ihre eigenen Kapitaltransfers durchführen würde, um »sicherzustellen, daß das internationale Kreditgeschäft verständiger angelegt wird als nach dem letzten Krieg«.[19] Keynes schrieb an den britischen Schatzkanzler, die Bank biete Gelegenheit, einige der Verluste und Limitierungen wettzumachen, die die Clearing Union auf ihrem Weg zum Internationalen Währungsfonds erlitten habe. Sie solle als Vehikel amerikanischer Kredite bis zu 2 Milliarden Dollar fungieren, und sie werde für den Wiederaufbau der europäischen Wirtschaft ebenso unverzichtbar sein wie für die Entwicklungsfinanzierung außerhalb Europas. »Die Bank für Wiederaufbau«, so Keynes in charakteristischer Abkürzung der vollen Bezeichnung (Internationale Bank für Wiederaufbau und Entwicklung), »verdient mehr als bislang ins Rampenlicht gerückt zu werden.«[20] Die am Ende beschlossene Ausstattung der Bank mit einem Kapital von 10 Milliarden Dollar, von dem 20 Prozent sofort einzuzahlen waren, entsprach weitgehend jenen Veränderungen, die Keynes an Whites ursprünglichem Entwurf vorgenommen hatte.

Wichtigste Bestandteile der von Cordell Hull verfochtenen Liberalisierungsvision waren der Handel und die Gefahr des Protektionismus, aber gerade sie wurden in Bretton Woods etwas stiefmütterlich behandelt. Beides hatte zwar in Artikel VII des anglo-amerikanischen Leih- und Pachtabkommens Eingang gefunden, ebenso in alle Diskussionen über Konvertibilität, da Kontrollen der Wechselkurse in den dreißiger Jahren zu den gebräuchlichsten Instrumenten zur Steuerung des Handels gehört hatten. Jedoch gab es keine spezifische institutionelle Verwirklichung der in Artikel I des IWF-Abkommens skizzierten generellen Handelsprinzipien. Erst im Dezember 1945, eine gute Weile nach Kriegsende, begann sich die amerikanische Regierung um eine International Trade Organization (ITO) zu bemühen. Jetzt war es aber zu spät. Der während der Kriegsjahre bestehende Erfolgsdruck hatte sich verflüchtigt, die Handelspartner der USA verlangten Ausnahmeregelungen, und der Kongreß zeigte sich angesichts ihrer Undankbarkeit verschnupft. Die dritte Bretton-Woods-Institution konnte nicht in der ursprünglich vorgesehenen Form ins Leben gerufen werden. Was schließlich die ITO-Initiative und die Havanna-Charta überlebte, war das General Agreement on Tariffs and Trade (GATT), das nach komplizierten bilateralen Verhandlungen (insgesamt 123) bis Oktober 1947 die Zustimmung von 23 Ländern fand.[21] Die fundamentalen GATT-Grundsätze – die Vermeidung quantitativer Handelsrestriktionen und die Realisierung einer allgemeinen Meistbegünstigung – lieferten einen unschätzbaren Rahmen für Handelsgeschäfte. In den langen Genfer Verhandlungen hatten diese Geschäfte ursprünglich die Form bilateraler Vereinbarungen erhalten, doch nun wurden sie zu einem multilateralen System erweitert.

Bretton Woods wurde auch deshalb zu einem Erfolg, weil sich die Konferenz nicht auf eine direkte Erörterung der Handelsproblematik und der ITO-Pläne einließ, die Debatte vielmehr auf der monetären Ebene hielt, wo eine Einigung möglich schien. Dennoch kam es vielen wie ein Wunder vor, daß überhaupt Ergebnisse erreicht wurden. War nicht die fundamentale Aufgabe,

Internationalismus mit nationalen Interessen zu versöhnen, ein zu hoch gestecktes Ziel?

Der Triumph von Bretton Woods war im Grunde dem leidenschaftlichen und aufrichtigen Glauben aller Teilnehmer zu verdanken, daß die Wirtschaftsordnung der Nachkriegszeit ein Neubeginn sein müsse. Bretton Woods war die erste Konferenz, aus der ein dauerhaftes institutionelles und rechtliches Rahmenwerk zur Sicherung zwischenstaatlicher Kooperation hervorging; ein Rahmenwerk, das Staaten dazu verpflichtete, ihre Souveränität um der Zusammenarbeit willen zu beschränken und festgelegte Regeln im Wirtschaftsverkehr einzuhalten. Dagegen verblaßte jede frühere Anstrengung: so die Konferenz von Genua im Jahre 1922, auf der die Möglichkeiten für die Wiederherstellung eines internationalen Geldstandards geprüft worden waren, oder die Verhandlungen von 1929, die ungenügend vorbereitete und durchdachte Empfehlungen nicht bloß für einen Reparationsplan, sondern auch für eine internationale Bank hervorgebracht hatten.[22]

Bei einigen der wichtigeren und kontroversen Fragen – etwa der Konvertibilität der von Großbritannien vornehmlich zur Finanzierung der Kriegsanstrengung angehäuften Schulden oder der Zukunft europäischer Währungen – beruhte der Erfolg von Bretton Woods nicht allein auf der Unwiderstehlichkeit der Vision, sondern auch auf der Schaffung eines internationalen Rechts voller interpretativer Zweideutigkeiten. Diese Zweideutigkeiten mußten natürlich aufgelöst werden, ehe das System nach den Vorstellungen seiner Gründer oder überhaupt irgendwie funktionieren konnte. Doch konnte das neue Recht immerhin bereits als Basis für Aktivitäten dienen.

Bretton Woods hatte ein Ideal geschaffen. Wie würde wohl die Realität aussehen? Im Lichte der fast unüberwindlichen Schwierigkeiten, mit denen das System in den ersten Jahren konfrontiert war, und angesichts einer vom Krieg zerrissenen Welt, in der große Teile Europas und Asiens in Trümmern lagen, ist es eigentlich überraschend, daß von der anfänglichen Vision tatsächlich etwas übrigblieb. Bretton Woods stand für Universalität, Gleichheit und progressive Liberalisierung. Alle drei Prinzipien wurden alsbald in Frage gestellt. Hatte Bretton Woods ein universales System zu errichten gesucht, so fanden sich die Teilnehmer bald in einer durch den kalten Krieg geteilten Welt. Der UdSSR war anfänglich eine tragende Rolle in der neuen Ordnung zugedacht gewesen, mit der drittgrößten Quote im IWF (nur um 100 Millionen Dollar niedriger als die britische Quote von 1,3 Milliarden Dollar) und mit einem entsprechenden Stimmengewicht. Tatsächlich sollte die Sowjetunion ihre Position in den Vereinten Nationen zur Verfechtung ihrer Machtinteressen nutzen, jedoch dafür optieren, sowohl dem IWF wie der Bank fernzubleiben. Einige Jahre später rief Moskau statt dessen eine eigene Institution zur Organisierung internationaler wirtschaftlicher Zusammenarbeit hinter dem Eisernen Vorhang ins Leben, den Rat für wechselseitige wirtschaftliche Unterstützung (COMECON).

Hatte in Bretton Woods der Grundsatz der Gleichheit aller Währungen gegolten, so gewannen in der Praxis doch bestimmte Währungen größere Bedeutung als andere; Kommentatoren zogen oft den Vergleich mit George Orwells ›Farm der Tiere‹. Und obwohl in Bretton Woods die Forderung nach Liberalisierung dominiert hatte, machten anschließend in vielen Teilnehmerländern festverwurzelte Interessengruppen ihre obstruktiven Fähigkeiten geltend.

Das Gesamtwerk war bald gefährlichen politischen Angriffen ausgesetzt. Jede der vier führenden Mächte der Kriegskoalition gegen Hitler empfand die ins Auge gefaßten Instrumente zur Lenkung der Wirtschaftsordnung der Nachkriegszeit rasch als unbequem. Die Sowjetunion zog sich, wie gesagt, ganz zurück. In Großbritannien und den Vereinigten Staaten kam es zu bitteren Konflikten über die Ratifizierung der Vereinbarungen; mehr und mehr entwickelte sich in den USA ein dollarzentrisches Weltbild, das in andere intellektuelle Traditionen gehörte als die, die nach Bretton Woods geführt hatte. In den nächsten zwei Dekaden verhielten sich die USA oft so, als sei 1944 schlicht ein Dollarstandard geschaffen worden. Ihre enorme Wirtschaftskraft (1945 fast die Hälfte der industriellen Weltproduktion) sorgte dafür, daß diese Auffassung die Aktivität des ganzen Systems beeinflußte. Großbritannien wiederum hielt verzweifelt an der Rolle des Pfund Sterling als einer internationalen Reservewährung fest und entwickelte sich infolgedessen zu einem Hindernis für die internationale Liberalisierung. Frankreich, das mit dem zunehmenden amerikanischen Übergewicht in der Nachkriegswelt unzufrieden war, sah sich von den Ressourcen des IWF ausgesperrt, da es mit gespaltenen Wechselkursen arbeitete und damit gegen die Vereinbarungen von Bretton Woods verstieß.

Durch eine eigenartige Wendung historischer Ironie waren es gerade die in Bretton Woods nicht vertretenen Staaten, die in den ersten Jahrzehnten der neuen Ordnung am meisten dafür taten, den Liberalisierungsimpuls am Leben zu halten. Die Erklärung liegt auf der Hand: Japan und Deutschland hatten für die Irrationalitäten autoritärer Planwirtschaften zahlen müssen. Jetzt profitierten sie in hohem Maße von einer wohlwollenden amerikanischen Hegemonie. Unter neuer politischer Führung und weitgehend befreit vom Einfluß der bislang dominierenden, durch den politischen Zusammenbruch jedoch partiell entmachteten Interessengruppen erkannten sie die Vorteile, die eine Liberalisierung bringen mußte. In Japan waren die Anstrengungen zunächst vornehmlich auf innere Liberalisierung gerichtet, während die Befreiung der Außenwirtschaft nur allmählich und im wesentlichen erst nach den sechziger Jahren voranschritt. Im Falle Deutschlands aber, das eine viel stärkere Tradition der Handels- und Investitionsbeziehungen mit seinen Nachbarn besaß, folgte den inneren Reformen von 1948 schon nach einer Verzögerung von nur ein paar Jahren eine beharrliche Anstrengung zur Liberalisierung der Außenwirtschaft. Später dann, gegen Ende der fünfziger Jahre, erwies sich auch Spanien, bis dahin ganz außerhalb des Systems geblieben, als einer der energischsten und erfolgreichsten Reformer. Staaten, die zuvor isoliert waren, empfanden das Gebot zu Liberalisierung und Internationalisierung viel stärker als ältere und fester etablierte Mitglieder des internationalen Systems.

Ein wesentliches Merkmal der Nachkriegswelt war die Wiederentdeckung des nationalen Interesses und als Folge davon die Abnahme der Bereitschaft, ein System von außen auferlegter Regeln zu tolerieren. Einige Publizisten, namentlich Armand van Dormael, sahen den Konsens von Bretton Woods bereits auf der Konferenz selbst von aggressiver und selbstherrlicher Manipulation der Beratungen im Dienste des nationalen Interesses der

USA überschattet. Darauf deutet ohne Frage eine Unterhaltung hin, die zwischen den beiden wichtigsten amerikanischen Repräsentanten über den Sitz des IWF stattgefunden haben soll. Danach sagte Morgenthau zu White: »Jetzt ist hier der Vorteil auf unserer Seite, und ich persönlich denke, daß wir ihn nutzen sollten.« White antwortete: »Wenn der Vorteil auf der Seite der anderen wäre, würden sie ihn bestimmt nutzen.«[23] Jedoch hielt auf der Konferenz selbst ein gewisser Idealismus die Verfechtung nationaler Interessen noch weitgehend in Schach. Aber es war nicht zu erwarten, daß dies lange so bleiben würde.

Der kritische Moment kam 1952, als die Einführung fester Kreditlinien mit einer Höchstdauer von sechs Monaten (Stand by-Kredite) einen bedeutsamen Schritt zu einem flexibleren IWF markierte, der Beratungen mit seinen Mitgliedern über Fragen der Fonds-Politik zu einem festen Part seiner Finanzoperationen machte. Die neuen Verfahren konnten genutzt werden, um beträchtliche Liberalisierungsanreize für die Mitgliedsländer zu schaffen, und in den späten fünfziger Jahren sind sie denn auch energisch in diesem Sinne angewandt worden; die allmähliche Akzeptanz der Leitprinzipien von Bretton Woods hat davon profitiert. Vielleicht ist die Konvertibilität langsamer erreicht worden, als die Visionäre von 1944 sich das vorgestellt hatten, doch war sie gleichwohl ein wesentliches Element für die Neuordnung der Weltwirtschaft nach liberalen Prinzipien, die auf Anreize (auf die Verfügbarkeit finanzieller Ressourcen) setzte – und nicht nur auf Regeln.

Die Vergangenheit kehrt wieder

Dem guten Willen von Bretton Woods zum Trotz war die neue Ordnung nicht nur mit den Problemen der Gegenwart konfrontiert, sondern unweigerlich auch mit den Lasten der Vergangenheit beladen. Die beiden größten Probleme der unmittelbaren Nachkriegszeit, die sogenannte »Dollarlücke« und das Sterling-Problem, stammten von den früheren Mechanismen zur Abwicklung des internationalen Zahlungsverkehrs. Sterling-Guthaben waren sowohl ein Überbleibsel der herausragenden Position des Pfund Sterling als der Weltwährung des 19. Jahrhunderts wie eine Erbschaft des Sterling-Gebiets der dreißiger Jahre und der britischen Kriegsfinanzierung. Sie stellten nach 1945 einen wirtschaftlichen Mechanismus dar, mit dessen Hilfe Großbritannien weiterhin eine imperiale Rolle zu spielen hoffte. Die Debatten über eine Dollarlücke und die Diagnosen eines permanenten Dollarmangels kamen aus der Welt der dreißiger Jahre: aus den Kriegsängsten und der Kapitalflucht aus Europa, die in der Akkumulation von Gold in Fort Knox resultierte, wo es ein trautes Heim gefunden zu haben schien.

Die Wirkung der Sterling-Guthaben bestand darin, britische Widerstände gegen jeden Vorschlag zur Neuordnung des internationalen monetären Systems hervorzubringen. Alle auf Liberalisierung gerichteten Systeme mußten die »Enteisung« eingefrorener Sterling-Guthaben bewirken – und damit aus der Perspektive der finanziellen und gouvernementalen Elite unweigerlich britischen Interessen schaden. So kam es, daß Großbritannien sich nicht allein den seit 1941 diskutierten amerikanischen Vorschlägen zur Wiederherstellung der Konvertibilität widersetzte, sondern in der zweiten Hälfte der vierziger Jahre auch gegen europäische Ideen für ein europäisches Zahlungssystem opponierte. Die Bank von England hat dem IWF vor seiner Gründung keine Liebe entgegengebracht und ihm dann nach besten Kräften entgegengewirkt. Die Leiter der Bank glaubten, die Konferenz von Bretton Woods habe die Gemeinschaft der Zentralbanken zugunsten der Finanzministerien und Schatzämter geschwächt.[24] Für mehr als eine ganze Generation hatten die Sterling-Guthaben Großbritannien zum hartnäckigsten Störenfried innerhalb des internationalen monetären Systems gemacht und die Versuche zur Schaffung einer neuen Ordnung behindert.

Nach 1945 begann sich auch die Einstellung der Vereinigten Staaten erheblich zu ändern. Washington suchte nach einem Weg, die internationale Wirtschaft außerhalb des in Bretton Woods gezimmerten universellen Rahmens zu steuern. Die Sympathie für den Dirigismus des New Deal, der in den frühen Visionen über den Sinn und Zweck des IWF wie der Weltbank seinen Niederschlag gefunden hatte, nahm ab. Überdies brachte der kalte Krieg eine Korrektur der amerikanischen Wirtschaftsdiplomatie. Schon in den fünfziger Jahren konnte eine Untersuchung der wirtschaftlichen Motive hinter der amerikanischen Außenpolitik als selbstverständlich unterstellen, daß der »liberale wirtschaftliche Internationalismus« von Bretton Woods eine Absurdität geworden sei, da »seine Rezepte auf der irrigen ›universalistischen‹ Vorstellung beruhten, daß alle Länder dieser liberalen internationalen Wirtschaft als gleichberechtigte Mitglieder angehören könnten [...], trotz schroffer Unterschiede in der wirtschaftlichen Gesundheit und im kulturellen Entwicklungsstand wie auch im Hinblick auf das Maß an politischer und wirtschaftlicher Effektivität«.[25]

Vielleicht war es unvermeidlich, daß die idealistische Vision der Gründerväter von Bretton Woods in der politischen Realität Schaden nahm. Zuerst erwies sich der Aufbau eines grenzüberschreitenden Apparats zur Hebung des Wohlstands als eine herbe Enttäuschung; die hohen Erwartungen des Anfangs mußten zurückgeschraubt werden. Camille Gutt, der erste Geschäftsführende Direktor des IWF, meinte, die Unterzeichner von Bretton Woods seien »vor diesen zwei Alternativen gestanden: Etwas Unvollkommenes zu tun, das zwar fragwürdig in seiner Formulierung war, aber dennoch eine Annäherung an ein überaus wichtiges Ziel darstellte, dem alle zustimmten, oder gar nichts zu tun. Ich dachte damals – und denke das immer noch –, daß sie Recht daran taten, die erste Alternative zu wählen.«[26]

Ungeachtet der Konsultationen mit Exilregierungen und 45 Delegationen, ungeachtet auch der Konzession, die Moskau hinsichtlich der Quoten und der Geldeinlagen gemacht wurden, war Bretton Woods im Kern ein Produkt der anglo-amerikanischen Kriegsallianz.[27] Das Abkommen reflektierte einen Kompromiß zwischen dem amerikanischen Verlangen, für den großen Handelsbereich im Sterling-System Konvertibilität einzuführen, und dem britischen Versuch, die Vereinigten Staaten zur Garantierung immerwährenden Wohlstands zu bewegen und ein Anpassungssystem einzuführen, in dem Berichtigung nicht durch wirtschaftliche Schrumpfung von Schuldnerländern, sondern durch die Expansion gefälliger Gläubiger geschehe. Die nächstliegende Form des Interessenausgleichs, um den es in jenen Verhandlungen ging, war die Verbindung von Artikel VII des Leih- und Pachtabkommens (über die Verpflichtung zur Einführung der Konvertierbarkeit) mit Artikel VII des IWF-Abkommens (über die Kontrolle von knappen Währungen). Das Pfund Sterling konnte konvertibel werden, aber nur dann, wenn es Großbritannien in bestimmten Umständen erlaubt war, Schutzmaßnahmen gegen Exporte aus Dollarländern zu treffen – alles unter der Voraussetzung, daß Großbritannien bereit war, seine staatlichen (vor allem militärischen) Ausgaben in Übersee einzuschränken.

Acht Tage nach dem Ende des Krieges im Pazifik kündigten die Vereinigten Staaten das Leih- und Pachtabkommen. Großbritannien wurde dadurch sofort in eine finanzielle Katastrophe gestürzt. Dem Schatzkanzler stand der Übergang Großbritanniens »von der Position der größten Gläubigernation der Welt zu der Welt größten Schuldnernation« vor Augen[28], und Keynes reagierte mit der Bemerkung, Großbritannien müsse lernen, daß es nicht mehr länger als gute Fee mit dem Füllhorn reiche Gaben über den ganzen Erdball ausstreuen könne, sondern mit seinen Ressourcen besser haushalten müsse: »Die fröhliche und bislang bewährte Art, in der wir überall auf der Welt Verpflichtungen übernehmen und Geld an Bittsteller ausschütten, stellt eine Übertreibung dar, die allerdings in naher Zukunft ohnehin recht plötzlich unmöglich werden wird, wenn wir nicht eine neue Hilfsquelle auftun.«[29]

Zur gleichen Zeit, da in Großbritannien über die vermutlichen Gefahren der Nachkriegszeit nachgedacht wurde, nahmen auch in den USA Befürchtungen vor den Folgen der Verpflichtung von Bretton Woods zu. Eine Weile lang traten all jene, die auf »solides Geld« setzten, gegen Bretton Woods auf. Ihr alter Einwand: Das neue System werde inflationär wirken. Derselbe Einwand war im Zusammenhang mit dem Wiederaufbau nach dem Ersten Weltkrieg schon gegen den Goldstandard der zwanziger Jahre geltend gemacht worden.

Für das Vereinigte Königreich trat die Debatte über wünschbare Wege zur Neuordnung der Weltwirtschaft bald in den Hintergrund; Priorität gewann das fundamentale Problem des nationalen wirtschaftlichen Überlebens. Die Unterstützung, die Großbritannien brauchte, erreichte ein Ausmaß, das im Rahmen des Systems von Bretton Woods selbst bei großzügigster Auslegung der Regeln nicht zu leisten war. Keynes überquerte wieder einmal in finanzieller Mission den Atlantik, diesmal als Bettler. Die Verhandlungen kamen in den letzten Monaten des Jahres 1945 zum Abschluß: Großbritannien hatte nur einen kleinen Teil der Leih- und Pacht-Schulden zurückzuzahlen und erhielt überdies eine Anleihe von 3,75 Milliarden Dollar zu zwei Prozent Zinsen, rückzahlbar ab Ende 1951 in fünfzig Jahren. Der Preis für diesen einmalig günstigen Kredit war die britische Ratifizierung der Vereinbarungen von Bretton Woods und die Akzeptierung der in Artikel VII des Leih- und Pachtabkommens fixierten Verpflichtung, binnen eines Jahres zur Konvertierbarkeit der Währung zurückzukehren (was im Juli 1946 geschah). Großbritannien sollte auch auf die im Abkommen über den IWF enthaltene Schutzbestimmung für die Übergangszeit verzichten.[30]

Keynes hatte ursprünglich geglaubt, die britische Regierung solle die Vereinbarungen von Bretton Woods annehmen, »vorausgesetzt, daß sie nicht mit gefährlichen Konzessionen unter der Rubrik kommerzielle Politik verbunden sind«.[31] Er geriet mehr und mehr in Isolierung. In Großbritannien formierte sich eine starke und ständig wachsende Opposition gegen Bretton Woods und die dort postulierten Prinzipien. Nach fünfzehnjähriger Gewöhnung an Wechselkurskontrollen hatte die Bank von England die Macht schätzen gelernt, die ihr daraus erwuchs, und sie fürchtete, daß Liberalisierung das Ende ihres Einflusses als einer globalen Institution bedeuten würde. Der Stellvertretende Gouverneur der Bank, C. F. Cobbold, wollte »die Amerikaner abfahren lassen und den Sterling-Bereich entwickeln«. Ein guter Teil der konservativen Opposition sympathisierte mit dieser Anschauung, und der imperiale Gedanke überzeugte, wenn er eine anti-amerikanische Note erhielt, sogar beträchtliche Teile der Labour-Partei. Wichtige Organe der britischen Finanzpresse behaupteten von den neuen Vereinbarungen, sie erforderten »eine rigidere Form der Sterlingstabilisierung im Verhältnis zum Gold als jene, die unter dem alten Goldstandard existiert hat«.[32] Die Gedanken, die Keynes über die Bedeutung des Binnenmarkts entwickelt hatte, wurden nun als Argument gegen sein internationalistisches Werk aufgeboten. Schatzkanzler Sir Stafford

Cripps ließ sich von dieser Feindseligkeit einschüchtern; er tat wenig zur Verteidigung und nichts zur Erklärung der Prinzipien von Bretton Woods.

Eine Zeitlang sah es so aus, als sei der einzige wahre britische Internationalist jener bedeutende Wirtschaftswissenschaftler, der an der Schaffung des neuen monetären Systems Anteil gehabt hatte. Keynes trat öffentlich sowohl für Bretton Woods wie für die Anleihe ein – alle Kraft aufbietend, die ihm verblieben war; unter den gegebenen Umständen sei dies für Großbritannien die bestmögliche Lösung.

Das sowjetische Zögern

Während in den USA und in England eine heftige Debatte über die Ratifizierung der Vereinbarungen von Bretton Woods in Gang kam, gab es zunächst nur wenige Hinweise auf die Einstellung der Sowjets zu der neuen Wirtschaftsordnung. Für diejenigen, die an eine wahrhaft universale Institution zur Förderung von Welthandel, weltweitem Wohlstand und Weltfrieden glaubten, war aber die sowjetische Beteiligung von wesentlicher Bedeutung.

In der letzten Woche des Jahres 1945, als der Schlußtermin für die Ratifizierung des IWF-Abkommens näher rückte, verfaßten sowjetische Funktionäre im Außen- und im Außenhandelsministerium Denkschriften, in denen sie die Vorteile der Mitgliedschaft in den neuen Institutionen hervorhoben. Zwischen dem 26. und dem 29. Dezember fand jedoch mit größter Wahrscheinlichkeit eine Unterredung zwischen Stalin und Außenminister Molotow statt, und danach veränderte sich die innersowjetische Diskussion: Stalins brutal realistischer Geist vermochte offensichtlich nichts Gutes an einer Institution zu entdecken, die zur Intensivierung der internationalen Kooperation bestimmt war; er sah in ihr nur ein Instrument spezifischer nationaler Interessen. Wenn die USA eine Sache unterstützten, deutete in seinen Augen alles darauf hin, daß der UdSSR Schaden drohte. Der Beitritt zum IWF wäre, so dachte er, nur ein Zeichen der Schwäche. Jedoch sollten die Verhandlungen weiter dazu benutzt werden, mehr ausländische Hilfe herauszuschlagen. Allein ein großer Regierungskredit, wie er Großbritannien gewährt worden war, konnte in Stalins Verständnis als angemessene Kompensation für den sowjetischen Beitritt gelten. Infolgedessen teilte Molotow dem amerikanischen Geschäftsträger George Kennan mit, daß die Sowjetunion im Augenblick noch nicht ratifizieren werde.

Die sowjetische Vertagung einer Entscheidung über die Mitgliedschaft in IWF und Weltbank markiert in gewisser Weise den Beginn des kalten Krieges. Dem amerikanischen Schatzamt entlockte sie »einen peinvollen Schrei der Verwirrung«.[33] Das »lange Telegramm« nach Washington, in dem Kennan die Motive der Sowjets darlegte, war eine luzide Analyse der Gegenwart und zugleich die erste bedeutendere Formulierung der neuen, auf Konfrontation gerichteten Stimmung zwischen den Supermächten: »In internationalen wirtschaftlichen Angelegenheiten wird die sowjetische Politik vom Streben nach Autarkie für die Sowjetunion und die anschließenden sowjetisch beherrschten Gebiete bestimmt sein.« Einer der Grundgedanken hinter der sowjetischen Haltung war nach Kennans Meinung die Überzeugung, daß »die kapitalistische Welt unter inneren Konflikten leidet, wie sie der Natur der kapitalistischen Gesellschaft inhärent sind. Diese Konflikte sind mit dem Mittel friedlicher Kompromisse nicht zu lösen. Der größte Konflikt ist der zwischen England und den USA.«[34] Letzteres war im Lichte des 1945/46 ausgetragenen Streits um die Auslegung von Bretton Woods nicht unplausibel.

Die Kraft des Zaubers schwindet

Die zunehmende Politisierung der Verhandlungen über die Anleihe beeinflußte die Teilnehmer von Bretton Woods bei ihrer Interpretation der Vereinbarungen. So wurde die erste Sitzung des Gouverneursrats von IWF und Weltbank zu einem Treffen voller Spannungen und gelegentlich auch bitterer Auseinandersetzungen. Die Kraft des ursprünglichen Zaubers hatte offensichtlich zu schwinden begonnen.

Die erste Zusammenkunft der Gouverneure fand in Savannah, Georgia, statt, im Hotel General Oglethorpe auf Wilmington Island. Abgesandte aus 38 Ländern, darunter Lord Keynes für das Vereinigte Königreich, kamen zusammen, um die Operationsweise der neuen Institutionen festzulegen. Vorsitzender der Konferenz war Fred Vinson, Morgenthaus Nachfolger als amerikanischer Finanzminister. Auf der Eröffnungssitzung warnte Keynes: »Ich hoffe, daß ... keine boshafte Fee da ist ..., die [Vinson] übersehen und zur Gesellschaft einzuladen vergessen hat. Wäre es so, würde der Fluch, den die böse Fee ausspräche, sicherlich folgendermaßen lauten: ›Ihr beiden Schlingel sollt zu Politikern heranwachsen; jeder Gedanke und jede Handlung von euch soll Hintergedanken haben; jede eurer Entscheidungen soll nicht um ihrer selbst oder um der Sache willen getroffen werden, sondern aus irgendeinem anderen Grunde.‹ «

Tatsächlich beschlossen die Gouverneure in Savannah, die Hauptquartiere der neuen Institutionen nach Washington zu legen, dem politischen Zentrum, und nicht nach New York, der Finanzmetropole. Auch sollten die Geschäftsführenden Direktoren und ihre Stellvertreter – insgesamt 48 Personen – als hauptberufliche Funktionäre amtieren.[35] Keynes' schneidender Kommentar dazu lautete: »Für eine solche Anzahl eminenter Experten gibt es keine angemessene Arbeit, und es kann nicht sein, daß so viele hochqualifizierte Personen angesichts der bedrängenden Probleme in ihren eigenen Ländern entbehrt werden könnten.«[36] Der neue Kurs, so dachte Keynes, reflektierte einen Wandel sowohl im Wirtschaftsdenken (»die Jungs des New Deal werden jetzt eliminiert«) wie in der internationalen Politik. Schatzamt und State Department wollten dieser Interpretation zufolge den IWF und die Weltbank dazu nutzen, die Kontrolle über die internationalen wirtschaftlichen und finanziellen Angelegenheiten zurückzugewinnen. Zugleich sollten die multilateralen Institutionen dazu dienen, die Politik der Kontrolle des Kongresses zu entziehen. Das Ziel der amerikanischen Regierung schien darin zu bestehen, »ihre kommenden Kopfschmerzen zur Behandlung an die neuen Institutionen weiterzureichen«.[37]

Europäische Erholung

Als für Großbritannien im Sommer 1947 der Zeitpunkt kam, mit der Konvertierbarkeit seiner Währung ernst zu machen, war Keynes bereits ein Jahr tot. Seitdem hatte Großbritannien eine zutiefst verfehlte Politik verfolgt. Wie von Keynes befürchtet, hatte London weiterhin die gute Fee mit dem Füllhorn gespielt, sich nicht nur in England, sondern im gesamten Sterling-Gebiet mit umfänglichen Kapitalausgaben für den Wiederaufbau engagiert und unter den schlechtestmöglichen Umständen Empire-Wirtschaft zelebriert. Die britische Konvertibilität, im Juli 1947 eingeführt, produzierte eine sofortige Katastrophe. Sie dauerte sechs Wochen, bewirkte einen massiven Abfluß britischer Reserven – und endete mit der Wiedereinführung der Devisenkontrolle.

Viele der in Großbritannien auftauchenden Probleme machten sich auch im übrigen Europa bemerkbar. Andere Länder bewerteten die neuen Institutionen ebenfalls unter dem Gesichtspunkt der nationalen Kosten und Vorteile. Ein im französischen Finanzministerium entstandener Bericht, der die Annahme der Vereinbarungen von Bretton Woods empfahl, legte dar, daß Frankreich von der Mitgliedschaft in der Internationalen Bank für Wiederaufbau und Entwicklung, die ohnehin vor allem zur Schaffung von Märkten für amerikanische Produkte dienen dürfte, nicht viel haben werde. Auf der anderen Seite könnten schwächere Währungen, darunter der französische Franc, von den zusätzlichen Reserven profitieren, die eine IWF-Mitgliedschaft schaffe. Der Bericht zeigte, daß Frankreich schon Anfang 1947 in der Lage sein werde, seine Quote wieder herauszuholen, und danach Zugriff auf Dollars habe.[38] Auch Frankreich erblickte also, wie England und die Sowjetunion, in der Ratifizierung der Abkommen von Bretton Woods ein Mittel zur Erschließung bilateraler Unterstützung in Gestalt hoher amerikanischer Kredite.[39]

Der französische Bericht hatte als das unmittelbare große Problem im Nachkriegseuropa zu Recht den Dollarmangel ausgemacht. Die internationale Erholung der Produktion stellte enorme Ansprüche an das Finanzsystem, da sie beträchtliche Kapitaltransfers erforderte. Dieses Kapital konnte nur aus den Dollar-Ländern kommen. Der Wiederaufbau erwies sich als viel kapitalintensiver und dauerte viel länger, als die Delegierten in Bretton Woods vorhergesehen hatten. Auch wurden erheblich größere Mittel gebraucht. Zum Teil war das eine Folge unerwarteter Entwicklungen in den Vereinigten Staaten. Im Juni 1946 lockerten die USA die Preiskontrollen, und im Laufe von sechs Monaten stiegen die Großhandelspreise um mehr als 25 Prozent.[40] Die Folge davon war ein wiederum entsprechender Wertverlust der für die finanzielle Nachkriegsregelung vereinbarten Summen, das heißt des Kapitals der Bretton Woods-Institutionen und der anglo-amerikanischen Anleihe. Für die Aufgabe des Wiederaufbaus waren die neuen Einrichtungen nun nicht mehr angemessen ausgestattet.

Manche Wirtschaftswissenschaftler sagten auf Grund der Erfahrung von 1945 bis 1947 voraus, daß die Dollarknappheit keine vorübergehende, sondern eine chronische Erscheinung sein werde. War nicht die Expansion der amerikanischen Produktion während des Krieges eine Demonstration dauerhafter Überlegenheit? 1947 schuf das Tempo des Wiederaufbaus in Europa zwar ein Zahlungsbilanzproblem[41], doch war den Zeitgenossen keineswegs deutlich, daß es sich dabei um ein Anzeichen potentieller Stärke handelte. Viele nahmen es eher als den Beginn permanenter Schwäche.

Den amerikanischen Lösungsvorschlag für das europäische Problem verkündete US-Außenminister George C. Marshall in einer Rede am 5. Juni 1947 in Harvard. Das darin skizzierte European Recovery Program (ERP) versprach Europa Hilfe nicht allein beim Kauf dringend benötigter Lebensmittel, sondern auch bei Erwerb und Errichtung der für den Wiederaufbau erforderlichen Kapitalanlagen. Weniger Bretton Woods als vielmehr dieser nach Marshall benannte Plan stellte den ersten großen Schritt zur Erholung Europas dar. Seine Sofortwirkung bestand in der Beseitigung des europäischen Zahlungsbilanzdefizits. 1946 belief sich das europäische Minus im Handel mit den USA auf 2,356 Milliarden Dollar, 1947 auf 4,742 Milliarden. In seinem ersten Jahr machte das ERP 6,221 Milliarden Dollar verfügbar, 1949/50 4,060 Milliarden und 1950/51 immer noch 2,254 Milliarden.[42]

Der neuen amerikanischen Reaktion auf die wirtschaftlichen Probleme Europas lag eine Vision von dessen politischer Zukunft zugrunde, die als integraler Bestandteil amerikanischer Politik verwirklicht werden sollte. Was die USA im westlichen Teil des europäischen Kontinents zu schaffen beabsichtigten, war nicht mehr und nicht weniger als eine neue politische Welt. Die traditionelle und so destruktive französisch-deutsche Feindschaft sollte in einer föderalen Struktur aufgehoben werden: in den Vereinigten Staaten von Europa, gebildet nach dem amerikanischen Muster. Nur die Verbindung von politischer Stärke und materieller Zufriedenheit, so glaubte man, würde eine Gesellschaft hervorbringen, die der sowjetischen Expansion widerstehen konnte. Auch im Innern sollten die Länder des neuen Europas deshalb ein bislang nicht gekanntes Gleichgewicht erreichen, sollten Arbeiter und Gewerkschaften in eine Konsensstruktur eingebunden werden. Historiker haben diesen Willen zur sozialen Harmonie als »Politik der Produktivität« (Charles Maier) und »produktionistische Philosophie« (Michael Hogan) charakterisiert. Der Schaffung einer neuen Gesellschaft wurde Priorität vor den begrenzten Erfordernissen des Zahlungsbilanzausgleichs zuerkannt.

Tatsächlich übte die Economic Cooperation Administration (ECA), also die amerikanische Institution zur Überwachung des Marshall-Plans, Kritik an den Regierungen Italiens, Frankreichs und der Bundesrepublik, weil diese zu sehr auf die Stabilität der Währungen und auf Zahlungsbilanzen starrten und deshalb zu zögerlich an einen entschlossenen Expansionismus herangingen. Im Falle Frankreichs wollte die ECA sogar die Gewährung der Hilfe von der Erarbeitung eines angemessenen sozialen Programms abhängig machen.[43] Solche Gedanken paßten sehr gut zu einer kontinentaleuropäischen Tradition, besonders in katholischen Ländern, die soziale Harmonie und Partnerschaft zu Grundwerten zählte. Ein neues Verhältnis von Arbeit und Kapital schien die erfolgversprechende Alternative zu den Konflikten der Zwischenkriegszeit zu sein, die die demokratischen Institutionen auf so harte Proben gestellt hatten. Holländische und belgische Sozialdemokraten hatten ja bereits in den dreißiger Jahren Pläne für eine gleichermaßen anti-faschistische wie anti-kommunistische Alternative zur reinen Marktwirtschaft entworfen, und derartige Konzeptionen leiteten auch die Christdemokraten Italiens und Deutschlands.[44]

In bezug auf Deutschland bot der Marshall-Plan den auffallendsten Kontrast zur vorherigen Richtung der amerikanischen Politik. Die Pläne der Kriegsjahre hatten vorgesehen, Deutschland als besiegte Macht zu behandeln und seine Industrieproduktion auf sehr niedrigem Niveau zu halten. Die zentrale politische Weisung von 1945 (Joint Chiefs of Staff Directive 1067) zielte auf eine Entindustrialisierung, die noch eng verwandt war mit Finanzminister Morgenthaus Vorstellungen von einem Agrarstaat Deutschland. Noch 1946 sah der Alliierte Industrieplan eine Reduzierung der industriellen Aktivität auf 70 bis 75 Prozent des Stands von 1936 vor.[45] Doch lag zu dieser Zeit bereits klar zutage, daß Europa ein komplexes und eng verflochtenes Wirtschaftsgebiet darstellte und seine Erholung ohne Einbeziehung Deutschlands eine völlig neue, praktisch nicht zu realisierende industrielle Struktur zur Voraussetzung hätte. Marshall zog daraus die Konsequenzen, indem er der UdSSR klarzumachen suchte: »Was not tut, ist eine europäische Lösung, die Deutschland einschließt.« John Foster Dulles kommentierte: »Als wir das Problem Deutschland untersuchten, kamen wir mehr und mehr zu der Überzeugung, daß es eine wirtschaftliche Lösung auf rein nationaler Grundlage nicht gibt. Mehr wirtschaftliche Einheit ist für die Wohlfahrt Europas eine absolute Notwendigkeit.«[46]

Die Organization for European Economic Cooperation (OEEC), die im Rahmen des Marshall-Plans entstand, war gedacht als »Mittelpunkt, um den ein enger europäischer wirtschaftlicher Zusammenhalt gezimmert werden kann«.[47] Man konnte sie sogar als embryonale Form einer künftigen europäischen Regierung sehen, in der die USA – als »assoziiertes« Mitglied – eine Rolle spielen würden. Für die Zahlungen zwischen den wirtschaftlich interdependenten europäischen Ländern war irgendein Clearingsystem erforderlich, sollte es nicht zu einer endlosen Fortsetzung des Handels-Bilateralismus kommen, der den beginnenden Prozeß der europäischen Erholung wieder ersticken würde. Pläne für eine solche Einrichtung, die auf eine Zahlungsunion hinauslief, wurden bereits 1947 vom Committee on European Economic Cooperation ausgearbeitet, das als Ergebnis einer englisch-französischen Initiative gebildet worden war, sowie im IWF, wo sich vor allem Robert Triffin um Mittel und Wege bemühte, die Prinzipien von Bretton Woods auf die europäische Situation anzuwenden.[48] Doch kam der formelle Vorschlag für eine Europäische Zahlungsunion (EZU) im Dezember 1949 von der ECA; er regte ein Provisorium an, »bis es möglich sein wird, mit anderen Methoden ein multilaterales europäisches Zahlungssystem einzurichten«.[49]

In vieler Hinsicht erschien die EZU wie eine europäische Version der Abkommen von Bretton Woods, die den in Keynes' ursprünglicher Vision so wichtigen Automatismus bewahrte. Der neue Mechanismus erforderte eine Anfangskapitalisierung, und wie in Bretton Woods verpflichteten sich die Mitglieder zur Beseitigung von Handelsbeschränkungen; bilaterale Salden waren automatisch anzugleichen. Abweichend von Keynes' Plan verbanden die europäischen Arrangements die Clearing Union nicht mit der Bereitstellung substantieller Kredite. Nur jeweils für einen Monat räumte das System unbegrenzte Kredite ein; am Monatsende nahm die Bank für Internationalen Zahlungsausgleich (BIZ) als Agent der Zahlungsunion einen allgemeinen Ausgleich vor. Jedes Teilnehmerland verfügte über einen bestimmten Kredit, der nach einer auf der Basis des Handels im EZU-Gebiet berechneten Quote festgesetzt wurde. Soll und Haben wurden nahezu symmetrisch behandelt. Kredite oder Schulden waren bis zu 20 Prozent der Quoten erlaubt; wenn Defizite diese Grenze überschritten, mußte ein zunehmender Teil der Schuld in Gold bezahlt werden.

Die Zahlungsunion benötigte, als ein Ausgleichssystem, das über einen Agenten arbeitete, kein permanentes Personal. Was die EZU von Bretton Woods unterschied und was sie erheblich weniger umstritten machte, war das in ihrem Rahmen gewährte kleine Kreditvolumen.[50] Einige ihrer Befürworter sahen sie sogar als den Embryo einer alternativen Weltorganisation, die dem Problem der Dollarknappheit zu Leibe rücken könnte.[51] Die Union befand sich im Grunde jedoch im Gegensatz zur Philosophie von Bretton Woods: Der IWF hatte als wichtigste Ziele die Wiederherstellung von Konvertibilität und die Eliminierung von

Diskriminierung. Die Raison d'être der EZU hingegen war eine Diskriminierung des Dollars zur Wiederherstellung begrenzter Konvertibilität (wenn auch im Rahmen von Wegweisern zur Handelsliberalisierung).

Der Marshall-Plan und die EZU erlaubten eine beträchtliche Vielfalt nationaler Experimente in den Formen der Wirtschaftspolitik, der Organisation und des Managements. Frankreich zeigte sich begeistert, zumal ohne Hilfe von außen Jean Monnets Strategie der Investitionsexpansion und -lenkung (»richtungsweisende Planung«) in Zahlungsbilanzfesseln geraten wäre. Zur gleichen Zeit begann Deutschland unter der Regie von Wirtschaftsminister Ludwig Erhard mit dem Abbau von Preis- und Lohnkontrollen – ein Programm von so schlichter Radikalität, daß es die amerikanischen Planer entsetzte.

Das heikle diplomatische Problem, das die Einführung der EZU eine Weile lang aufhielt, war die Frage, wie England in ein solches System eingefügt werden könnte. London widerstrebte jedem Regelwerk, das es erlaubte, sein Sterling-Guthaben für europäische Zahlungen heranzuziehen; zugleich versuchte man dort, einige Länder, die innerhalb der EZU vermutlich neue Kreditpositionen erlangen würden (Italien, Schweden), auf die Annahme von Sterling-Guthaben zu verpflichten. Ohne spezielle Hilfe für Großbritannien, so glaubten viele britische Politiker, würde die EZU in einem europäischen Rahmen lediglich die Demütigungen wiederholen, die man 1947 bei der Rückkehr zur Konvertibilität hatte einstecken müssen. Der Gouverneur der Bank von England – einer Institution, die mittlerweile auf alles, was der Konvertibilität nahe kam, mit allergischer Sensitivität reagierte – betrachtete die EZU-Vorschläge »als einen Versuch etlicher Amerikaner, Europa (mit starker Unterstützung Belgiens) vorzeitig (mit der Androhung des Verlusts von ECA-Dollars) zu einer Form des Goldstandards zurückzuzwingen«.[52] Am Ende gab Großbritannien der Lockung amerikanischer Hilfe – 600 Millionen Dollar wurden zur Unterstützung der EZU bereitgestellt – und auch der Drohung nach, daß Frankreich, die Niederlande, Belgien und Italien ansonsten ihre eigene Zahlungsunion vereinbaren und Großbritannien praktisch vom europäischen Handel aussperren würden. Der Plan eines Direktors der belgischen Nationalbank, Hubert Ansiaux, stellte eine akzeptable Lösung des Problems der britischen Sterling-Guthaben dar: Danach sollten Kredite, nicht aber die in Gold zahlbaren Teile von EZU-Forderungen mit Sterling-Guthaben ausgeglichen und die früher von europäischen Ländern angesammelten Sterling-Guthaben durch die EZU geschleust werden.

Die Entstehung politischer Blöcke

Obwohl die Marshall-Hilfe theoretisch allen europäischen Ländern zur Verfügung stand und sowohl die Tschechoslowakei wie Polen an den anfänglichen Besprechungen teilgenommen hatten, entwickelte sich das ERP in der Praxis zu einem Element der Politik des kalten Krieges. Wie der Sowjetunion, so widerstrebte es auch anderen Mitgliedern der neuen Institutionen, Informationen an ein Hauptquartier in den Vereinigten Staaten liefern zu sollen. Doch spiegelten die Debatten über die Wirtschaftsdaten, die der IWF für seine Arbeit brauchte, auch eine allgemeinere politische Verhärtung wider. 1950 versuchten die Tschechoslowakei und Polen, die nach Taiwan ins Exil geflohene chinesische Nationalregierung aus dem IWF ausschließen zu lassen. Als dies scheiterte, zog sich Polen sofort zurück, und zwar mit der Begründung, der IWF sei »ein unterwürfiges Werkzeug der USA«.[53] Polen inszenierte seinen Austritt auf eine Weise, die dazu bestimmt war, Sympathien jener anderen europäischen Mitglieder zu gewinnen, die es den Vereinigten Staaten noch nachtrugen, von dort 1949 zur Abwertung ihrer Währungen gezwungen worden zu sein.

Die Tschechoslowakei blieb dennoch zunächst im IWF, hörte allerdings bald nach dem kommunistischen Staatsstreich vom Februar 1948 auf, die nach Artikel VIII fälligen statistischen Daten zu liefern. Ein Gesetz von 1950 stellte die Weitergabe »geheimer wirtschaftlicher oder amtlicher Informationen« zum Vorteil einer fremden Macht sogar unter schwere Strafe. Im Schauprozeß gegen Vladimir Clementis (November 1952) erklärte die Staatsanwaltschaft, daß gegen diejenigen, die es Ausländern erlaubt hätten, einen »genauen Eindruck von der wirtschaftlichen

Lage der Tschechoslowakei« zu gewinnen, die Todesstrafe verhängt werden könne. Die Tschechoslowakei blieb indes Mitglied des IWF, obwohl ihr 1953 schließlich das Recht auf die Nutzung der Ressourcen des Fonds abgesprochen wurde, weil sie ohne Konsultation einen neuen Pariwert festgesetzt hatte.[54] Im August 1954 verabschiedete der Rat der Geschäftsführenden Direktoren dann eine Entschließung, die Tschechoslowakei solle zum Ausscheiden aufgefordert werden. Diesem einzigen Ausschluß in der Geschichte des IWF[55] folgte 1963 der Austritt Kubas, als dessen Zahlungsrückstände zu groß geworden waren und ihm daher ein Verbot der Nutzung der Ressourcen des Fonds drohte.

Der Tod des Automatismus

Aber auch in Westeuropa verringerte sich die Rolle des IWF nun ständig; die universalistischen Institutionen von Bretton Woods wurden aus der Administration des ERP hinausgedrückt. Am 5. April 1948 traf der IWF daraufhin die sogenannte »ERP-Entscheidung«. Der Kernpunkt der Resolution lautete: »Für das erste Jahr sind der Fonds und die ERP-Mitglieder der Auffassung, daß die am ERP partizipierenden Mitglieder um den Ankauf von US-Dollars vom Fonds nur in außergewöhnlichen und unvorhergesehenen Umständen nachsuchen sollen.«

Die in Bretton Woods geschaffenen Institutionen paßten im Grunde nicht in eine internationale Landschaft, die durch das politische Klima des frühen kalten Krieges und die Beharrungskraft der aus den dreißiger Jahren übernommenen Devisen- und Handelskontrollen geprägt war. Der Marshall-Plan und die mit ihm verbundenen Einrichtungen, insbesondere die Europäische Zahlungsunion, stellten demgegenüber einen sehr viel effektiveren und rascher wirkenden Mechanismus zur Förderung des Wiederaufbaus und der Handelsliberalisierung dar. Das sich entwickelnde System von Schlüsselwährungen mit den rechtlichen Verpflichtungen und Institutionen von Bretton Woods betreiben zu wollen, die für das Management einer ganz anderen internationalen Finanzordnung gedacht waren, glich dem Versuch, einen fürs Fliegen gebauten Apparat für Überlandfahrten zu benutzen: Es ist möglich, aber mühsam – und in den Augen der meisten Beobachter eher kontraproduktiv.

Viele sahen die Zwillinge von Bretton Woods in dieser Übergangsphase im Sterben liegen (das geplante dritte Geschöpf, die Internationale Handelsorganisation, war ja schon vor der Geburt gestorben). In einem Privatbrief an den Gouverneur der Bank von England erklärte Camille Gutt, der erste Geschäftsführende Direktor des IWF, anläßlich der Konflikte über Ziehungsfragen, wenn keine Lösung gefunden werde, könne man »nach meiner Meinung den Fonds abschreiben«.[56] Und der amerikanische Direktor des Fonds erinnerte sich später an die Frage seiner Mitarbeiter, »was sich die Vereinigten Staaten eigentlich dabei dächten, wenn sie den Fonds praktisch schlössen, was wir in gewissem Sinne wirklich taten«.[57] Beide gebrauchten, als sie später ihre Erfahrungen aus der Anfangszeit des IWF schilderten, nahezu dieselben Worte: »Die schlimmsten Jahre meines Lebens.«[58]

Trotz allem aber stand das System von Bretton Woods mit seinem strikten Regelwerk zur Regulierung der internationalen Wirtschaftsbeziehungen als Rahmen für den Augenblick bereit, in dem die Konvertibilität kam. Der Grundgedanke von Bretton Woods, nämlich daß es notwendig sei, noch vor Ende des Krieges ein System zur Hand zu haben, erwies sich als im Kern richtig. Nur dauerte es bis zum effektiven Funktionieren der neuen Institutionen erheblich länger, als im Sommer 1944 erwartet wurde.

Kapitel 3

»Richesse oblige«: Die Einführung der Konvertibilität

Die Erfahrung der späten vierziger Jahre machte deutlich, wie dornig und verstellt von Hindernissen der Pfad zu einer liberaleren Weltwirtschaft war. Fast jedermanns Erwartungen erwiesen sich als irrig. Es gab keine rasche Rückkehr zur Normalität, und »Übergangsregelungen« wurden für lange Zeit gebraucht. Andererseits stellte sich bald heraus, daß die Befürchtungen, es werde wie nach dem Ersten Weltkrieg zu größeren Krisen kommen, unbegründet waren. In den fünfziger Jahren folgte dann eine Periode rapiden und überdies ungewöhnlich gleichmäßigen Wachstums. Die Liberalisierung, so schien es, kam langsam, aber die Weltwirtschaft entwickelte sich schnell – und ihr Wachstum förderte die Liberalisierung.

Die lange Debatte über die Devisenliberalisierung war verbunden mit Hoffnungen und Ängsten: Einerseits hofften die ärmeren Länder auf den Zufluß neuer Gelder für den Wiederaufbau, andererseits fürchteten sie, solche Gelder könnten ihre nationalen politischen Gestaltungsmöglichkeiten einschränken. Der IWF spielte mit der Bereitstellung von Ressourcen, in erster Linie durch die Einräumung fester Kreditlinien mit Höchstdauer von sechs Monaten (sogenannte Stand-by-Kredite), eine wichtige Rolle als Begleiter des Übergangs zur Konvertibilität. Im Falle Frankreichs und Großbritanniens trug diese Unterstützung zur Beschleunigung der europäischen Konvertierbarkeit bei. Doch wurden die Mittel des IWF dabei so stark in Anspruch genommen, daß eine Diskussion einsetzte, ob sie denn ausreichend seien, und gegen Ende der fünfziger Jahre kam es zu einer Erhöhung der Quoten.

Die Inkonvertibilität der europäischen Währungen in bezug auf den Dollar war eine Konstante der Wiederaufbauperiode in den späten vierziger und fünfziger Jahren. Konvertierbarkeit im Rahmen jener Debatten bedeutete die Freiheit, im internationalen Verkehr »laufende Zahlungen« zu leisten. In Artikel VIII, 2 des IWF-Abkommens hatten sich die Mitglieder darauf verständigt, Beschränkungen »der Zahlungen und der Transfers für laufende internationale Transaktionen« zu vermeiden. Für touristische Ausgaben und Rücküberweisungen von Auswanderern galt diese Freiheit nicht. Der reine Kapitalverkehr, der in den akademischen Erörterungen verteufelt worden war und von den politischen Eliten gefürchtet wurde, blieb Kontrollen unterworfen, etwa der Einholung von Genehmigungen oder der Verpflichtung zu speziellen Einlagen bei den Zentralbanken; in den meisten Mitgliedsländern des IWF bestanden derartige Kontrollen bis in die achtziger Jahre.

Trotz einer allgemeinen Abwertung im Jahre 1949 waren die Europäer noch immer nicht imstande, aus dem Dollar-Gebiet frei zu importieren. In der folgenden Dekade wurde der intereuropäische Zahlungsverkehr unter den Auspizien der EZU und der OEEC liberalisiert. Manche Länder wären außerdem in der Lage gewesen, auf Dollarzahlungen liegende Beschränkungen aufzuheben, und in der Praxis haben sie eine fortschreitende Liberalisierung des Handels mit dem Dollar-Gebiet auch zugelassen. Für Belgien, das relativ geringe Kriegsschäden erlitten hatte, galt dies bereits 1952; der IWF nahm an, daß Deutschland zu einem solchen Schritt 1958 fähig sein werde, Holland 1959. Aber die Existenz eines europäischen Systems und der große Umfang des intereuropäischen Handels sorgten dafür, daß die europäischen Länder nur als Block vorgingen.

Die Wechselkurse erwiesen sich als ein kritisches Problem für die Bewegung zu einem liberaleren internationalen System: Überhöhte Kurse stellten ein gewichtiges Hindernis dar, doch der Versuch, mit der Abwertungsserie von 1949 dagegen anzugehen, erwies sich als politisch schwierig und unpopulär; schließlich wurden dadurch teure, aber notwendige Importe noch teurer. Zeitweilig schien ein alternativer Weg zur Konvertierbarkeit gangbar zu sein, nämlich das Floating oder zumindest flexiblere Wechselkurse als im System von Bretton Woods zulässig. Der große Nachteil dabei lag aber in dem inflationären Potential, das ein solches Regime in Ländern mit mangelhafter fiskalischer Disziplin schaffen mußte.

Unter diesen Umständen hing die Wiederherstellung der Konvertierbarkeit vom Machtgleichgewicht zwischen den Ländern ab, außerdem von Zufällen, die die zögernden Länder in Richtung größerer Offenheit stießen. So ließen 1956 der Ausbruch der Suezkrise und ihre Folgen Großbritannien traditionelle Bedenken aufgeben, und in Frankreich brachte die schwere politische Krise von 1958 eine Regierung hervor, die eher bereit war, jene Stabilisierung zu akzeptieren, die als Voraussetzung des Anschlusses an ein System fixer Paritäten vonnöten war.

Ende der fünfziger Jahre befand sich Deutschland in einer mächtigen Überschuß-Position, während sich Großbritannien großen Sterling-Guthaben gegenüber sah, deren Konvertierung die britische Währung in Gefahr bringen konnte. Zeitweilig schien es, als stelle die geschwächte Position einer Wirtschaft, die eine der »Schlüsselwährungen der Welt« trug, ein fast unüberwindliches Hindernis auf dem Weg zur Konvertibilität dar. Schließlich sahen sich England und Frankreich durch politische Krisen im Gefolge von Suez in die Konvertibilitäts-Gemeinschaft getrieben. Die Risiken wirkten anfänglich beängstigend, vor allem weil man glaubte, daß Vorkehrungen gegen die Konvertierung des stets im Überfluß vorhandenen Pfunds in den chronisch knappen Dollar getroffen werden mußten. Daß die Konvertibilität möglich wurde, ist jedoch nicht einfach als Produkt von Umständen und Zufällen anzusehen: Der Wandel der wirtschaftlichen Verhältnisse, der Anstieg der europäischen Produktivität und vor allem der als Investitionen ins Ausland fließende mächtige Strom amerikanischer Dollars machten der Dollarknappheit allmählich ein Ende, was wiederum die Risiken der Konvertibilität verringerte.

Die Dollarlücke

Die Diagnose, daß auf Grund unterschiedlicher Produktionskapazitäten mit einer langfristigen Dollarknappheit zu rechnen sei, war auf die Beobachtung von Tendenzen der Zwischenkriegszeit gestützt, tauchte aber in systematisierter Form erst 1943 auf. Bald wurde sie zur Basis einer höchst einflußreichen und anscheinend überzeugenden Analyse. Die Optimisten – die also, wie vor allem Roy Harrod und Gottfried Haberler, die These von der Dauer des Dollarmangels skeptisch betrachteten – waren der Meinung, daß das Problem durch eine angemessene Berichtigung in den Defizitländern, namentlich durch eine europäische Abwertung, wie sie (verspätet) 1949 stattfand, leicht gelöst werden könne, es in Wirklichkeit mithin gar kein Hindernis für die Konvertibilität gebe. Jene, die zutiefst von der Permanenz der Dollarknappheit überzeugt waren, kommentierten diese »Lösung« mit schneidenden Worten. Thomas Balogh schrieb, dabei handle es sich einfach um »eine weitere jener ›Spritzen in den Arm‹, die hinsichtlich des Ungleichgewichts in den internationalen Zahlungen eine fragwürdige temporäre Erleichterung bringen; in diesem Falle aber [...] sowohl national wie international auf Kosten der Armen«.[1]

Neuere Darstellungen charakterisieren die unmittelbare Nachkriegsperiode gewöhnlich als die Periode der »Dollar-Hegemonie«, vielleicht in Analogie zu Amerikas unbestreitbarer militärischer Hegemonie. Aber die Tatsache, daß die Verwendung des Dollar eingeschränkt war, stellte den klarsten Beweis für die Existenz einer »Dollarlücke« dar. Bis Mitte der fünfziger Jahre war das Pfund die meistgebrauchte Währung; die Hälfte der internationalen Transaktionen wurde damals in Sterling abgewickelt.[2] Außerdem war seit den Abwertungen von 1931 ein Zahlungsgebiet entstanden, das Großbritannien kontrollierte. Die meisten Länder im Sterling-Gebiet waren frühere britische Besitzungen.[3] Der Labour-Schatzkanzler der Nachkriegsjahre, Sir Stafford Cripps, beschrieb Großbritannien voller Stolz als das Zentrum des »größten multilateralen Handelsgebiets der Welt, für das [es] als Bankier fungiert«.[4] Gerade diese Dominanz des Pfund Sterling als Handels- und Reservewährung bildete ein großes Hindernis bei der Schaffung globaler Konvertibilität.

Daß Großbritannien ein solches Hindernis war, zeigte das Fiasko, das 1947 aus der Aufhebung der Kontrollen entstand, als Sterling-Ansprüche (»Sterling-Guthaben«) die britischen Gold- oder Dollarbestände weit überstiegen und die verbreitete Kenntnis dieser üblen Lage das Sterling-System jene Glaubwürdigkeit kostete, die für Aktivitäten in einer multilateralen Welt mit Konvertierbarkeit notwendig ist. Die Guthaben hatte es schon vor dem Krieg gegeben, doch waren sie während des Krieges erheblich gewachsen, als Länder des Sterling-Gebiets Versorgungsgüter und auch Menschen nach Großbritannien lieferten. Viele Länder des Sterling-Gebiets, vor allem Indien und Ägypten, wiesen im Verkehr mit dem Dollarblock Defizite auf und wollten zum Ausgleich dafür nun ihre Sterling-Guthaben in London verwenden. Aber Großbritannien konnte sich eine derartige Liquidierung von Sterling-Guthaben nicht leisten, weshalb es die Konvertierbarkeit limitieren mußte. Kriegspremier Winston Churchill hatte sich selbst und viele andere Politiker davon überzeugt, die Sterling-Guthaben seien zu einem großen Teil darauf zurückzuführen, daß sich die Dominions, in Anbetracht der Leistungen des britischen Militärs für ihre Verteidigung, ihre Lieferungen zu hoch bezahlen ließen, und verfocht deshalb die Ansicht, es sei nur gerecht, einen Teil der Guthaben zu streichen. Als offenkundig wurde, daß der indische Subkontinent vor der Unabhängigkeit stand, meinten Großbritanniens Politiker erst recht, daß Indien nun für seine Verteidigung während des Krieges bezahlen müsse.[5] (Die Inder hingegen glaubten, die Akkumulierung des Sterling sei ihnen aufgenötigt worden, und sahen sich als Folge der ihnen im Kriege abgezwungenen Lebensmittellieferungen verarmt.) So gehörte es lange Zeit zu den Fixpunkten britischer Politik, daß »die Beteiligung am IWF keine Verpflichtung enthalten darf, die den wesentlichen Elementen des Systems des Sterling-Gebiets schaden« oder eben einen Zwang schaffen würde, die Sterling-Guthaben in konvertierbarer Währung auszuzahlen.[6]

Nach den Ereignissen von 1947 schien der Pfad zur Liberalisierung noch länger und schwieriger geworden zu sein. Auf der IWF-Versammlung im September 1947 konstatierte der Geschäftsführende Direktor, Camille Gutt: »Ein verfrühter Versuch, die Annahme von Devisen-und Handelsgepflogenheiten zu forcieren, die für eine ausgeglichene Weltwirtschaft geeignet sind, kann viel Schaden anrichten und sogar die Erreichung dieser Ziele in Gefahr bringen.«[7] 1949 stellte der Jahresbericht des

IWF nüchtern fest, »die Schwierigkeiten der Nachkriegsperiode« seien »größer als zur Zeit der Konferenz von Bretton Woods vorhergesehen«.[8]

Abwertungen

Die Schwierigkeiten von 1947 machten klar, daß eine fundamentale Aufgabe des IWF die Festlegung neuer Wechselkursparitäten zu sein hatte. Vor allem erschien es ungewiß, ob die Annahme einer »realistischeren« Parität zu einer Steigerung der britischen und europäischen Exporte führen, diese Länder damit mehr Dollars einnehmen lassen und ihnen bei der Schließung der »Dollarlücke« behilflich sein würde. Das allgemeine Zögern, in diese Richtung zu gehen, berief sich darauf, daß in Zeiten großer Versorgungsschwierigkeiten eine Korrektur der Kurse nach unten nicht notwendigerweise den Export belebt und eine Verbesserung der Handelsbilanz bewirkt.[9] Nicht nur hatten der strenge Winter und die Nahrungsmittelkrise von 1947 die Versorgungsschwierigkeiten noch vergrößert; die politische und wirtschaftliche Unsicherheit in Europa verursachte überdies eine Welle der Kapitalflucht, die an die nervösen Bewegungen der dreißiger Jahre erinnerte.[10] Solche Abflüsse dauerten auch noch in der Ära des Marshall-Plans an. Ein Korrespondent der ›New York Times‹ hat später berichtet, die gesamte Hilfe der USA für Europa sei geringer gewesen als die Kapitalflucht von dort – womit er implizierte, die ERP-Mittel seien vollständig verschwendet worden.[11] Nachkriegseuropa erscheint in dieser Perspektive als ein Muster für viele spätere Fälle, in denen Kapitalflucht ein ernstes Hindernis auf dem Wege zur Stabilisierung und Liberalisierung bildete, und als ein Beispiel für die Verschwendung geborgter Ressourcen. In allen diesen Fällen haben Pessimisten argumentiert, ein niedrigerer Wechselkurs führe nicht zu einer höheren Exportleistung, und zwar auf Grund der Existenz vorgeblicher struktureller Hemmnisse, während Optimisten stets die Möglichkeit recht schnellen Ausgleichs sahen. Die Diskussion über die Wechselkurse provozierte eine heftige Reaktion von Politikern und Verbrauchern, die ihre Interessen durch Kontrollen und Überbewertung geschützt und sich durch jede Veränderung des Wechselkurses bedroht fühlten.

Kapitalflucht kann auf politische Unsicherheiten zurückgehen, sie kann aber auch eine natürliche und unvermeidliche Reaktion auf exzessiv hohe – weil durch Kontrollen geschützte – Wechselkurse sein. Die Architekten von Bretton Woods hatten zu Beginn ihrer Arbeit angenommen, daß sie die Bewegung von Kapital kontrollieren könnten. Dies erwies sich sehr rasch als Fehlrechnung. Waren laufende Zahlungen auch nur partiell liberalisiert, konnte die Handelsfinanzierung als Kanal für die Bewegung von Kapital genutzt werden. Importeure konnten bar bezahlen, Exporteure langfristige Kredite gewähren. Derartige »Vorgaben und Verzögerungen« mochten Kapitaltransfers bewirken (im genannten Fall eine Bewegung nach draußen). Auf lange Sicht, so wurde schließlich deutlich, mußte die Befreiung der laufenden Zahlungen mit einer Liberalisierung des Kapitalverkehrs verbunden sein. Ende der vierziger Jahre sahen sich die europäischen Politiker mit zwei kontroversen Fragen konfrontiert: Trägt ein unangemessener Wechselkurs zur Kapitalflucht bei? Und wie lange würden Versorgungsschwierigkeiten die europäischen Exportkapazitäten einschränken?

Fast alle Verantwortlichen in London widersetzten sich der Empfehlung der Amerikaner und des IWF, das Pfund abzuwerten, da sie das Problem Großbritanniens in erster Linie als ein Problem des inflationären Drucks im Innern begriffen, dem eher durch fiskalische Sparsamkeit und weitere Preis- und Lohnkontrollen als durch eine Korrektur des Wechselkurses begegnet werden müsse. Sie glaubten, es mit einer Wirtschaft zu tun zu haben, die noch immer in den Banden der Mobilisierungszwänge der Kriegszeit liege. Diese Ansicht teilten der Schatzkanzler, Sir Stafford Cripps, und die Bank von England, deren Gouverneur Cobbold die Frage in ganz traditionelle Begriffe faßte: »Die beiden Dinge, die wirklich die Atmosphäre in Nordamerika verändern würden, wären ein ernsthafter Angriff auf die Staatsausgaben und ein Aufschub weiterer Verstaatlichungspläne.« Im April 1949 schlug Cobbold vor, das Vereinigte Königreich solle »das Verlassen des IWF in Erwägung ziehen«, wenn versucht werden sollte, Großbritannien durch die Lancierung von Nachrichten über den Sterling-Kurs unter Druck zu setzen.[12] Cripps griff mittlerweile diejenigen seiner Wirtschaftsberater, die für eine Abwertung eintraten, als Anhänger einer »freien Wirtschaft« an, die amerikanischen Anschauungen näher stünden als britischen.[13] Am Ende kam es, in Abwesenheit von Cripps und auf Drängen dreier Juniorminister, zu einer Abwertung um 30 Prozent auf die neue Parität von 2,80 Dollar. Sie trat am 19. September 1949 in Kraft.

Andere Länder folgten dem britischen Beispiel, und die kontinentale Abwertung führte zu realistischeren Paritäten, wenn auch Frankreich sehr das Gefühl hatte, daß seine Pläne für eine kleine europäische Wirtschaftsunion durch die britische Aktion torpediert worden seien. Das Sterling-Gebiet und die skandinavischen Staaten werteten ebenfalls um 30 Prozent ab, Frankreich um 22, Deutschland um 20 und Belgien und Portugal um 13 Prozent. Die rasche Zunahme der europäischen Exporte zeigte, daß die Auffassung, die von den USA und vom IWF hinsichtlich der Abwertung vertreten worden war, im Kern zutreffend war, und daß Kapazitätsbeschränkungen einer Besserung der europäischen Zahlungsbilanz nicht im Wege standen.[14]

Die Europäische Zahlungsunion in der Praxis

Die Abwertungen brachten jedoch keinen sofortigen Triumph der amerikanischen Liberalisierungsvorstellung. Die britische Abwertung war von neuen Handels- und Devisenkontrollen begleitet, und die bereits bestehenden Kontrollen blieben in Kraft, obwohl der IWF argumentierte, der »Erfolg« der britischen Abwertung zeige, wie nützlich ein Abbau von Einschränkungen sei.[15] Amerikanische Politiker zeigten sich entsetzt, als sich herausstellte, daß Großbritannien zum Hindernis für den Übergang der EZU zur Konvertibilität werden würde. Ende 1950 kam es während der GATT-Besprechungen in Torquay zu einer heftigen Auseinandersetzung, als der IWF gemäß der GATT-Charta die Berechtigung quantitativer Beschränkungen, die vorgeblich aus Gründen der Zahlungsbilanz verhängt worden waren, in einer Reihe von Sterling-Ländern prüfte: so in Australien, Ceylon,

Chile, Indien, Neuseeland, Pakistan, Südafrika, Rhodesien und Großbritannien. Die britische Regierung charakterisierte diesen Prüfbericht als einen Versuch, das Sterling-Gebiet einzureißen.

Obwohl die Idee eines europäischen Zahlungsmechanismus ursprünglich aus der ECA stammte, dem in Washington stationierten Verwaltungsorgan des ERP, und obwohl das State Department ständig nach institutionellen Stützen für die fragile politische Struktur Europas suchte, reagierte Washington auf die schließlich verwirklichte Form der EZU anfangs eher skeptisch. Die europäische Version der EZU erschien dem amerikanischen Schatzamt wie dem IWF als eine Verleugnung amerikanischer Prinzipien: des privaten Unternehmertums, liberaler Handelspolitik, des Wettbewerbs und des Glaubens, daß Stärke und Stabilität nicht durch Kontrollen, Almosen und bloße Hilfsmittel zu erreichen seien. Überdies sah sich der IWF erneut als Verlierer eines Wettrennens um das Management der internationalen Wirtschaft, was den mit der »Marshall-Plan-Entscheidung« verbundenen Einflußverlust zu verewigen drohte. 1951 diskutierte der Fonds mit der ECA die Möglichkeit, das europäische Verhalten zu tadeln und einen energischen Appell zum Abbau von Kontrollen und Diskriminierungen zu formulieren. Schon 1952 aber machte sich Optimismus bemerkbar, und es war in ganz neuen Tönen von einer Zusammenarbeit zwischen EZU und IWF die Rede.[16]

Daß sich die EZU aus einem amerikanischen Schreckgespenst in ein Mittel zur Verwirklichung des Traums von fortschreitender Liberalisierung und Konvertibilität wandelte, war keineswegs selbstverständlich. Es war vielmehr die Folge etlicher weiterer Entscheidungen, manche davon gegen die Wünsche und den Rat Washingtons getroffen, und die Folge des Drucks, den die Konsequenzen des Wirtschaftswachstums auf den institutionellen Rahmen regionaler Integration ausübten.

Das früheste optimistisch stimmende Zeichen erschien während der ersten größeren Krise der EZU, des deutschen Zahlungsproblems von 1950, das sich aus dem Beginn des Koreakrieges im Juni und dem dadurch verursachten Emporschnellen der Rohstoffpreise ergab. Zur gleichen Zeit, da die Importpreise stiegen, nahm auch der Umfang der deutschen Importe zu, und zwar als Ergebnis einer rapiden Erholung, die im Gefolge einer Lockerung der deutschen Kreditkontrollen – einsetzend mit dem Investitionsboom, der den Koreakrieg ebenfalls begleitete – noch intensiver wurde.[17] Der amerikanische Hohe Kommissar in der Bundesrepublik, John McCloy, riet in einem Schreiben an Bundeskanzler Adenauer zur Suspendierung des Liberalisierungsprogramms und zu Handelskontrollen. Aber Ende Oktober 1950 sprach sich eine Delegation der EZU, bestehend aus dem schwedischen Wirtschaftswissenschaftler Per Jacobsson (von der Bank für Internationalen Zahlungsausgleich) und dem Briten Alec Cairncross, nachdrücklich gegen einen solchen Kurs aus und empfahl statt dessen eine Anhebung des Diskontsatzes zur Kräftigung der deutschen Zahlungsbilanz. Jacobsson war ein in der Wolle gefärbter Liberalisierer; Cairncross verstand die deutsche Situation als eine »einfache Liquiditätskrise einer ansonsten gesunden Wirtschaft«.[18] Ihren Ratschlag stützte ein Sonderkredit der EZU in Höhe von 120 Millionen Dollar. Diese Verbindung von sofortiger Zahlungsbilanzhilfe mit einer Bindung an progressive Liberalisierung erschien später als ein außerordentlich attraktiver Präzedenzfall für Stabilisierungsprogramme des IWF, vor allem Ende der fünfziger Jahre, als Per Jacobsson in Washington als dessen Geschäftsführender Direktor amtierte. Gegen den Widerstand der amerikanischen Behörden und Adenauers akzeptierte die Bank deutscher Länder schließlich die Empfehlung der EZU und schlug den Weg zum wirtschaftlichen Liberalismus ein.

Der von Jacobsson und Cairncross vertretene Kurs erwies sich als völlig richtig, und sein Erfolg gab der Liberalisierungstendenz in der EZU kräftigen Auftrieb. Im Rückblick erscheint der Vorgang als das fast perfekte Muster eines Ausgleichsprogramms: Der erfolgreichen Berichtigung folgte eindrucksvolles Wachstum. Nachdem der Prozeß einmal in Gang war, gewannen Liberalisierung und die Aufhebung von Handelskontrollen eine Eigendynamik.[19] Der innereuropäische Handel nahm sehr schnell zu, und der liberalisierte Teil stieg von 66 Prozent Mitte 1952 auf 81 Prozent Mitte 1954; auch die Diskriminierung gegen amerikanische Erzeugnisse nahm nach 1954 ab.[20]

1952 verbesserte sich das Verhältnis zwischen IWF und EZU

erheblich, und beide Seiten schienen zur Zusammenarbeit bereit zu sein. Belgien spielte bei dieser Aussöhnung eine zentrale Rolle, da die Beziehungen zwischen der EZU und der übrigen Welt ganz wesentlich von der belgischen Zahlungslage abhingen. In den frühen fünfziger Jahren sammelte Belgien innerhalb der EZU einen beträchtlichen Überschuß an, wies aber im Handel mit den Dollarländern ein Defizit auf. Angesichts dieser Situation konzentrierte sich die im IWF von Amerikanern und Kanadiern an den europäischen Arrangements geübte Kritik auf Belgien; doch 1952 war Belgien willens, vom IWF einen Stand-by-Kredit aufzunehmen.[21] Die Lösung, die sich im Falle Belgiens beinahe zufällig ergeben hatte, wurde zum Modell: In den Diskussionen mit Großbritannien, Frankreich und Deutschland schlugen nun die Vereinigten Staaten solche Kredite nur als Mittel vor, den Übergang zur Konvertibilität zu erleichtern.[22]

In diesem Moment, als viele Anzeichen darauf hindeuteten, daß zumindest einige Länder die Konvertierbarkeit erwogen, sahen sich der IWF und das Schatzamt in Washington einer neuen Herausforderung gegenüber: Wenn ein fester Wechselkurs, aufrechterhalten unter der Aufsicht regulierender internationaler Institutionen, offenbar unweigerlich zu Zahlungsbilanzproblemen führte – könnte man solche Schwierigkeiten dann nicht vielleicht durch das »Floaten« des Wechselkurses vermeiden? In den Diskussionen vor Bretton Woods war die Sorge gewesen, die Staaten könnten die Praxis der dreißiger Jahre wiederholen und Abwertungen vornehmen, um sich Vorteile auf den Exportmärkten zu verschaffen. Das Problem, das sich in den fünfziger Jahren immer deutlicher zeigte, war jedoch anderer Art: nämlich eine allgemeine Abneigung gegen Abwertungen (weil das die Preise für Importwaren erhöhte oder weil es als politische Demütigung erscheinen konnte) und die Zählebigkeit überhöhter Wechselkurse mit der daraus folgenden Notwendigkeit, an Devisenkontrollen festzuhalten. Gab es keine festen Paritäten, mochten derartige Nachteile zu vermeiden sein.

Das Land, das in dieser Hinsicht eine Vorreiterfunktion übernahm, war Kanada. Es hatte sich 1950, nachdem viel Kapital zugeflossen war und ein Anstieg der Inflation drohte, entschlossen, seinen Dollar zu floaten, weil es nicht möglich erschien, eine neue

Parität vorzusehen, die den Kapitalzustrom einschränken und die monetäre Entwicklung stabilisieren würde. Als Ergebnis des kanadischen Floatens, das von außen mit einigem Mißtrauen betrachtet wurde, weil es eine klare Verletzung des Paritätsprinzips von Bretton Woods darstelle, konnte Ottawa den Übergang zur externen Konvertierbarkeit schon sehr früh, im März 1952, vollziehen. Der kanadische Dollar floatete bis 1962 – mit dem Ergebnis, daß Kapitalbewegungen einen stabilisierenden und nicht einen destabilisierenden Effekt hatten.[23] Wer davor warnte, aus dem Erfolg des kanadischen Floatens allgemeine Lehren zu ziehen, behauptete, man habe es hier mit einer besonderen Situation zu tun: erstens auf Grund der Bedeutung des amerikanisch-kanadischen Handels, zweitens weil viele Verbraucher annähmen, Dollar sei Dollar, ob amerikanisch oder kanadisch. Der Erfolg Kanadas stellte jedoch eine wirksame Werbung für die Vorteile des Floatens dar.

Großbritannien wird gefügig gemacht

Mitte der fünfziger Jahre spielten denn auch einige europäische Staaten mit dem Gedanken, zum Floaten der Wechselkurse überzugehen, um so das Problem der Steuerung von Kapitalbewegungen zu lösen. Der gewichtigste unter den frühen Vorschlägen kam von Großbritannien, bekannt unter der Bezeichnung ROBOT (teils auf Grund der Namen seiner Urheber, teils weil damit auf einen gewissen Automatismus angespielt werden konnte). Großbritannien, so schrieb ein Kommentator, »schlug vor, den einen Aspekt von Bretton Woods – gegenseitig festgesetzte Wechselkurse – zu beseitigen, der nicht toter Buchstabe geblieben war«.[24] ROBOT sah die freie Konvertierbarkeit des Pfund Sterling für Personen außerhalb Großbritanniens vor, die Wiedereröffnung des Goldmarkts und das Floaten des Pfunds innerhalb einer weiten Bandbreite (zwischen 2,40 und 3,20 Dollar). Die Verwirklichung hätte »die EZU gekillt«, deren Funktionieren von festen Kursen abhing.[25] Am Ende gab Großbritannien ROBOT auf, weil die Commonwealth-Länder einen Wertverlust ihrer Sterling-Guthaben befürchteten und sich die britische Position in den laufenden Geschäften rapide verschlechterte, so daß es wahrscheinlich wurde, daß Floaten in der Praxis ein rasches Abfallen des Pfund Sterling bedeuten würde.

Eine Analyse, die den Kern des britischen Problems traf, zeigte auf, daß die Zahlungsbilanz durch »exzessive« Investitionen in Übersee und namentlich im Sterling-Gebiet geschwächt war. Für die Kapitalbewegungen in die Sterling-Zone existierten praktisch keine Kontrollen, und die Politik war es zufrieden, durch den Fluß des Geldes die Bande des Empire gehalten zu sehen. Kritiker sahen in dem Kapitalabfluß, der dem britischen Zahlungsbilanzdefizit zu entsprechen schien, freilich einen Versuch Großbritanniens zur Rückgewinnung seiner im 19. Jahrhundert gespielten Rolle als Welt-Bankier, die es in der gewandelten internationalen wirtschaftlichen Situation in Wirklichkeit nicht mehr leisten konnte. Kurz: Großbritannien lebte über seine Verhältnisse.[26] Nach 1952 nahm der Abfluß von Geldern noch zu; zwischen 1946 und 1964 erreichte der gesamte Transfer in das Sterling-Gebiet mit 2,9 Milliarden Pfund (8,12 Milliarden Dollar) die Höhe der britischen Investitionen in den hundert Jahren vor Beginn des Zweiten Weltkrieges.[27]

In den frühen fünfziger Jahren führte die wirtschaftliche Verwundbarkeit zu heftiger Opposition gegen die IWF-Philosophie der Konvertierbarkeit zu festen Kursen. Auch etliche deutsche Ökonomen traten für das Floaten der Währungen ein, aber die britische Abkehr davon war entscheidend für die Entwicklung des ganzen internationalen Finanzsystems. Die Überlegungen, die London schließlich vom Floaten wegführten, waren nicht das Produkt einer bestimmten wirtschaftlichen Situation, sondern ergaben sich mehr oder weniger zufällig. Politische Ereignisse begünstigten den Konvertibilitätskurs des IWF, trotz andauernder amerikanischer Widerstände gegen die Erhöhung der Fonds-Quoten. Es war reiner Zufall, daß es 1956 im Gefolge des englisch-französischen Versuchs, mit Hilfe israelischer Soldaten Ägypten den Suezkanal zu entreißen, zu einer Krise mit größeren finanziellen Implikationen kam.[28] Im amerikanisch-britischen Verhältnis gab es 1956 an sich kein besonderes wirtschaftliches Problem. Für die ersten zehn Monate des Jahres wies das Vereinigte Königreich eine positive Zahlungsbilanz auf, doch im Oktober begann eine

Auszehrung der Reserven. Großbritannien brauchte einen Stand-by-Kredit des IWF in bislang nicht gekannter Höhe (738,5 Millionen Dollar), wozu noch die Inanspruchnahme der Gold- und ersten Kredittranchen kam, weil ein politisch verursachter Sturm auf das Pfund eingesetzt hatte und britische Politiker sich eingeredet hatten, es gebe eine ernste Sterling-Krise.

Sowohl das amerikanische wie das britische Verständnis der Stand-by-Kredite wandelte sich durch die Vorgänge des Jahres 1956 grundlegend. In amerikanischen Augen wurden nun größere Operationen möglich, aus britischer Sicht wurde die Konvertibilität zum Preis für die Hilfe. Als er seine Argumente in Washington ausbreitete, suchte der englische Beauftragte Harcourt das Problem in eine längerfristige Perspektive zu rücken und sprach von den großen Fortschritten, die Großbritannien und Westeuropa seit 1953 in Richtung Konvertibilität gemacht hätten. Schließlich stellte er die Behauptung auf, die Krisenkredite seien notwendig gewesen, um jeglichem Rückzug vorzubeugen.

Es gab keinen Rückzug. Großbritannien nahm 1956 in der Stand-by-Periode lediglich 561,5 Millionen Dollar in Anspruch. Der Stand-by-Kredit, anfänglich aus panischem Schrecken geboren, erschien allmählich als ein Weg, die britischen Reserven im Übergang zur Konvertibilität zu vermehren. Während der IWF-Tagung in Neu-Delhi im September 1958 sprach der britische Schatzkanzler über die Beseitigung von Währungsdiskriminierungen, und der neue Geschäftsführende Direktor des IWF, Per Jacobsson, bot statt einer Neuauflage unnötiger Stand-by-Kredite eine Quotenerhöhung als Lösung der britischen Probleme an. Der letzte britische Schritt zur Konvertibilität kam Ende 1958 als Resultat eines weiteren Zufalls, nämlich eines jähen Wandels der französischen Politik, der sich aus der neu gewachsenen Überzeugung ergab, daß wirtschaftliche Stabilisierung und Konvertibilität als Basis einer ruhigeren politischen Entwicklung dienen könnten. Großbritannien folgte dem französischen Liberalisierungsbeispiel, indem es für Nicht-Bewohner des Sterling-Gebiets die Konvertibilität einführte.[29] Die endgültige Wendung zur europäischen Konvertibilität war damit eher eine französische als eine britische Entscheidung.

Die französische Konvertibilität wurde durch die Möglichkeit für Austauschkredite bei den europäischen Zentralbanken gestützt und durch den Stand-by-Kredit eines Konsortiums amerikanischer Privatbanken in Höhe von 200 Millionen Dollar. Dem folgte am 28. Dezember 1958 das Inkrafttreten des Europäischen Währungsabkommens, das als Nachfolger der EZU einen Rahmen für die Begrenzung von Währungsschwankungen lieferte. Die europäischen Währungen hatten nun in bezug auf den Dollar einen Spielraum von 1,5 und untereinander von 3 Prozent.

In diesem Stadium hätten die meisten europäischen Länder zu voller Konvertibilität – wie im IWF-Artikel VIII vorgesehen – übergehen können, statt die unter Artikel XIV zugelassenen Kontrollen beizubehalten.[30] Daß gezögert wurde, ging zum Teil auf das Argument des Präsidenten der EG-Kommission zurück, die Artikel 106 bis 108 des Vertrags von Rom seien mit den Verpflichtungen unter Artikel VIII des IWF nicht vereinbar.[31] Auch bremste die Europäer ein Gentlemen's Agreement mit Großbritannien, dem zufolge die europäischen Länder gemeinsam zur Konvertibilität übergehen sollten.[32] Großbritannien hielt sich jedoch zurück, nicht zuletzt auf Grund der schon aus den Verhandlungen von Bretton Woods bekannten Hoffnung, zur Bewältigung des Problems der Dollarknappheit die Anwendung des Artikels VII der IWF-Vereinbarung zu erreichen, wie ein 1959 abgefaßter Bericht zur monetären Politik verlangte: »Wir denken, daß das Vereinigte Königreich vor der Übernahme der Verpflichtungen des Artikels VIII das Einverständnis der anderen Mitglieder des IWF darüber zu erreichen suchen sollte, daß die Genehmigung diskriminatorischer Maßnahmen durch den Fonds dann nicht zurückgehalten werden sollte, wenn eine ständige und starke Bewegung von Gold und Devisen zu einem einzigen Land oder einer Gruppe von Ländern zu verzeichnen ist.«[33] Anders als in den vierziger Jahren, in denen dies nur auf die Vereinigten Staaten hätte gemünzt sein können, zogen 1958 auch einige europäische Staaten – insbesondere die Bundesrepublik Deutschland – »ständig und stark« Devisen an. Für den Augenblick mußte der europäische Übergang zur Konvertibilität deshalb unvollständig bleiben.

Deutsche Überschüsse

Für Frankreich waren Stabilisierung und Wiederherstellung des nationalen Prestiges eng miteinander verbunden. Die Bundesrepublik Deutschland, die dem IWF im August 1952 beigetreten war, galt insofern als ein attraktives Modell, zumal die deutsche Zahlungskrise von 1950/51 im Laufe der fünfziger Jahre rasch zu einer fernen Erinnerung wurde. Deutschland baute in diesen Jahren eine sehr starke Zahlungsbilanzposition auf: Der Überschuß wuchs von 2,301 Milliarden DM im Jahre 1951 auf 5,998 Milliarden im Jahre 1958. Die Wende in der Handelsbilanz war noch dramatischer:[34] Durch die Überschüsse in der EZU wurde die Bundesrepublik zu einem Pionier der Liberalisierung, und 1957 forderte ein IWF-Bericht die Aufhebung der mit der GATT-Charta nicht zu vereinbarenden Importquoten. Die größte europäische institutionelle Reform der fünfziger Jahre, die Schaffung der Europäischen Wirtschaftsgemeinschaft 1958, war eine Mixtur aus Liberalisierung und Verzerrung des Handels: Als Liberalisierung durfte die Reduzierung der Zölle zwischen den sechs Gründungsmitgliedern gelten; eine Verzerrung ergab sich für Deutschland daraus, daß der Mechanismus zur Festsetzung gemeinsamer Außenzölle mit der Angleichung der nationalen Zölle verbunden war und daher des öfteren eine Anhebung der deutschen – wie auch der holländischen und belgischen – Sätze bewirkte. Die größte Verzerrung folgte jedoch aus der Enttäuschung deutscher (und in geringerem Maße britischer) Hoffnungen auf eine größere Freihandelszone. Zu den Resultaten der französischen Suche nach einem Weg, die eigene nationale Macht zu bewahren, gehörte die Währungsstabilisierung, aber auch das Beharren auf einem kleineren Europa, als dessen Folge sich neben der EWG die Europäische Freihandelszone mit Österreich, Dänemark, Norwegen, Portugal, Schweden, der Schweiz und Großbritannien entwickelte.

Die Handelsliberalisierung blieb ohne Einfluß auf die Wachstumstendenz des deutschen Handels, auf die Überschüsse im laufenden Verkehr und damit auf die Entstehung eines Zahlungsproblems. Die Frage war deshalb: Sollte Deutschland einen an seinen Überschüssen orientierten Ausgleich suchen und mit welcher Methode? Außerdem zog die starke deutsche Wirtschaft ausländisches Kapital an, und die deutsche Politik mußte diesen Zustrom so weit wie möglich zu begrenzen suchen, da er nicht nur als inflationssteigernd galt, sondern auch den Druck zur Aufwertung der DM erhöhte beziehungsweise internationale Verlegenheiten schuf.

Kapitalzuflüsse und Handelsüberschüsse führten zu der Frage nach einer angemessenen Wechselkurspolitik. Der Fall Deutschland sollte zu einem schönen Beispiel der Schwierigkeiten werden, denen eine Wechselkursänderung in einem System fester Paritäten begegnete. Im System von Bretton Woods hatte es bislang schon Abwertungen gegeben, aber noch nie eine Aufwertung. Ein solcher Schritt mochte – als Mittel des Ausgleichs – für ein Überschußland angemessen sein, stieß aber unweigerlich auf massive innere Widerstände. Mächtige Interessengruppen, so Arbeitgeber und Arbeitnehmer der Exportindustrien, waren der Meinung, sie hätten darunter zu leiden.

Ende 1960 hatte das Tempo der Kapitalzuflüsse wieder zugenommen, und so wurde das Problem einer Wechselkursänderung abermals akut. Die Wirtschaft wuchs in spektakulären Raten (das Bruttoinlandsprodukt stieg in jenem Jahr um unglaubliche 16 Prozent), und eine Aufwertung erschien als attraktive Methode, sowohl ein allzu schnelles Wachstum zu bremsen als auch den davon herrührenden Lohn- und Kostendruck zu verringern. Stammte der Kapitalzufluß 1956/57 überwiegend aus europäischen, so nach 1960 vor allem aus transatlantischen Quellen. Als die Präsidentschaftswahl in den USA näher kam, hegten viele Deutsche die Befürchtung, ein amerikanisches Nervenfieber könne zu einer weiteren Flucht aus dem Dollar führen.[36]

Wirtschaftsminister Ludwig Erhard reagierte auf die einheimische Kritik und den ausländischen Druck mit einer öffentlichen Polemik gegen die Bundesbank und ihre Hochzinspolitik. Diese habe, entgegen ihrem Ziel, die wirtschaftliche Expansion zu verlangsamen, nur den Zufluß ausländischen Kapitals beschleunigt: »Wir verdanken die Tatsache, daß wir diese Überschüsse haben und daß wir soviel zahlen müssen, der Bundesbank und (ihrem Präsidenten) Herrn Blessing.«[37] Am 3. März

1961 brachte Erhard das Bundeskabinett dazu, einer »kleinen« Aufwertung um 5 Prozent zuzustimmen.

Die deutsche Aufwertung hatte für den Augenblick ein Ungleichgewicht im internationalen Zahlungssystem korrigiert, auf das der undefinierte Ausdruck »fundamental« in der IWF-Vereinbarung tatsächlich zutraf. Aber Kursänderungen wirkten ihrerseits destabilisierend, da die Erwartung weiterer Korrekturen neues Kapital anzog. Jedenfalls war das Ergebnis der Liberalisierung der Wechselkurse die Förderung weitaus größerer Kapitalbewegungen, als es sie in den Verhältnissen der noch nicht liberalisierten fünfziger Jahre gegeben hatte.

Die Liberalisierung der japanischen Wirtschaft

Japan erreichte die Konvertierbarkeit laufender Konten etwas später als die Mehrheit der europäischen Länder. Anfangs zeigten sich seine Politiker zögerlich, da ein solcher Übergang die Strategie des hohen Wachstums gefährden konnte, die in den fünfziger Jahren unter der Parole »seisan fukko setsu« (Wiederaufbau durch Produktion) verfolgt wurde. Daß das Ministerium für Internationalen Handel und Industrie die Möglichkeit zu administrativer Devisenkontrolle besaß, bedeutete, daß äußere Zahlungsbilanzprobleme bei der Jagd nach höheren Produktionszahlen weitgehend ignoriert werden durften. Ein IWF-Dokument sprach später von der japanischen »Vorliebe für die Maximierung von Zuwachsraten zu Lasten der Sorge um Zahlungsbilanz- und Geschäftsfluktuationen«. Indes machten sich die Probleme eben doch geltend. Nach einem Rekordwachstum sah sich Japan 1956/57 mit einem beträchtlichen Handelsdefizit und 1957 mit einem Zahlungsbilanzdefizit von 211 Milliarden Yen konfrontiert. Angesichts schwindender Reserven handelte Japan mit dem IWF ein Stand-by-Arrangement aus und nahm 125 Millionen Dollar in Anspruch. Die Verhandlungen waren von der Ermahnung begleitet, das Wachstum zu stabilisieren; die Regierung sollte nicht nur Kredite erschweren, sondern in einer Periode sehr rascher Expansion auch für einen Haushaltsüberschuß sorgen. »Man sollte daran denken«, so Per Jacobsson vom IWF,

»daß ein übergroßes Budget, selbst wenn es ausgeglichen ist, einer Wirtschaft in Boomzeiten beträchtlichen Schaden zufügen kann«.[38]

Außerdem hatte es stets eine japanische Alternative zur Tradition des hohen Wachstums gegeben, nämlich die Erkenntnis der Wichtigkeit einer stabilitätsorientierten Politik; wer dafür eintrat, hielt dafür, daß das Wachstum der fünfziger Jahre nur auf der Grundlage der vorhergegangenen Stabilisierung und der 1949 durchgeführten Währungsreform möglich geworden sei.

Anfang der sechziger Jahre folgte Ministerpräsident Ikeda Hayato der europäischen Wendung zu mehr Handelsliberalisierung und verband dies mit einem Zehnjahresplan zur Einkommensverdoppelung. Die Vereinigten Staaten und der IWF drängten wiederholt auf ein höheres Tempo der Liberalisierung, ebenso auf wirksamere Maßnahmen zur Bekämpfung der Inflation. Ikeda erklärte sich anfänglich bereit, 80 Prozent der japanischen Importe zu »liberalisieren« (das heißt aus der administrativen Kontrolle der Devisenzuteilung herauszunehmen); der IWF schlug 95 Prozent vor und war dann mit 90 Prozent einverstanden. In den Konsultationen nach Artikel XIV, die im November 1962 stattfanden, nahmen die japanischen Vertreter oft Rücksprache mit dem Regierungschef in Tokio und redeten von ihren politischen Schwierigkeiten. Zum Beispiel wandten sich die Bergarbeitergewerkschaften gegen die Liberalisierung der Märkte für Schweröl, da größere Importe ihre Verhandlungsposition verschlechtern würden. Beamte des Außenministeriums sprachen von einem »Krieg« gegen die Forderung von MITI, sich der Befreiung des Handels zu widersetzen. Hinter dieser Haltung stand die Befürchtung, daß es sich bei der Erholung in den fünfziger Jahren lediglich um die Überwindung der Verheerungen des Krieges gehandelt hatte und daß die Wirtschaft Japans bald wieder niedrigere Wachstumsraten aufweisen werde, trotz aller politischer Versprechen der Einkommensverdoppelung. Die Schwierigkeiten schienen größer denn je, als sich Anfang 1961 jene Zahlungsbilanzkrise einstellte, die es notwendig machte, mit dem IWF um einen Stand-by-Kredit zu verhandeln. Am Ende sagten die Japaner jedoch zu, mit der Liberalisierung fortzufahren. Der IWF-Bericht betonte, man habe »den japanischen Stellen eingeprägt, daß die Liberalisierung im Interesse Japans liege; die einheimische Industrie auswärtiger Konkurrenz auszusetzen, ziele darauf ab, Produktivität und Effizienz zu verbessern und so Wachstum eher zu beschleunigen als zu hemmen. Werden mehr Importe zugelassen, kann mehr exportiert werden.«[39] Der Stab des IWF argumentierte, daß Japan auf einem hohen Wachstumspfad nur weitergehen könne, wenn es seinen Export erheblich steigere. Am 6. Februar 1963 wurde dieser Rat wiederholt – mit dem Erfolg, daß Japan am 1. April 1964 die volle Mitgliedschaft im Fonds nach Artikel VIII beantragte. Kurzum: Die japanischen Politiker akzeptierten das Argument des IWF, und tatsächlich nahm der Exportanteil am japanischen Nationaleinkommen in der folgenden Dekade dramatisch zu.

Es war die Aussicht sowohl auf größere Kapitalbewegungen wie auf bessere Exportmöglichkeiten, die in vielen Ländern bei der Hinwendung zur Konvertibilität als Ansporn wirkte, in Europa vielleicht am stärksten im Falle Frankreichs und Spaniens. Zunächst hatte das lebhafte Wirtschaftswachstum der fünfziger Jahre zu Zahlungsbilanzproblemen und zu neuer Abhängigkeit von der Unterstützung durch den IWF geführt, der jene zusätzlichen Reserven zur Verfügung stellte, die beim Prozeß der Handelsliberalisierung gebraucht wurden. Ohne diese Reserven hätte die Lockerung der Restriktionen sofort unlösbare Zahlungsbilanzprobleme ergeben. Die letzten europäischen Schritte zu ausgedehnter äußerer Konvertibilität (das heißt Konvertibilität für Nicht-Einwohner) kamen 1958, nach dem Boom der Jahre 1956/57, der in einer Anzahl von Ländern mit raschem Wirtschaftswachstum Zahlungsbilanzprobleme produzierte, weil Importe eingesaugt und dann Stand-by-Kredite des IWF benötigt wurden: so in Bolivien, Brasilien, Chile, Frankreich, Honduras, Indien, Japan, Kolumbien, Kuba, Nicaragua, Niederlande, Peru und Südafrika. Dieser vitale Hilfsbedarf widerlegte jene britischen und französischen Kommentatoren, die Mitte der fünfziger Jahre behauptet hatten, der IWF sei eine belanglose Einrichtung. Um die Hilfe aber auch wirklich leisten zu können, brauchte der IWF größere Mittel. 1959 wurden deshalb die Quoten aller Mitglieder um 50 Prozent erhöht, und Sonderquoten für Kanada, Deutschland und Japan demonstrierten die ständig wachsende Wirtschaftsleistung dieser Länder. Der IWF konnte die Reserven bieten, die angesichts der Expansion der globalen Wirtschaft und des Welthandels erforderlich wurden, indem er zusätzliche »bedingte Liquidität« schuf (das heißt Mitglieder konnten den Fonds nach Maßgabe ihrer jeweiligen Quote in Anspruch nehmen). Solange die Quoten in Übereinstimmung mit der Expansion des Welthandels erhöht wurden, war dieser Weg unproblematisch.[40]

Nach der Anspannung, die eine rapide globale Expansion mit sich gebracht hatte, bescherte eine Rezession Linderung. 1958 entwickelte sich die amerikanische Handelsbilanz zum Schlechten, woraufhin Großbritannien die Diskriminierung von Importen aus dem Dollar-Raum für eine Vielfalt von Gütern beendete. Daß im nächsten internationalen Wachstumsschub Zahlungsprobleme weniger universell auftraten, es mithin auch seltener zu Behinderungen der Liberalisierung kam, hatte seinen Grund in den großen Defiziten der Vereinigten Staaten und in der davon bewirkten Erleichterung der Lage anderer Länder. Dies eröffnete eine alternative – jedoch weniger zufriedenstellende – Lösung des Problems der Reserven.

Bis Ende 1959 hatten vierzehn westeuropäische Länder ihre Währungen nach außen konvertierbar gemacht. Deutschland machte nun Druck, zur vollen Konvertierbarkeit laufender Konten überzugehen, und 1961 akzeptierten neun europäische Länder sowie Peru die Verpflichtungen des Artikels VIII der IWF-Vereinbarung. Hingegen glaubten die meisten Entwicklungsländer, ein gewisses Maß an Devisenkontrolle bleibe ein unvermeidlicher und wesentlicher Bestandteil des Entwicklungsprozesses.[41]

Im Laufe der fünfziger Jahre fand die Dollarknappheit, die so oft als ein permanentes Phänomen behandelt worden war – verursacht von einer unwandelbaren Überlegenheit des amerikanischen Kapitalismus –, ihr Ende. Anfänglich lag das vor allem an militärischen Ausgaben der USA im Ausland, doch in der zweiten Hälfte der fünfziger Jahre mehr und mehr auch an privatem Kapitaltransfer. Diese Entwicklung hat die meisten Beobachter überrascht: Ende der vierziger Jahre hatten die Administratoren des Marshall-Plans noch meist vergeblich versucht, amerikanisches Privatkapital für europäische Investitionen zu interessieren. Seit 1956 kam jedoch Bewegung in die Sache; in diesem Jahr übertrafen die direkten überseeischen Investitionen amerikanischer Privatleute und die langfristigen Kapitalanlagen zum ersten Mal seit Kriegsende die staatlichen Abflüsse ins Ausland.

Robert Triffin hat später in anderem Zusammenhang angemerkt, »die Geschichte lehrt uns, [...] daß über die wichtigsten Reformen sowohl der internationalen wie der nationalen monetären Systeme mit wenigen Ausnahmen zuerst vom privaten Sektor der Wirtschaft entschieden wurde und nicht von den Regierungen und ihren Bürokratien«.[42] Dies war auch bei den privaten Kapitalbewegungen der fünfziger Jahre der Fall, die einen starken Anreiz schufen, zur Konvertibilität überzugehen. Aber die Gelder, die während des Übergangs die nationalen Reserven stützten, kamen vom IWF.

Man kann in den späten fünfziger Jahren eine Abwendung von der prononcierten Feindseligkeit gegenüber Kapitalbewegungen feststellen, wie sie in der Ära von Bretton Woods bestand. Im IWF-Jahresbericht von 1952 hieß es noch: »Der Ausgleich von Zahlungsbilanzen wird auch durch das Fehlen eines effektiven privaten internationalen Kapitalmarkts erschwert.«[43] Als die Kapitalbewegungen zunahmen, wurden sie nicht zu einer Quelle der Destabilisierung, sondern zu einem Mittel des Ausgleichs im Rahmen von Wachstum.

Kapitel 4

Entwicklungspolitik im Rahmen des internationalen Systems

Die Konferenz von Bretton Woods hatte sich, was in der Endphase eines Weltkrieges vielleicht nicht überraschen sollte, nur am Rande mit Entwicklungsfragen beschäftigt. Zwar nannte die Präambel zur IWF-Vereinbarung »die Entwicklung der produktiven Ressourcen aller Mitglieder« als ein Ziel, doch die Entwicklungsfinanzierung fand danach noch kein größeres Interesse. Was waren die Gründe dafür, daß die Liberalisierung von Devisentransaktionen und bis zu einem gewissen Grade auch des Handels außerhalb der »entwickelten« Welt weniger effektiv war? Warum wurde die Vorstellung von der »einen« Welt und einer einzigen Weltwirtschaft in Frage gestellt?

Tatsächlich war in Bretton Woods noch gar nicht klar, daß es ein spezifisches Problem der »Entwicklung« gab. Erst im Laufe der fünfziger und sechziger Jahre begann sich die »Entwicklungswelt« politisch und wirtschaftlich zu definieren. Politisch war dies eine Folge der Auflösung der Kolonialregime; wirtschaftlich begriffen sich die neu entstehenden Staaten als »unterentwickelt« beziehungsweise »weniger entwickelt«. »Entwicklung« wurde zu einem wichtigen Aspekt ihrer jungen Unabhängigkeit; man verstand darunter die Schaffung einer materiellen Basis für die Abschüttelung wirtschaftlicher Abhängigkeit und natürlich auch für die Befriedigung neuer Ansprüche und Erwartungen der Bürger. Die eben geborenen Staaten suchten nach einer eigenen ökonomischen Strategie, die ihrer besonderen politischen Lage angemessen sein sollte. Das Ergebnis der Suche war oft eine partielle Trennung von der Weltwirtschaft und Distanz zu dem in Artikel VIII der IWF-Vereinbarung formulierten Ziel der Konvertibilität; auch sahen die Entwicklungsländer in der Liberalisierung des Handels keine nennenswerten Vorteile für sich. Die große Bewegung zur Liberalisierung von Handel und

Devisenverkehr, die in der entwickelten Welt Anfang der sechziger Jahre ihren Höhepunkt erreichte, ließ viele ärmere Länder mithin unberührt.

Die Erklärung dafür fällt gar nicht so leicht, und die Gründe sind denn auch von Land zu Land offensichtlich sehr verschieden gewesen. Im allgemeinen war es eine Kombination aus verschiedenen Überlegungen, die Staaten veranlaßte, einen separaten Entwicklungspfad zu suchen. Der sichtbarste Grund ergab sich aus der Anwendung einer Entwicklungstheorie, die sich erst allmählich als ungeeignet erwies: Nach einer weithin vorherrschenden Auffassung erforderte Entwicklung eine radikale Reduzierung des agrarischen und des Konsumgütersektors, was nur durch die Schaffung einer Preisstruktur erreichbar war, die sich von der des Weltmarkts unterschied. Die daraus folgende Entwicklungsstrategie verlangte also die Förderung von Ersatz für bislang importierte Fertigprodukte. Der scheinbare Erfolg des sowjetischen Entwicklungsmodells gab solchen Theorien Nahrung;[1] die meisten Entwicklungsstrategien erkannten dem Staat eine führende Rolle bei der Überwindung von Barrieren und bei der Planung von Wachstum zu. Ein anderer Faktor war der soziologische Hintergrund politischer Entscheidungen: Das Vorurteil gegen die Landwirtschaft, das fast immer als eine notwendige Zündung für Entwicklung und als wesentlicher Teil jeder erfolgreichen Modernisierungsstrategie hingestellt wurde, war die Sache städtischer Eliten, und seine Anwendung ließ städtische Interessengruppen entstehen, die dann über beträchtlichen politischen Einfluß geboten. Das Ergebnis bestand wiederum in der Betonung der Rolle des Staates. Eine weitere Erklärung ergibt sich aus der internationalen Ordnung selbst: Manche ihrer Züge – zum Beispiel die damalige Knappheit an privatem Kapital, die starke Fluktuation der Rohstoffpreise (vor allem in der ersten Hälfte der fünfziger Jahre) oder auf politischem Felde die Angst vor fremden Einflüssen und Abhängigkeit – wirkten auf potentielle Mitglieder abschreckend.

In den meisten Fällen waren alle diese Vorstellungen – einander verstärkend – am Werke. Wie leicht wäre es gewesen, jene Haltungen und die von ihnen jeweils bestimmte Politik zu revidieren? Ein Umdenken hätte es allein als Folge der Einsicht geben können, daß etwas falsch gelaufen war. Eine solche Einsicht entsteht meist nur im Falle einer akuten Krise. Hat sich die Krise eingestellt, kann das Problem aber bereits so eingefressen sein, daß es nicht mehr leicht zu lösen ist. Ist ein großer innerer Markt vorhanden und existiert eine dynamische unternehmerische Kultur, mag ein den Import substituierendes Wachstum mit hohen Raten für eine relativ lange Zeitspanne möglich sein. Das schlagendste Beispiel ist das »brasilianische Wunder« der dreißiger Jahre, das sich in den späten sechziger und in den siebziger Jahren wiederholte. In derartigen Fällen wird kaum eine Notwendigkeit zum Umdenken gesehen. Die Weltbank hat mit ihren Anleihen die in den frühen Nachkriegsjahren gegebene Trägheit des privaten Kapitalmarkts auszugleichen beziehungsweise den Privatsektor durch Garantien zu internationalen Kreditgeschäften anzuregen gesucht. Sie konnte aber nie ein vollwertiger Ersatz sein, so daß für die meisten Länder nur geringe Investitionssummen zur Verfügung standen. Überdies war die Weltbank auf Anleihen für Projekte der öffentlichen Hand beschränkt.

Das GATT war anfänglich weitgehend auf Industrieländer beschränkt. Als es im Laufe der sechziger Jahre erweitert wurde (1971 hatte es 78 Mitglieder), unternahm es auch Versuche, die besonderen Bedürfnisse der Entwicklungsländer stärker zu berücksichtigen. Artikel 18 der ursprünglichen Charta hatte Entwicklungsländern bereits das Recht eingeräumt, Konzessionen auf Zölle zurückzunehmen und auch Subventionen zu zahlen, falls diese notwendig wurden, um neue Industrien zu schaffen, mit denen die Produktion gesteigert und der Lebensstandard verbessert werden konnte; auch durften sie außergewöhnliche Schritte zum Schutz ihrer Zahlungsbilanzen unternehmen. Die Industrieländer wiederum hatten sich in Artikel 37 verpflichtet, Schranken gegen den Export der weniger entwickelten Länder zu beseitigen oder zu verringern. Als es aber darum ging, diese Grundsätze praktisch anzuwenden, zeigten sich die EWG-Länder unfähig, sich auf einen Plan zum Abbau der Restriktionen zu verständigen, und 1965 wurden die entsprechenden vertraglichen Verpflichtungen des GATT verwässert.[2] In allen wichtigen Bereichen des Handels, in der Landwirtschaft, bei Stahl und Textilien, entwickelten die Industrieländer manchmal sogar diskriminatorische Handelspraktiken; etliche Kommentatoren sprachen deshalb von einer »Verschwörung der Nicht-Erfüllung«.[3]

Die Aufgabe des IWF war die Bereitstellung kurzfristiger Zahlungsbilanzhilfen, was beim Anschluß von Nationalwirtschaften an das Weltsystem große Bedeutung gewann. Stand kein Kapitalimport zur Verfügung, konnten Zahlungsbilanzschwierigkeiten zu einem unüberwindlichen Hindernis für die Integration werden. In einem fundamentaleren Sinne war die Analyse der Ursachen von Zahlungsbilanzproblemen zur Diagnose weiterreichender wirtschaftlicher Nöte geeignet: Die Zahlungsbilanz fungierte als Fieberthermometer; Defizite mochten falsche Wechselkurse oder Exporthindernisse anzeigen. Wenn auf die Anzeige am Meßgerät jedoch nur mit kurzfristiger Unterstützung reagiert wurde, war dies in etwa so, als ob man versuchte, einen Patienten durch das Herunterschütteln des Thermometers zu heilen.

Ein Konflikt von Ideen

Der erste Grund für die Trennung vieler Nationalwirtschaften vom internationalen System folgte aus der weit verbreiteten Überzeugung, daß für Entwicklungsländer ein alternativer Kanon ökonomischer Regeln oder sogar eine ganz andere Logik gelte.[4] Die Unterschiede betrafen die Frage, in welchem Maße die Wirtschaft eines Landes dem internationalen System ausgesetzt werden dürfe, ferner die Wünschbarkeit innerer finanzieller Stabilität. (Beide Probleme hingen insofern zusammen, als die Annahme von Konvertibilität und festen Paritäten notwendigerweise fiskalische Experimente oder Inflationismus ausschloß.) Ein unterschiedliches Verständnis des Funktionierens der internationalen Wirtschaft und die damit verbundene Überzeugung, daß die andere Seite bei ihrem Handeln einer im Grunde politischen Logik folge, behinderten den IWF in seinen Beziehungen zu vielen weniger entwickelten Mitgliedsländern erheblich. Um größeren Einfluß zu gewinnen, hätte der Fonds nicht nur finanzielle Mittel anbieten, sondern zunächst einmal den Wert einer wirtschaftlichen Behandlung der Dinge dartun müssen. Viele angesehene Analytiker glaubten jedoch, daß ärmere Länder Schaden nehmen müßten, wenn man sie dem internationalen System aussetze, daß entstehende Industrien dabei wieder untergehen würden und daß der Export einer nur begrenzten Anzahl von Waren zu unerträglicher Abhängigkeit führen werde; ein Zugang zu den Kapitalströmen erschien schwierig oder sogar unmöglich.

Die vermeintlichen Lehren der Vergangenheit spielten bei der Entstehung dieser Ansichten eine wichtige Rolle: Es gab, so dachte man, einen generellen Bedarf an Protektion. In den dreißiger Jahren waren Zölle und Quoten insofern sinnvoll gewesen, als sie gegen die Ausbreitung der Deflation schützten.[5] Viele Länder zogen aus der Zwischenkriegserfahrung außerdem den Schluß, daß die Warenpreise nach einem anfänglichen Nachkriegsboom wahrscheinlich wieder nachgäben. Generell galt eine Förderung der Agrarproduktion als Hemmschuh der Entwicklung; es sei dem Fortschritt am förderlichsten, wenn man unterbeschäftigte Menschen und Ressourcen so rasch wie möglich aus der Landwirtschaft heraushole. Unterschiedliche Wechselkurse waren in den dreißiger Jahren ein Merkmal nationalsozialistischer Wirtschafts- und Handelspolitik und den USA ein großer Stein des Anstoßes gewesen. Sie sind jedoch auch, namentlich in Lateinamerika, als eine Methode gesehen worden, den Handel so zu lenken, daß Importsubstituierung und damit Industrialisierung begünstigt, außerdem Mittel zur Bezahlung von Auslandsschulden und zur Vermeidung von Insolvenz gewonnen werden konnten. Kurzum: Rezepte dafür, wie man sich in der trübseligen Welt der dreißiger Jahre am besten einrichten könne, waren häufig noch stärker als der in Bretton Woods vertretene Glaube an die Möglichkeit der Schaffung einer besseren Welt.

Die Erfahrungen der Zwischenkriegsperiode wurden in einer ökonomischen Theorie systematisiert, die dartat, daß die Rohstoffproduzenten unweigerlich eine ständige Verschlechterung ihrer »Terms of Trade« erleiden müßten. Auf der Basis von Annahmen über die Neigung entwickelter Länder zum Kauf von Nahrungsmitteln und Rohstoffen (bei steigenden Einkommen) sagte die von Hans Singer und Raúl Prebisch ausgearbeitete und institutionell von der UN-Wirtschaftskommission für Lateinamerika vertretene Theorie, daß die Nachfrage nach Fertigwaren rascher steigen werde als die Nachfrage nach Primärprodukten und daß sich dieser Unterschied in der Preisentwicklung bemerkbar machen werde.[6] Die handlungsleitende Folgerung aus dieser ökonomischen Argumentation lautete, Entwicklungsländer könnten nur durch die Verlagerung substantieller Ressourcen in den Bereich der Fertigwarenproduktion einer permanenten Armutsfalle entrinnen. Die Theorie von der langfristigen Verschlechterung der Preisspanne bei Gebrauchsartikeln lieferte das intellektuelle Unterfutter für die Politik der Importsubstituierung und für »Export-Pessimismus«. Exporte konnten der Doktrin zufolge kaum je als Motor der Entwicklung wirken. Die Integration in die internationale Wirtschaft würde, so hieß es, einem zunächst nicht wettbewerbsfähigen industriellen Sektor Schaden zufügen – jenem Sektor also, der die einzige Hoffnung auf den Ausbruch aus den Fallen der Armut und der Unterentwicklung darstelle.

Manche Analytiker gingen noch weiter als Prebisch und Singer und verfochten die Ansicht, der gesamte Entwicklungsprozeß sei ein politischer Kampf. Dieser Auffassung zufolge hatten die entwickelten Länder, um einen größeren Anteil an den Ressourcen der Erde an sich zu reißen, die neoklassizistische Wirtschaftstheorie als ideologisches Instrument benutzt. Ihre Behauptung von einem vergleichbaren Vorteil und von wechselseitigen Gewinnen aus dem Handel sei heuchlerisch und solle lediglich ihre ausbeuterischen Interessen tarnen. Demgegenüber lieferten Strategien der Importsubstitution den Entwicklungsländern angeblich eine ökonomische Basis für die Gewinnung und Sicherung politischer Unabhängigkeit und führten außerdem zur Hebung des Wohlstands. An dieser Perspektive erschien die Forderung nach raschem Zahlungsbilanzausgleich nur als eine weitere Waffe, mit der den Entwicklungsländern der Zugang zu ihrem optimalen Wachstumspfad verwehrt werden sollte.

Die »strukturelle Sicht« erhielt weitere Nahrung durch das Problem der Instabilität der Preise für Agrarprodukte und Rohstoffe. Fielen die Preise wichtiger Exportgüter plötzlich und unerwartet, entstanden sofort Zahlungsbilanzprobleme und auch wachsende Haushaltsdefizite, da die Regierungen versuchten, die Verluste politisch mächtiger Produzenten zu kompensieren.

Unter solchen Umständen trieben Anpassungsprogramme subventionierte Preise in die Höhe, Randindustrien begannen unter Kreditrestriktionen zu leiden, und der Wechselkurs sank. All dies traf mächtige Gruppen, die sich dann gegen das Ziel monetärer Stabilisierung wandten. In derartigen Situationen richtete das Ausgleichsprogramm in der Tat nichts gegen das Grundproblem der Preisschwankungen bei Primärgütern aus, sondern verschärfte nur die üblen Konsequenzen und Rückwirkungen. Eine ernsthafte Therapie mußte vielmehr nach den Gründen der Preislabilität fragen.

Zu der davon abgeleiteten Politik gehörte die Konklusion, daß Abwertungen zu vermeiden seien und die Außenwirtschaft durch Devisenkontrollen gelenkt werden müsse, oft durch die Anwendung eines gespaltenen Wechselkurses (unterschiedliche Kurse für unterschiedliche Produktkategorien in einem lizenzierten Handelssystem). Das war ein häufiges Phänomen der fünfziger Jahre, und zwar nicht nur in ganz Lateinamerika, sondern auch in so unterschiedlichen Staaten wie Frankreich und den Beneluxländern, Israel, den Philippinen und Jugoslawien (das mit rund 200 unterschiedlichen Kursen wohl das komplizierteste System aufwies). 1958 arbeiteten 38 von 58 Mitgliedern des IWF mit gespaltenen Kursen, was ihnen höhere Inflationsraten ohne Importsteigerung ermöglichte. Ein weiterer wesentlicher Meinungsunterschied betraf das richtige Maß an Inflation und die Einschätzung ihrer wirtschaftlichen Konsequenzen; die Befürworter einer protektionistischen nationalen Wirtschaftspolitik sahen darin weniger Gefahren.

Nach den Erfahrungen Europas, der Vereinigten Staaten und einiger Teile Asiens, vor allem Indiens und Japans, hatte es sich bei der Inflation um eine Erbschaft der Kriegsfinanzierung gehandelt, die mit groben Preisverzerrungen und folglich mit irrationalen und irregeleiteten Investitionsvorhaben verbunden war. Die Rückkehr zu einer ausgewogenen wirtschaftlichen Entwicklung, in der Preissignale als Basis für Investitionsentscheidungen dienen konnten, erforderte eine Reduzierung der Inflationsrate durch fiskalische Disziplin und eine angemessene Geldpolitik. Demgegenüber war Südamerika von den Problemen der Kriegsfinanzierung nicht so direkt betroffen gewesen und reagierte daher auf Inflationen mit größerer Gelassenheit. Investitionen wurden oft, insbesondere seit den dreißiger Jahren, unter staatlicher Lenkung vorgenommen. War ein Investitionsschub vonnöten, um die Wirtschaft auf die rechte Bahn zu setzen, expandierten notwendigerweise die Staatsausgaben. Inflation erschien so als ein Produkt »struktureller« politischer und wirtschaftlicher Kräfte, das zu Haushaltsdefiziten und Kreditausweitung führte. Man hielt es für verkehrt, in dieses Gemenge sozialer Pressionen einzugreifen, und als Kosten einer Stabilisierung sah man wirtschaftlichen und politischen Zusammenbruch drohen. Inflation galt nicht als Verführung zu falscher Mittelverteilung, sondern eher als Stimulans der Entwicklung, das Hindernisse wie Immobilität der Arbeitskräfte, verschleierte Arbeitslosigkeit oder Produktionsengpässe zu überwinden vermochte.[7] Und lateinamerikanische Ökonomen standen mit einer solchen Interpretation nicht allein. Sie erhielten kräftige Unterstützung von Wirtschaftswissenschaftlern westlicher Länder, die ihnen erklärten, es ließe »sich einiges dafür sagen, daß aus der Inflation ein Instrument der Politik gemacht werden kann, statt aus der Kontrolle der Inflation eine Aufgabe der Politik«.[8] Von Anpassungsprogrammen waren also, wie man glaubte, überhaupt keine langfristigen Vorteile zu erhoffen, sondern nur kurzfristige Kosten für dadurch gefährdete Produktionen und vergebene Chancen. Resultat war eine Theorie – und eine politische Praxis – des »ökonomischen Populismus«: »Ein Herangehen an die Wirtschaft, bei dem das Schwergewicht auf Wachstum und Einkommensverteilung gelegt wird, während die Risiken von Inflation und Defizitfinanzierung, von externen Zwängen und der Reaktion wirtschaftlicher Kräfte auf eine aggressive Politik ohne Rücksicht auf den Markt hingegen gering veranschlagt werden.«[9]

1959 schien der Generalsekretär der Vereinten Nationen, Dag Hammarskjöld, diese populistische und pro-inflationäre Auffassung zu unterstützen, als er die rhetorische Frage stellte: »Neigen wir vielleicht nicht dazu, den Konflikt zwischen Stabilität und Wachstum ausschließlich zugunsten der Stabilität zu entscheiden, zum Schaden des Elans und der Dynamik, die während der ersten Nachkriegsdekade so charakteristisch für die Weltwirtschaft waren? [...] Die Frage ist nicht durch den simplen Rückgriff auf globale Maßnahmen der fiskalischen und monetären Kontrolle zu umgehen, wenn man nicht riskieren will, daß die Wirtschaft jeden Schwung verliert.«[10]

Die Soziologie der Politik

Als die alternativen merkantilistischen Vorstellungen von Entwicklung praktische Anwendung fanden, bekamen sie ein politisches Eigengewicht. Waren Programme für Importsubstituierung erst einmal unterwegs, produzierten sie soziale Gruppen, die ein Interesse an ihrer Fortsetzung hatten und bei größerer Offenheit nur Einbußen erwarteten. Die Industrialisierung schuf städtische Zentren mit anscheinend höheren und besseren Arbeitsbedingungen, als sie auf dem Lande herrschten. Die Städte übten dann einen mächtigen Sog auf die ländlichen Arbeitskräfte aus. Die neuen Geschäftsleute und Arbeiter waren nun in der Position, den Regierungen weitere Konzessionen an ihre Sonderinteressen abzupressen.

Der Impetus zur Importsubstituierung und die Verzerrung der »Terms of Trade« zuungunsten der Landwirtschaft (der traditionellen Nutznießerin staatlicher Politik in vielen Kolonialländern und in Südamerika) ließen eine starke und gut bezahlte Arbeiterklasse entstehen und weckten damit ein großes Interesse an Industrialisierung im Zeichen von Importsubstituierung. Eine überbewertete Währung (die Gewinne aus Agrarexporten verringerte und billige Importe für spezifische Zielgruppen ermöglichte) wurde vielfach benutzt, um Einkommen von den traditionellen landwirtschaftlichen Produzenten wegzutransferieren.[11] Der Wechselkurs wurde ein Instrument zur Erzwingung gesellschaftlichen Wandels. Die Pönalisierung der Landwirtschaft und eine faktische Subventionierung der städtischen Konsumenten führte, als unbeabsichtigte Konsequenz, zu größerer Armut auf dem Lande und zu mehr Disparitäten bei Einkommen und Wohlstand. Jene Länder, die Importsubstituierung am systematischsten verfolgten, bekamen eine alles andere als egalitäre Gesellschaft. In dieser Hinsicht entwickelte sich ein bemerkenswerter Kontrast zwischen lateinamerikanischen Ländern und ostasiatischen Gesellschaften, die seit Anfang der sechziger Jahre die Strategie der Importsubstituierung aufgaben.

Soziale Ungleichheit trug zur politischen Instabilität bei, belastete demokratische Systeme und begünstigte Staatsstreiche. Die politische Instabilität wiederum hatte auch wirtschaftliche Effekte: Sie förderte die häufige Formulierung »neuer« oder doch anderer Konzepte. Auf solche Weise spielte sie eine Rolle in einem Prozeß, der in schneller Folge unterschiedliche politische Rezepte und einen ständigen Wechsel der wirtschaftlichen Leistung hervorbrachte, damit aber insgesamt die langfristige Wachstumsrate reduzierte.

Internationales Unbehagen über die nur begrenzten Erfolge der Entwicklungsstrategien resultierte in immer neuen Initiativen zur Beseitigung von »Hindernissen«, zur Schaffung von »Vorbedingungen« und zur Förderung rascheren »Wachstums«. Die Vereinten Nationen erklärten die sechziger Jahre zur »Entwicklungsdekade«. Die Weltbank hatte bereits ihr bescheidenes Kapital mit Erfolg als Basis für eine große Expansion des Verleihens geborgter Gelder eingesetzt. Eugene R. Black, ihr Präsident von 1949 bis 1962 (zuvor Vizepräsident der New Yorker Chase National Bank), war in der Finanzwelt sehr angesehen und machte sich daran, das garantierte Kapital der Weltbank als Grundlage für finanzielle Vermittlung zu verwenden. Die Bank konnte auf Grund ihrer gouvernementalen Garantie von privater Seite zu sehr günstigen Bedingungen borgen. In den fünfziger Jahren beschaffte sie Geld vor allem auf den überfließenden Kapitalmärkten der USA. In den sechziger Jahren, als sich die Zahlungsposition der USA verschlechterte, wandte sie sich den europäischen, vornehmlich den deutschen, dann den japanischen und saudiarabischen Märkten zu. Die Bank trat praktisch dort auf, wo die Märkte auf Grund ungenügender Information nervös waren; sie unterrichtete Verleiher und half andererseits ihren Kreditnehmern. Auf diese Weise spielte sie eine nicht geringe Rolle in der Entwicklung der internationalen Kapitalmärkte, die während der Weltwirtschaftskrise der Zwischenkriegszeit eine Beschneidung ihrer Operationen und eine tiefe Erschütterung des Vertrauens erfahren hatten. Die Weltbank machte nun den Märkten Mut, auf den Bedarf an globalen Finanzbewegungen zu reagieren, und diese Ermutigung war besonders wichtig, da andere Banken sich bei Auslandsgeschäften zögerlich zeigten.

Die Operationen der Weltbank wurden zu Marktsätzen durchgeführt und öffneten Kreditnehmern den Zugang zu Fonds, die sie sonst nicht erreicht hätten. Doch gab es auch einen Finanzierungsbedarf für Projekte, bei denen sich Erfolge, jedenfalls in finanzieller Hinsicht, nicht sofort einstellen konnten. Vor allem im Falle der ganz armen Länder kamen Kredite zu geschäftsüblichen Bedingungen nicht in Frage. Nach einer langen Debatte rief die Weltbank 1960 ein zusätzliches Institut der internationalen Entwicklungshilfe ins Leben, die International Development Association (IDA), die als Einrichtung zur Gewährung »weicher Anleihen« galt und sozusagen »ein wohlwollenderes Wesen als die Bank selbst« besaß.[12] Die IDA wurde durch Subskriptionen (»Ergänzungen«) der reicheren Mitgliedsländer finanziert und gab Kredite, die teilweise oder ganz in der Landeswährung des Schuldners zurückgezahlt werden konnten und bei denen der Zinssatz unter dem marktüblichen lag.

So war die Weltbank in den fünfziger und sechziger Jahren praktisch zu einer Agentur für Entwicklungshilfe geworden. Sie regte auch zur Nachahmung an. 1958 wurde der Europäische Entwicklungsfonds geschaffen, dessen Mittel vor allem ins frankophone Afrika gingen, ferner die Europäische Investitionsbank, die Projekte innerhalb der EWG unterstützte. Viel später, 1990, kam die Europäische Bank für Wiederaufbau und Entwicklung hinzu, die der wirtschaftlichen Umstrukturierung in Mittel- und Osteuropa zu Hilfe kommen soll. 1959 wurde eine Inter-amerikanische Entwicklungsbank eingerichtet, und 1964 begann eine Afrikanische Entwicklungsbank tätig zu werden, um »einen konkreten Beitrag zum Feldzug des Menschen gegen Rückständigkeit« zu leisten; diese Bank beklagte sich jedoch bald bitter darüber, daß ihr die Weltbank die besten Projekte wegnehme.[13] Die erfolgreichere Asiatische Entwicklungsbank, die 1966 gegründet wurde, ging auf japanische Initiativen schon während der fünfziger Jahre zurück und lehnte sich, was ihre Struktur anging, eng an das Muster der Weltbank an.[14] Zu den wichtigsten Attraktionen der neuen Regionalbanken gehörte, daß sie mehr Mittel verfügbar machen konnten als die Institutionen von Bretton Woods. Sie waren sowohl »ein Tribut wie ein Vorwurf« an die Weltbank: ein Tribut insofern, als sie ganz nach dem Vorbild der Weltbank operierten, ein Vorwurf deshalb, weil sie das Gefühl repräsentierten, daß die Kredite der Weltbank unzulänglich seien und die Bank den Wünschen nach regionaler Integration zu wenig Sympathien entgegenbringe.[15]

Im Laufe der sechziger Jahre entwickelte sich zunehmend Unzufriedenheit mit dem existierenden institutionellen Rahmen. 1964 wurde die United Nations Conference on Trade and Development (UNCTAD) ins Leben gerufen. Pate stand die – nicht erfüllte – Hoffnung, sie werde institutionelle Wege zur Bekämpfung der Preisfluktuationen bei Primärgütern weisen und ein Rezept dafür finden, wie die Gewinne der Produzenten solcher Güter gesteigert werden könnten. Indes wurde UNCTAD zu einem Mechanismus für diejenigen, die eine Neuordnung des internationalen monetären Systems wünschten, und zwar durch die Schaffung speziell für Entwicklungsländer bestimmter Reserven.

Im Rückblick erscheinen solche Versuche, das internationale System zu ändern, als irregeleitet. Eine der wichtigsten Einsichten der klassischen Wirtschaftswissenschaft – formuliert von Adam Smith und Sir James Stewart –, ist die Feststellung, daß jedes Land ein Entwicklungsland ist, da sich seine wirtschaftliche Struktur fortwährend wandelt. Trifft dies zu, dann sollten die Probleme der Entwicklung als allgemeine wirtschaftliche Fragen und nicht länger als besondere Schwierigkeiten behandelt werden. Es verspräche mehr Erfolg, verringerte man die Abhängigkeit von bestimmten Exportgütern durch eine Verbreiterung des Produktangebots (einschließlich Fabrikwaren) und verzichtete man auf die Erarbeitung komplizierter Hilfsprojekte. Es wäre besser, mehr Nationalwirtschaften rascher den internationalen Kapitalströmen zu öffnen. Aber ein solcher Wandel würde eine Revolution sowohl im ökonomischen Denken wie in den internationalen Finanzinstitutionen und Kapitalmärkten erfordern, – eine Revolution, die noch nicht im Gange ist. Angesichts der bedrängenden Probleme von Armut und Ungleichheit fällt es deshalb schwer zu argumentieren, daß auch noch auf die Anwendung von Linderungsmitteln verzichtet werden sollte.

Kapitel 5

Die goldenen Jahre der Nachkriegsprosperität

Zumindest im Rückblick überkommt Politiker wie Wissenschaftler ein warmes Gefühl, wenn sie sich das »klassische System von Bretton Woods« vor Augen halten, wie es bis 1971 funktionierte. »Das Goldene Zeitalter des Kapitalismus«, »das erfolgreichste internationale monetäre Regime, das die Welt je gesehen hat«, »die beste umfassende Makroleistung von allen Regimes« – solcher Lobreden gibt es viele.[1] 1977 fällte der hervorragende Wirtschaftswissenschaftler Simon Kuznets über die Geschichte des Wirtschaftswachstums das Urteil, in den letzten 25 Jahren seien sowohl in den entwickelten wie in den unterentwickelten Ländern »die materiellen Erträge pro Kopf in höheren Raten gewachsen als jemals in der Vergangenheit«.[2] Die Inflationsraten waren niedriger als in der folgenden Periode floatender Wechselkurse, die realen langfristigen Zinssätze geringer und die Wachstumsraten höher. Vor allem war Wachstum gleichmäßiger verteilt. Auf internationaler Ebene blieben die Unterschiede zwischen den regionalen Wirtschaftsleistungen begrenzt: In den sechziger Jahren betrug die reale jährliche Zuwachsrate des Bruttoinlandsprodukts in den OECD-Ländern fünf, in Lateinamerika vier und in Asien sechs Prozent. Auch im Innern näherten sich fast alle Länder einer erheblichen Reduzierung der Ungleichheiten in der Einkommensverteilung. Beides steht in einem deutlichen Kontrast zu den folgenden Dekaden.

In der Ära unbegrenzter Möglichkeiten – in der Zeit von Kennedys »New Frontier« und Premierminister Harold Macmillans »Ihr habt es noch nie so gut gehabt« – schien es für die Fähigkeit der Gesellschaften, bei richtiger Organisation Wachstum zu schaffen, kein Limit zu geben. Die Verfechter des Wachstumsprinzips glaubten, daß die Aufgabe des internationalen Finanzsystems in der Förderung von Wachstum bestehe. Sie fürchteten, ein Mangel an Reserven könnte den wirtschaftlichen Fortschritt durch die Notwendigkeit hemmen, sich mit Zahlungsbilanzproblemen herumzuschlagen; daher hielten sie Gegenmaßnahmen für dringend geboten. Die wichtigste Funktion von Reserven bestand nach ihrer Meinung nicht darin, wie zur Zeit des Goldstandards für die einheimische Währung eine Deckung zu bieten; vielmehr betrachtete man die Reserven als ein »Polster«, das es erlaubte, mit plötzlichen Schwankungen in der Handelsbilanz ohne protektionistische Eingriffe und ohne monetäre Deflation fertig zu werden. (Letzteres illustriert die Analogie »Taxi-Standplatz«: Es muß eine Reihe von Taxis am Platze stehen, um einen plötzlichen Ansturm von Fahrgästen ohne Verzögerungen zu bewältigen; zu normalen Zeiten kommen die Taxis zurück und bilden wieder eine Reihe.) Im folgenden betrachten wir die Entfaltung der Diskussion über die Frage der Reserven und die Suche nach einer praktikablen und international konsensfähigen Reform in Gestalt des »Sonderziehungsrechts« (Special Drawing Right, SDR), das in der Praxis jedoch nie die Rolle im internationalen System zu spielen vermochte, die seine Befürworter angestrebt hatten.

Handel und Schocks

Als das auffallendste Merkmal des klassischen Systems von Bretton Woods erscheint im Rückblick jene absolut beispiellose Expansion des internationalen Handels, die mit einer sehr lebhaften Entwicklung der Produktion zusammenfiel. Eines der Antriebselemente dieser Expansion war die Herabsetzung der Zölle für Fertigprodukte und die weitgehende Beseitigung von Quoten im Handel zwischen den Industrieländern. Die eindrucksvollsten Herabsetzungen gab es bereits durch die Genfer Runde von 1947 und die Annecy-Runde von 1949, als die USA bilateral mit zwanzig anderen Regierungen verhandelten.[3] 1951 schlossen sich Großbritannien und Deutschland dem GATT an, und als 1959 Japan folgte, gehörten alle größeren entwickelten Länder dazu. In den sechziger Jahren weitete die Kennedy-Runde den

Verhandlungsprozeß noch aus. Statt bilateraler kamen jetzt multilaterale Verständigungen zustande, und an die Stelle produktspezifischer Konzessionen trat generelle Liberalisierung.

Die Zunahme des Handels und die Handelsliberalisierung verstärkten einander, überzeugten Politiker von den konkreten Vorteilen, die die Liberalisierung brachte, und ermutigten sie zu weiteren Schritten. In den siebziger Jahren trug der Rückgang der Zuwachsraten dazu bei, die in den Handelsgesprächen erzielten Fortschritte wieder aufzuheben – was zu Resultaten führte, die den Aussichten des Handels noch mehr schadeten. Da Liberalisierung einen Engelskreislauf, Protektionismus dementsprechend einen Teufelskreislauf hervorbringt, richteten sich Politiker und Wirtschaftswissenschaftler allmählich auf eine Situation ein, die die Welt schlagartig in einer unheilvollen Spirale nach unten ziehen würde. Je länger das Goldene Zeitalter mit seinen Erfolgen währte, desto höher stieg die Nervosität. Konnte der Schock aus dem Finanzsystem kommen?

Rückblickend stellt sich die Frage, wie weit die eindrucksvolle Wirtschaftsleistung das Ergebnis internationaler finanzieller Arrangements und wie weit sie nur einfach eine Konsequenz des zufälligen Fehlens destabilisierender Schocks gewesen ist? Wie war die Beziehung zwischen dem System und dem Auftreten von Schocks beschaffen? Vermied jene äußere Disziplin, die das »klassische System von Bretton Woods« auferlegte, kleine Schocks? Und entstand gerade dadurch das kritische Potential für den gigantischen inflationären Schock der siebziger Jahre, der das System zerstörte?

Mit der Expansion des Handels und der Ausweitung des Systems wuchs der Bedarf an zusätzlichen Reserven, war deren Mangel doch der häufigste Grund für die Verweigerung offenen Handels. Ein monetärer Schock mochte die Erfolge der Handelsliberalisierung zunichte machen. Die Suche nach einer Lösung des Reserven-Problems war deshalb die Suche nach der Stabilität des ganzen Systems – und unglücklicherweise rührte sie an die empfindlichsten politischen Nerven. Denn in einem System, das mehr und mehr zu einem Dollar-, bestenfalls zu einem Dollar-Sterling-System geworden war, wirkte auf viele Nicht-Amerikaner die Ausweitung der Dollar-Reserven wie die – kostenfreie –

Ausdehnung amerikanischer Macht: Indem die Vereinigten Staaten die übrige Welt dazu brachten, Dollar zu halten, tauschten sie ihr Papier gegen die Güter und Dienstleistungen anderer Länder.

Das System funktionierte dennoch, aus einem wirtschaftlichen und einem politischen Grund. Ersterer bestand darin, daß der internationale Kredit in den sechziger Jahren expandierte und dies die Möglichkeit bot, größere Reserven anzusammeln und die Anpassung hinauszuschieben. Die Zusammensetzung der Reserven wandelte sich im Laufe der Dekade; Devisen spielten eine zunehmend größere Rolle, während der relative Anteil anderer Mittel zurückging. Der Erwerb von Gold war durch die Produktionsbedingungen begrenzt, ebenso durch den Anstieg der Produktionskosten, dem ein fester Goldpreis gegenüberstand (35 Dollar pro Unze). Die IWF-Quoten wurden 1959 und 1966 erhöht, hielten aber mit der Entwicklung des Welthandels nicht Schritt. Zweitens wuchs das politische Vertrauen in das Funktionieren des Systems, denn die bedeutenderen Nationalwirtschaften waren nun nicht allein durch ökonomischen Verkehr verbunden, sondern auch durch Sicherheitsvorkehrungen und Allianzsysteme. Das militärische Kalkül stabilisierte die unter anderen Umständen sehr viel schwierigeren wirtschaftlichen Beziehungen zwischen den USA und Großbritannien sowie zwischen den USA und der Bundesrepublik Deutschland. Frankreich, das die Grundsätze des internationalen monetären Systems am heftigsten angriff, war auch der Staat mit den größten Vorbehalten gegen das Sicherheitssystem und die NATO. Als die USA Symptome politischer Überforderung zu zeigen begannen, geriet auch das wirtschaftliche Vertrauen ins Wanken.

Amerikanische Defizite

Der Faktor, der Ende der fünfziger Jahre die internationale monetäre Liberalisierung am meisten begünstigte, war die internationale Liquidität, die sich aus großen amerikanischen Zahlungsbilanzdefiziten ergeben hatte. Diese Defizite stellten zumindest eine temporäre Lösung des Liquiditätsproblems dar. Ein Überschuß in den laufenden Geschäften von 3,556 Milliarden Dollar im Jahre 1957 wandelte sich zu einem kleinen Defizit von 5 Millionen Dollar im Jahre 1958 und zu einem Defizit von 2,138 Milliarden Dollar im Jahr 1959. Derartige amerikanische Defizite mußten unter dem Gesichtspunkt der technischen Funktionsfähigkeit des internationalen monetären Systems nicht irritieren. Denn da die Mehrzahl der IWF-Ziehungen zwischen 1945 und 1959 als Konsequenz der Dollarknappheit in Dollar erfolgt war, hatten die Vereinigten Staaten beträchtliche potentielle Ansprüche an den Fonds, mit denen sie ihre Defizite hätten finanzieren können.[4]

In der Praxis mußten die Vereinigten Staaten den Fonds erst in einem späten Stadium der Entwicklung des Defizitproblems in Anspruch nehmen, da zunächst die Zentralbanken anderer Länder zunehmend große Dollar-Reserven hielten. Die Bewegungen des Dollar lösten solchermaßen das Liquiditätsproblem und erleichterten den Ausgleichsprozeß ganz erheblich, stimmten aber diejenigen besorgt, die glaubten, daß der Liquiditätszuwachs etwas reguliert werden müsse. Seit 1959 sah sich aber die Welt mit einem neuen Dilemma konfrontiert: Wuchsen die Dollar-Reserven zu langsam, mußte den übrigen Ländern die Konvertibilität viel schwerer fallen und die wirtschaftliche Entwicklung bremsen. Nahm die Dollarschöpfung jedoch ein zu hohes Tempo an, transportierte sie unweigerlich inflationäre Erscheinungen über Grenzen. Zumindest in der ersten Hälfte der sechziger Jahre waren aber viele Beobachter der Meinung, das größte Problem liege darin, daß die amerikanischen Defizite wahrscheinlich nur ein kurzlebiges Phänomen darstellten; fast alle Prognosen sagten die Rückkehr zu Überschüssen voraus.[5]

Diese Auffassung tauchte erstmals im Rahmen einer Kritik an den internationalen Institutionen auf, denen vorgeworfen wurde, die Entwicklung der globalen Liquidität nicht zu steuern und nicht zu kontrollieren; dabei machte sich die Erinnerung an die frühen dreißiger Jahre bemerkbar, die als böser Präzedenzfall dafür beschworen wurden, was passiere, wenn man die internationalen Finanzen einfach den Launen des Marktes überlasse. Werde versäumt, der Liquiditätsfrage systematisch zu Leibe zu gehen, müsse mit einer Wiederkehr von Vertrauenseinbußen gerechnet werden. Der belgische Ökonom Robert Triffin übte 1959 herbe Kritik daran, daß die Schlüsselwährungs-Theorie de facto – und ganz im Gegensatz zu den Absichten der Gründerväter von Bretton Woods (wie Triffin sie verstand) – die monetäre Grundlage der Weltwirtschaft prägte; dies werde die Schaffung der Konvertibilität von Anfang an gefährden. Eine Wiederholung von 1931 sei dann unausweichlich: In dem Augenblick, in dem die Ansprüche an eine Schlüsselwährung wie das Pfund Sterling realisiert würden, würden die Ansprüche die verfügbare Liquidität übersteigen; die Folge wäre eine weltweite rapide deflationäre Kontraktion. »Die Geschichte kann sich sehr leicht schon morgen wiederholen, wenn heute die Konvertibilität auf der gleichen unorganisierten Goldstandard-Basis eingeführt wird. Kurzfristige Dollar- und Sterling-Verbindlichkeiten an Ausländer [...] sind jetzt doppelt so groß wie der gesamte Goldbestand außerhalb der Vereinigten Staaten und des Vereinigten Königreichs. [...] Ihre teilweise Umwechslung in Gold, im Falle erneuter Währungsängste, könnte sehr leicht die Sterlingkonvertierbarkeit ruinieren und vielleicht sogar ernsthafte, wenn auch noch immer handhabbare finanzielle Probleme für die Vereinigten Staaten selbst schaffen.«[6]

Diese düstere Prognose der vermutlichen Folgen der Konvertibilität mußte nach deren Einführung zwischen 1958 und 1961 nur unwesentlich modifiziert werden; in abgewandelter Version, das heißt als Diagnose eines generellen Liquiditätsmangels, fand sie Mitte der sechziger Jahre fast allgemeine Zustimmung. Die Theorie wurde als das »Triffin-Dilemma« bekannt: daß nämlich entweder allenthalben Mangel an Liquidität herrschen werde oder aber die Vereinigten Staaten zwar durch die Verfügbarkeit von Dollars Liquidität schaffen würden, diese jedoch in einer generellen Finanzkrise nach dem Muster von 1931 inkonvertierbar werden könnten. In einem »1931« mußte allein schon die Erkenntnis, daß die Dollar-Reserven weit größer waren als die amerikanischen Aktiva, der Dollar strenggenommen mithin inkonvertibel war, Panik auslösen. In einer solchen Krise mußte sich das Problem des Liquiditätsmangels von neuem stellen.

Amerikanischer Ausgleich

Für die erste Hälfte der sechziger Jahre lag das externe amerikanische Problem vornehmlich im Kapitalsektor. In der Handelsbilanz gab es nicht das geringste Anzeichen für eine laufende Veränderung in der internationalen Kostenstruktur. Tatsächlich entwickelte sich die amerikanische Handelsbilanz ständig positiver: von noch relativ bescheidenen 1,148 Milliarden Dollar 1959 zu 6,801 Milliarden 1964. Hauptquellen der Sorge waren die Staatsausgaben und die Bewegungen des Privatkapitals. Auslandsausgaben der Regierung folgten im wesentlichen aus militärischen Verpflichtungen, die zwischen 1960 und 1964 den jährlichen Transfer von 3 Milliarden Dollar erforderten.[7] Auch der Abfluß amerikanischen Privatkapitals nahm beträchtlich zu; von 1960 (2,1 Milliarden Dollar) bis 1964 (4,5 Milliarden Dollar) verdoppelte er sich.[8] Zur gleichen Zeit zogen die Vereinigten Staaten kurzfristige Anlagen von Ausländern an. Die Entwicklung der amerikanischen Außenbilanz spiegelte nationale Unterschiede im Spar- und Investitionsverhalten wider; das internationale monetäre System leistete hier guten Ausgleich: In Europa und anderswo gab es einen erheblichen Bedarf an langfristig angelegtem Kapital, doch waren die Investoren daran gewöhnt, kurzfristige und liquide Konten zu unterhalten. In den Vereinigten Staaten hingegen existierte eine breite Schicht, die traditionell langfristig zu festen Zinsen investierte. So entsprachen die Kapitalbewegungen der frühen sechziger Jahre unterschiedlichen Liquiditätspräferenzen.[9] Anders gesagt, fungierten die USA praktisch als Bankier für die übrige Welt, und zwar auf eine für viele Bankiers charakteristische Weise: kurzfristig borgen, langfristig verleihen.[10]

Diese Entwicklung beschwor die Gefahr eines Zusammenbruchs herauf, wie ihn Triffin prophezeit hatte. Es erhob sich die Frage, ob durch irgendein künstliches Verfahren mehr Liquidität geschaffen werden sollte, gleichsam als Ersatz für den Bedarf der Welt an immer mehr Dollars, was dann die Verringerung der amerikanischen Zahlungsbilanzdefizite erlauben und erfordern würde. Dies konnte etwa mit einer Änderung der Goldparität des Dollars erreicht werden. Milton Gilbert, der Chefökonom der BIZ, drängte hinter den Kulissen beharrlich auf eine solche

Änderung, doch schien das nie eine reelle Chance zu haben. Beamte des amerikanischen Schatzamts hatten in den letzten Jahren der Eisenhower-Administration eine Abwertung des Dollars gegenüber anderen Währungen diskutiert, waren aber nicht willens, seine Goldparität zu ändern.[11] Der britische Premier Macmillan sagte 1962 zu Präsident Kennedy, daß »die meisten Schwierigkeiten vorbei und erledigt wären, wenn man den Goldpreis auf 70 Dollar pro Unze erhöhte«.[12] Kennedy hielt es jedoch für seine Pflicht, jedem Inflationismus zu widerstehen, und er sah die Vorstellung einer Dollarabwertung als zutiefst unmoralisch an. Arthur Schlesinger jr. hat festgehalten, der Präsident habe »seinen Beratern wieder und wieder gesagt, daß er zwei Dinge am meisten fürchte, einen Nuklearkrieg und das Zahlungsdefizit. [...] Von irgendwoher, vielleicht von seinem Vater, hatte er die Überzeugung, daß eine Nation nur so stark sei wie der Wert ihrer Währung.«[13] Am 23. Juli 1962 gab Kennedy – in der ersten über den Atlantik gesendeten Fernsehansprache – bekannt, daß er den Goldpreis nicht ändern werde. Statt zu Paritätsveränderungen oder gar zu einer systematischen Reform griffen die Vereinigten Staaten zu einer Reihe im Grunde technischer Aushilfen, die – als »äußerer Verteidigungsring« des Dollars – das Ausmaß der von den Defiziten verursachten Störungen so gering wie möglich halten sollten.

Der äußere Verteidigungsring

Die Vereinigten Staaten folgten bei der Verteidigung des Dollars mehreren Strategien. Zu allen aber gehörte, dem IWF die Verantwortung für das internationale monetäre System zu nehmen. Je akuter das Dollarproblem wurde, desto mehr fühlten sich die Vereinigten Staaten gezwungen, selbständig und außerhalb der vom System bereitgestellten Mechanismen zu handeln. Zu Beginn der Dekade hatte auf dem internationalen Goldmarkt einige Beweglichkeit geherrscht. Der im Verhältnis zu den nationalen Währungen feste Goldpreis hatte, verbunden mit der Preisinflation, Gold billiger erscheinen lassen und zu seiner vermehrten Verwendung für künstlerische und industrielle Zwecke geführt.

Eine potentielle Unterbewertung von Gold veranlaßte dann Spekulanten dazu, den Markt zu testen. Im Laufe des Wochenendes vom 15. Oktober 1960 wurde klar, daß John F. Kennedy wahrscheinlich zum Präsidenten gewählt werden würde, und viele Europäer meinten, daß dies eine Inflation in den USA bedeute, hervorgerufen durch expansionistische, an Keynes orientierte Nationalökonomen. Nach Öffnung der amerikanischen Märkte am 20. Oktober stieg der Londoner Goldpreis weit über die Goldparität auf 40 Dollar pro Unze. Die Panik verdeutlichte den Zentralbanken und den Regierungen die Notwendigkeit der Intervention. Doch diesmal ging man dem Problem ganz anders zu Leibe als Ende der vierziger Jahre. Damals, als in Reaktion auf Inflationsgefahren zunehmend Gold gehortet wurde und die Nachfrage entsprechend stieg, hatte der IWF seine Mittel eingesetzt, um dem Verkauf von Gold zu Höchstpreisen entgegenzuwirken. Der IWF war dabei recht erfolgreich, nicht zuletzt deshalb, weil der größte westliche Goldproduzent, Südafrika, Zahlungsprobleme hatte und die Hilfe des Fonds brauchte. Als auf dem privaten Markt einiges Gold zu Höchstpreisen verkauft wurde, wartete der IWF einfach ab.[14] Als das Vertrauen wiederkehrte, fiel auch der Goldpreis wieder. 1961 hingegen erklärten sich die Vereinigten Staaten zusammen mit Großbritannien, der Schweiz und den EWG-Ländern demonstrativ bereit, gemeinsam (als Pool) Gold im Werte von 270 Millionen Dollar einzusetzen, um einen Anstieg des Goldpreises über eine Marke von 35,20 Dollar pro Unze zu verhindern. Die Beteiligten vereinbarten außerdem, weder auf dem Londoner Markt noch von den großen Produzenten (UdSSR und Südafrika) Gold zu kaufen. Sie glaubten, daß auf lange Sicht, wenn als Folge der vom Pool bekundeten Bindung an den Preis von 35 Dollar die spekulative Nachfrage eliminiert sei, das Goldangebot größer sein müsse als der Bedarf und sich dann Preisstabilität einstellen werde.[15]

Zusätzlich richteten die größeren Zentralbanken der Welt ein internationales System zur raschen Behebung temporärer Ungleichheiten ein, das es den Zentralbanken ermöglichte, in Notfällen kollektiv und sehr effektiv als Kreditgeber einzugreifen. Schon in den fünfziger Jahren hatte die BIZ innerhalb der Europäischen Zahlungsunion für die europäischen Zentralbanken eine Art Netz zur wechselseitigen Unterstützung geschaffen. Das von der New Yorker Federal Reserve Bank initiierte System stellte dann auf einfache Weise die tagtägliche Kooperation wieder her, die in den zwanziger Jahren zwischen den Gouverneuren Strong und Norman bestanden hatte. Das System sicherte ein im voraus verabredetes Volumen kurzfristiger Kredite zwischen Zentralbanken, mit denen destabilisierenden Marktbewegungen begegnet werden konnte (wenn zum Beispiel das Pfund gegenüber dem Dollar schwächer wurde, stellte die Federal Reserve Bank der Bank von England Dollars für eine Stützungsaktion zur Verfügung). Das Netz operierte Ende 1962 mit 900 Millionen Dollar, 1978 mit 30 Milliarden.[16] Anfang der sechziger Jahre funktionierte diese Zusammenarbeit sehr gut, wenngleich es vor allem von britischer Seite schon Warnungen gab, daß der Mechanismus versagen könnte, sollten Dollar und Pfund gleichzeitig unter Druck geraten; in einem solchen Falle werde der Apparat lediglich »das Schauspiel zweier lahmer Vögel [bieten], die sich gegenseitig helfen«.[17] Tatsächlich konnten derartige Notfall-Kredite nur in begrenzten Krisen wirksam sein.

Eine allgemeine Kreditvereinbarung über 6 Milliarden Dollar (General Arrangements to Borrow oder GAB) wurde 1962 von zehn Industrieländern, die fortan die Zehnergruppe bildeten, etabliert. Sie hatte als Ziel auch eine im Krisenfall eventuell notwendige Stützung der amerikanischen und der britischen Währung.

Außerdem suchten die Vereinigten Staaten andere Länder zur Stützung der amerikanischen Zahlungsbilanz zu bewegen. Seit 1962 wurden auf Dollar lautende Sicherheiten mit Laufzeiten von 12 bis 24 Monaten (»Roosa bonds«) und Devisenbonds als Alternative zu Dollarsichtdepots an auswärtige Zentralbanken verkauft. Washington erwartete auch, daß Staaten, die den militärischen Schutz der USA genossen, dort militärische Ausrüstung kauften. Als zum Beispiel die Bundesrepublik Deutschland 1955 in die NATO aufgenommen wurde und eine neue Armee aufbaute, kaufte sie ihre Waffen und ihr Gerät fast ausschließlich in den USA. Nachdem die Bundeswehr ihre vorgesehene Größe erreicht hatte, gingen diese Verkäufe zurück, und Amerika mußte sich nach Ersatz umsehen. So verlangte Washington seit 1960 von

Ländern, in die ein erheblicher Teil der amerikanischen Militärausgaben ging, »Aufrechnungen« für die Zahlungsbilanz: das heißt Fonds, die länger als ein Jahr in den USA placiert werden mußten, um mit ihnen die Bewegungen von amerikanischem Kapital auszugleichen. Überdies trafen Länder, die zu große kurzfristige Zuflüsse verzeichneten, Gegenmaßnahmen. So verpflichtete Deutschland nach 1964 jene Banken, die ausländische Kredite aufnahmen, in der Höhe des Kapitalzuflusses zinsfreie Einlagen bei der Bundesbank zu machen. Auf diese Weise wurde ausländisches Geld teurer als Geld vom deutschen Markt.

Nicht zuletzt wurden Maßnahmen zur Verlangsamung des Abflusses von Privatkapital getroffen: 1963 führten die Vereinigten Staaten eine Zinsangleichungssteuer auf angekaufte ausländische Aktien und Wertpapiere mit festem Zinssatz ein, um die zuvor existierenden steuerlichen Anreize zum Kauf ausländischer Papiere auszugleichen. Im Februar 1965 wurden die amerikanischen Banken ersucht, ausländische Kreditgeschäfte »freiwillig« zu limitieren; dies war Teil eines Bündels von Maßnahmen gegen das Zahlungsbilanzproblem der USA. Zugleich kam es zu einer Erweiterung der Zinsangleichungssteuer. 1968 erhielt die Federal Reserve Bank die – freilich nie eingesetzte – Vollmacht zur verbindlichen Limitierung der ausländischen Kreditgeschäfte der US-Banken.

Die Probleme, die der Dollar als Reservewährung aufwarf, leiteten eine Debatte über die Möglichkeit des Aufstockens von »bedingungsfreien« Reserven ein (im Gegensatz zu den an Bedingungen geknüpften Reserven, die es im IWF, seinem Quotensystem und seinen Kreditoperationen gab). Zusätzliche bedingungsfreie Reserven würden die bislang erforderlichen externen Prüfungen der Politik jener Staaten überflüssig machen, die beim Fonds mehr als ihre Goldtranche ziehen oder einen GAB-Kredit aufnehmen wollten. Solche Reserven erschienen auch als einfaches Mittel, in der internationalen monetären Diskussion die Autonomie nationaler Politik zu behaupten.

Der weitestgehende Vorschlag für ein neues Reserven-System kam nicht von den Vereinigten Staaten, obschon die Debatte erst dann ernsthaft zu werden begann, nachdem auch die USA von der Notwendigkeit einer Reform überzeugt waren. Im Juli 1965 gab der amerikanische Finanzminister Henry F. Fowler seine partielle Konversion zu den Vorstellungen Triffins zu erkennen, als er in einer Rede vor der Virginia State Bar Association eine internationale Finanzkonferenz forderte, auf der überlegt werden solle, »welche Schritte wir gemeinsam unternehmen könnten, um substantielle Verbesserungen der internationalen monetären Arrangements zu erreichen«. Die Rede überraschte die Europäer. Als die Leiter der Zentralbanken zu ihren nächsten regelmäßigen Besprechungen in der Basler BIZ zusammenkamen, herrschte »Erstaunen, Verwirrung und Befremden«.

Daß die Vereinigten Staaten bei der Reservenschöpfung eine Schlüsselstellung einnahmen, konnte als ungenierter Gebrauch oder auch als Mißbrauch ihrer Macht erscheinen. Deutschland und vor allem Frankreich übten daran heftige Kritik. Jean-Jacques Servan-Schreibers Buch ›Die amerikanische Herausforderung‹ präsentierte die Kapitalbewegungen der sechziger Jahre als die Errichtung einer potentiellen amerikanischen Herrschaft über den europäischen Kontinent: Seit 1958 hätten amerikanische Unternehmen zehn Milliarden Dollar in Westeuropa investiert, mehr als ein Drittel aller überseeischen Investitionen. »Der Gemeinsame Markt ist für amerikanische Geschäftsleute der neue Westen geworden. Ihre Investitionen stellen nicht so sehr einen Transfer von Kapital dar als die Erringung von Macht in der europäischen Wirtschaft.«[18] Am schärfsten griff General de Gaulle auf einer Pressekonferenz am 4. Februar 1965 den amerikanischen Mißbrauch eines »exorbitanten Privilegs« und den Goldstandard an: »Die Übereinkunft, nach der dem Dollar ein außerordentlicher Wert als internationale Währung gegeben wird, ruht nicht mehr auf ihrer anfänglichen Grundlage, nämlich darauf, daß Amerika das meiste Gold der Welt besitzt. Die Tatsache, daß viele Staaten Dollars als Äquivalent für Gold akzeptieren, um die amerikanischen Zahlungsbilanzdefizite auszugleichen, hat die Vereinigten Staaten befähigt, bei fremden Ländern kostenlos Schulden zu machen.«[19]

Frankreich konnte das System nur durch Erschütterung zu reformieren hoffen; ein länger andauernder Angriff auf den Dollar mochte die fundamentalen Mängel des Systems aufzeigen. Frankreich hatte schon Anfang 1965 damit begonnen, seine Dollarbestände durch Umtausch in Gold zu reduzieren: von 284 Millionen Dollar Ende 1964 auf 112 Millionen 1966, während zugleich die Goldreserven von 106,54 Millionen Unzen auf 149,66 Millionen stiegen. Diese Operation machte die Diskussion über eine Ablösung des Dollar als Reservewährung unweigerlich zu einer politisch sehr sensitiven Angelegenheit.

Die intensiven und in hohem Maße politisierten Debatten, die der Schaffung eines Reservemediums des IWF, des Sonderziehungsrechts (SDR), vorausgingen, stellten sicher, daß das neue Instrument mit einem schützenden Gewebe von Vorschriften umhüllt wurde: Es hatte keinen Rückhalt und verkörperte keinen Anspruch auf irgendwelche sonstigen Aktiva. Man konnte es als die erste internationale Währung ansehen, wie nationales Papiergeld allein durch eine Reihe rechtlicher Bestimmungen geschaffen, die alle Mitglieder des Systems zu seiner Annahme verpflichteten. Als Folge davon gerieten die SDRs weithin in den Verdacht, eine Art »Spielgeld« zu sein.[20]

Zur Aktivierung von SDRs kam es 1969, als hinsichtlich der Reserven eine angespannte Situation zu herrschen schien. Vom momentanen Mangel abgesehen, war offenbar auch ein langfristiger Trend zum Schwund von Reserven festzustellen. Die Berechnung der SDR-Zuteilungen erfolgte auf der Basis eines Vergleichs des Verhältnisses von Reserven zu Importen im Zeitraum 1954 bis 1968, der zu dem Schluß führte, daß eine Zuteilung von 9,5 Milliarden Dollar in den Jahren 1970 bis 1972 die Wachstumsrate der Reserven wieder zu ihrem historischen Trend zurückbringen werde.

Im Rückblick wirkt die Wahl des Zeitpunkts, 1969, recht ironisch, denn in den folgenden beiden Jahren resultierte die Politik der amerikanischen Regierung in einer förmlichen Explosion der Dollar-Liquidität. Das Anwachsen der Reserven war ohne historisches Beispiel, und die Primäraufgabe der SDR, nämlich die Schaffung adäquater globaler Liquidität, existierte nicht mehr. Die zweite Funktion der SDR, angesichts des Schwunds der amerikanischen Goldbestände zum Vertrauen in die Konvertibilität des Dollar beizutragen, war durch die großen Defizite der USA zumindest gefährdet.

So wurde aus dem SDR etwas ganz anderes als ursprünglich

beabsichtigt. Nach dem Verlust der geplanten Rolle begann die Suche nach einer neuen Mission für ein nützliches Instrument, das sich gleichwohl nicht im Zentrum des internationalen Finanzsystems befand.[21] Schon unter den Umständen der späten sechziger Jahre erschien das SDR weniger als eine neue Methode zur Steuerung der internationalen Ordnung denn als die jüngste und umstrittenste Erfindung zur Kräftigung der schwachen amerikanischen Zahlungsbilanzposition. Die lange und verwickelte Debatte über den Charakter des SDR und über die Situation, in der es anzuwenden sei, erwies sich als Irrweg – und regte jemand zu der Bemerkung an: »They could not see the Bretton Woods for the Bretton trees.«[22]

Kapitel 6

Das Ende von Bretton Woods

Im August 1971 fand das klassische System von Bretton Woods sein Ende. Das Paritätssystem erlag allseitigen Meinungsverschiedenheiten und wechselseitigen Beschuldigungen in der Frage, wer denn nun ausgleichen müsse – es starb, mit anderen Worten, am Fehlen eines wirklich funktionierenden Apparats zur multilateralen Überwachung.

Die Zerstörung war, auf allgemeinster Ebene, in erster Linie eine Folge der ungenügenden Flexibilität des Systems: Wechselkurse hatten sich verfestigt, und eine Diskussion über Änderungen war ohne die dramatischen Umstände einer ernsteren Krise unmöglich geworden; andere Arten des Ausgleichs (zum Beispiel auf fiskalischem Felde) waren politisch zu sehr umstritten. Die akute Störung, die dem System den Garaus machte, war jedoch die monetäre Expansion der Vereinigten Staaten in den späten sechziger Jahren, die mit dem Krieg in Vietnam zusammenhing, und eine allzu lässige monetäre Politik angesichts der Devisenkrise von 1971. Die Kritik am »exorbitanten Privileg« der USA, die Mitte der sechziger Jahre am überzeugendsten von General de Gaulle formuliert worden war, schien nun durch die Art und Weise des Zusammenbruchs bestätigt. Den Auslöser, der schließlich sichtbar machte, daß die diversen nationalen politischen Haltungen innerhalb des Systems unvereinbar geworden waren, lieferten die größeren Kapitalbewegungen. Diese drei Faktoren wirkten bei der Zerstörung des Systems zusammen; hätte auch nur einer gefehlt, wäre alles ganz anders verlaufen: Bei größerer Flexibilität hätten sich die Unterschiede in der fiskalischen Politik leichter bereinigen lassen, auch wenn Paritätsveränderungen innerhalb eines Systems fester Kurse fast zwangsläufig von Krisen begleitet sein mußten. Und ohne die Mobilität des Kapitals wäre es nicht zur Krise der späten sechziger Jahre gekommen, auch wenn sich sagen läßt, daß es gerade die neue Dynamik der Kapitalmächte war, die das Wachstum nährte. Schließlich hätte das System erhalten werden können, wenn die nationalen politischen Haltungen weniger unterschiedlich und zum Beispiel Deutschland und Japan zu höheren Inflationsraten bereit gewesen wären.

Es besteht kaum ein Zweifel, daß es irgendwann ohnehin zur Auflösung des Systems von Bretton Woods gekommen wäre; es verlangte ein Zuviel der Koordination nationaler politischer Wege in einer Zeit, in der die Staaten mehr und mehr auf ihr Binnenwachstum achteten, während die technologischen Kräfte, die das Wirtschaftswachstum antrieben, sowohl hinsichtlich der Warenmärkte wie hinsichtlich des Kapitals der Internationalisierung bedurft hätten. Die Krise des Systems von Bretton Woods kann als ein besonderes und sehr dramatisches Beispiel für den Zusammenstoß nationaler Wirtschaftsregulierung mit der Logik des Internationalismus gesehen werden. In den Umständen des Jahres 1971 war seine Zerstörung ein offensichtliches und direktes Resultat der amerikanischen Politik, die dazu übergegangen war, das System für machtpolitische Zwecke zu benutzen. Dadurch kam es zum legitimen Widerspruch anderer Mitglieder, die Märkte realisierten die Unhaltbarkeit der unterschiedlichen nationalen Positionen und richteten sich auf den Kollaps der Paritätsstruktur ein. Danach war es nur noch eine Frage kurzer Zeit, bis jenes Land, das die Regeln zu manipulieren versucht hatte, erkannte, darin nicht auf Dauer fortfahren zu können – und deshalb bereit wurde, das System, das den eigenen Interessen nicht länger diente, als Ganzes anzugreifen.

Die Umstände, unter denen Bretton Woods kollabierte, machten ein Management nahezu unmöglich. Zuerst schien das Zentrum der Krise in Europa zu liegen, dann konzentrierte sich die Aufmerksamkeit auf die Vereinigten Staaten. Die Institutionen, die vertraglich mit der Aufgabe betraut waren, das System zu bewahren, erkannten das Ausmaß des Problems, schwangen sich zu einigen Vorschlägen auf – und sahen sich praktisch ignoriert. Erst nach, nicht vor der Krise konnte ein fruchtbarer Reformprozeß einsetzen.

Defizite der USA

Die amerikanischen Außendefizite gerieten in zwei komplexe politische Debatten: in eine innenpolitische, die sich vor allem um die Handelspolitik drehte, und in eine außenpolitische über die hegemonialen Implikationen des »exorbitanten« Dollarprivilegs. Ungleichheiten der Zahlungsbilanz (gemessen nach den Verlusten an Reserven) erhöhten die politische Aufmerksamkeit für Handelsfragen, indem Zahlungsprobleme oft zum Warenverkehr zurückverfolgt und dann protektionistischen Handelspraktiken anderer Staaten zugeschrieben wurden. Zunehmend giftige Dispute über den Handel begleiteten das Abrutschen des Paritätssystems von Bretton Woods ins Chaos. Zwar nahm der internationale Handel, wie schon in den fünfziger Jahren, weiterhin schneller zu als die Weltproduktion, doch wurde dies nun aufmerksamer beobachtet und kommentiert.

Zugleich zogen die internationalen politischen Aktionen der Vereinigten Staaten als Ursachen der amerikanischen Defizite und einer weltweiten Inflation weit größeres Augenmerk auf sich als der unerbittliche wirtschaftliche Prozeß, der auch in anderen Ländern zu Veränderungen in der Preisstruktur führte. Und es war unbestreitbar, daß die Eskalation des Krieges in Vietnam mit einer erheblichen Zunahme der amerikanischen Militärausgaben einherging, die sowohl das Budget wie die Zahlungsbilanz der USA tief beeinflußten.

Seit 1965 nahmen die US-Goldreserven stetig ab, was Zweifel an der Fähigkeit der Vereinigten Staaten entstehen ließ, Dollaransprüche zu befriedigen. Die dem Dollar geltende Nervosität machte sich wiederum auf dem Goldmarkt bemerkbar. Die Verluste der dem Londoner Goldpool angehörenden Zentralbanken stiegen und stiegen, bis sie schließlich untragbar wurden und der Pool im März 1968 seine Operationen einstellen mußte. Das nun von den monetären Autoritäten der Welt vorgebrachte Argument lautete, daß es seit der Schaffung des SDR keinen Bedarf an Gold mehr gebe, außer für spekulative Zwecke. »Da der existierende Bestand an monetärem Gold ausreichend ist, halten es die Gouverneure [der im Londoner Goldpool vertretenen Zentralbanken] angesichts der Einrichtung von Fazilitäten für Sonderziehungsrechte nicht mehr für erforderlich, Gold vom Markt zu kaufen.«[1] In der Praxis machte die Trennung des privaten Marktes (auf dem der Goldpreis über 35 Dollar steigen konnte) von den offiziellen Märkten, auf denen die Zentralbanken operierten, einen »privaten« Run auf den Dollar durch die Einlösung von Gold unmöglich. Aber die aus dem Goldgeschäft verdrängten privaten Spekulanten warfen sich nun einfach mit um so größerer Energie auf die Devisenmärkte.

Macht und Volkswirtschaft

Die amerikanische Regierung, die im Januar 1969 ins Amt kam, hatte eine ganz andere Vorstellung von Außenwirtschaftspolitik als ihre Vorgängerin. Präsident Richard Nixon sprach ausschließlich die Sprache der Macht und des nationalen Vorteils. Internationale Kooperation erschien suspekt, internationale Institutionen galten als wertlos.

Nixons Leistung bestand darin, die Rolle der USA als Zentrum der Reserven bis zur äußersten Grenze auszuspielen. Nach dieser Logik gab es keine Notwendigkeit, mit anderen Ländern über die Anlage von Reserven zu beraten; Nixon betrachtete das SDR-Experiment mit Mißtrauen. Aber eine solche Manipulation des Systems mußte als erstes Ergebnis die Akkumulation beträchtlicher Überschüsse auf den internationalen Konten anderer Länder produzieren. Und es war abzusehen, daß andere Länder nicht länger zu Konzessionen bereit sein würden – etwa zur Förderung ihrer Binnenexpansion oder zur gezielten Restriktion ihres Exports.

1970 begannen Mitglieder des Federal Reserve Board davor zu warnen, daß »eine Krise des Vertrauens in den Dollar jederzeit kommen könnte. Sowohl Ausländer wie Amerikaner könnten anfangen, finanzielle Anlagen aus dem Dollar herauszunehmen und in andere Währungen zu stecken, um von einer erwarteten Änderung des Dollarwerts zu profitieren.«[2] Eine Möglichkeit, der potentiellen Krise zu begegnen, lag im Aushandeln einer neuen Wechselkursstruktur, doch war dies naturgemäß kaum in Geheimgesprächen zu erreichen, und wenn etwas durchsickerte, war eine allgemeine Krise so gut wie sicher. Im übrigen würden die Vereinigten Staaten die Krise als ein Element der Verhandlungsposition brauchen.

Das internationale Wechselkurssystem

Während sich die Diskussion über Mittel und Wege entfaltete, kamen Wirtschaftswissenschaftler zu dem theoretischen Konsens, daß das internationale System größerer Flexibilität bedürfe. 1970 schrieb Arthur Okun: »Wirtschaftsforscher und akademische Experten stimmen heute – wenn auch nicht einhellig – im großen und ganzen darin überein, daß ein größeres Maß an Flexibilität der Wechselkurse eine wünschenswerte Neuerung wäre.«[3] Die Extremposition, wonach die Finanzpolitik überhaupt nicht eingreifen und die Wechselkurse frei floaten sollten, fand nur wenige Anhänger. Ihr bedeutendster Befürworter, Milton Friedman von der Universität Chicago, galt damals als exzentrischer Außenseiter. Deutsche Wirtschaftsexperten, die zum gleichen Schluß gekommen waren[4], sah man als politisch verantwortungslos an. Aber viele hatten sich zu der Ansicht bekehrt, daß das existierende System zu starr geworden sei. Zu den Vorschlägen, wie mehr Flexibilität erreicht werden könne, ohne gleich zum generellen Floaten überzugehen, gehörte der Gedanke, einen größeren Bewegungsspielraum zuzulassen und periodisch kleinerer Veränderungen vorzunehmen als die in der Vereinbarung von Bretton Woods festgelegte Marge von ein Prozent (»der kriechende Pflock«).[5]

Deutscher Unilateralismus

1968/69 hatten amerikanische Banken erhebliche Anleihen im Ausland aufgenommen. Kurzfristiges Kapital floß 1968 in Höhe von 3,71 Milliarden Dollar in die Vereinigten Staaten, 1969 in Höhe von 8,13 Milliarden. Als die monetären Verhältnisse besser wurden, kehrten sich die Dinge um; es kam zu beträchtlichen Abflüssen, die das Zinsgefälle anzog. 1970 belief sich der Nettokapitalabfluß aus den USA auf 12,9 Milliarden Dollar, 1971 auf 29,6 Milliarden (11 Milliarden im dritten Quartal).[6] Die Bundesrepublik Deutschland bot fast ein Spiegelbild der amerikanischen Position. Otmar Emminger, der führende Stratege der Bundesbank, sagte später, die Deutsche Mark sei »das Epizentrum des amerikanischen Währungsbebens« gewesen.[7] Der Kapitalzufluß von Januar 1970 bis Mai 1971 betrug 35,3 Milliarden DM (9,6 Milliarden Dollar).

Gegenüber diesen Zuflüssen verfolgte Deutschland anfänglich eine Doppelstrategie, zu deren beiden Gabeln koordinierte internationale Aktion gehörte. 1970 drängten die Deutschen energisch auf ein gemeinsames europäisches Vorgehen, um ihr Problem mit anderen Staaten teilen zu können. Emminger befürwortete eine erweiterte Bandbreite für die EWG-Währungen.[8] Außerdem aber glaubten die deutschen Finanzpolitiker, daß internationale Institutionen, vor allem der IWF, kräftiger auf die Vereinigten Staaten einwirken sollten, um eine Modifizierung der laxen amerikanischen Finanzpolitik zu erreichen. Wirtschaftsminister Schiller war der Meinung, für die Liquiditätsschwemme von 1970 sei zum Teil die SDR-Frage verantwortlich; deshalb sollten die Vereinigten Staaten verpflichtet werden, gegen eine weitere Ausgabe von SDR den Dollarzuwachs zu limitieren.[9]

1971 gab Deutschland jedoch die multilateralen Strategien auf, da sie offensichtlich weder eine Änderung der amerikanischen Politik noch eine nennenswerte Koordinierung in Europa zuwege gebracht hatten, und schlug einen isolierten Kurs ein. Die Deutschen betraten den neuen Weg mit beträchtlicher Nervosität; auch waren in der Bundesrepublik die Ansichten deutlich geteilt. Im März 1971 senkte die Bundesbank den Diskontsatz, doch zeitigte dieser Versuch, den Zustrom von Dollars einzudämmen, keinen Erfolg. Das einzige Resultat schien ein Anstieg der deutschen Inflationsrate zu sein. Ende April 1971 erörterten führende Vertreter der Bundesbank und der Bundesregierung mit dem Geschäftsführenden Direktor des IWF die Möglichkeit, die DM zu floaten. Die dramatischste Konferenz fand in den Räumen der Bundesbank statt, als von deren Repräsentanten zwei nachdrücklich für das Floaten eintraten, Präsident Karl

Klasen hingegen heftig opponierte, während Wirtschaftsminister Karl Schiller, der die letzte Verantwortung für die deutsche Wechselkurspolitik trug, ebenfalls floaten wollte. Eine Neufestsetzung wurde ausgeschlossen, weil sich niemand zu einer klaren Entscheidung für einen bestimmen Wechselkurs durchringen konnte. Am Ende kam es zum Floaten, weil alle anderen Optionen nicht mehr offen waren; der IWF hatte dies als die »leichteste Antwort« einer »schwachen Regierungskoalition« vorhergesagt.

Schiller unternahm in Brüssel eine letzte Anstrengung, um ein gemeinsames EWG-Floaten gegen den Dollar zu vereinbaren. Nachdem er damit gescheitert war, ging die Bundesrepublik am 10. Mai unilateral zum Floaten über, obgleich sowohl der Bundesbankpräsident wie der Zentralbankrat, das oberste Gremium der deutschen Finanzpolitik, weiterhin ablehnend blieben. Es gab keinen Zweifel, daß dies eine Entscheidung allein der Regierung war und daß die Bundesbank keine Mitverantwortung übernehmen wollte. Die deutsche Maßnahme strafte aber alle Warnungen Lügen und erwies sich als sofortiger Erfolg, indem sie alle spekulativen Bewegungen in die DM stoppte.

Die amerikanische Antwort

John Connally, seit März 1971 Finanzminister der USA, war ein präpotenter Texaner, der sich auf der internationalen Finanzbühne fortgesetzt wie ein Elefant im Porzellanladen benahm. Mitten in der deutschen Krise, am 4. Mai, hatte er eine Pressemitteilung autorisiert, die kundtat, daß »keine Änderung in der gegenwärtigen Struktur notwendig oder zu erwarten« sei. (In privater Runde hatte er offenbar hinzugefügt: »Das ist meine unerschütterliche Position heute. Ich weiß nicht, wie sie im Sommer sein wird.«) Vor allem war Connally nicht willens, in der unentschiedenen US-Finanzpolitik ein Problem zu sehen. Ein tiefer Fall der amerikanischen Zinssätze hatte die Rezession von 1970 begleitet, während die Zinsen in Europa hoch geblieben waren. Amerikanische Dreimonats-Schatzwechsel, die im Januar noch auf 7,9 Prozent gestanden hatten, fielen bis März 1971 auf 3,3 Prozent, während der deutsche Dreimonatszins immer noch

7,6 Prozent betrug. Das Mittel zur Eindämmung der Dollar-Abflüsse wäre eine Zinserhöhung gewesen, doch sahen die Amerikaner in einem solchen Kurs eine Gefährdung der heimischen Erholung. Der Geschäftsführende Direktor des IWF schlug Connally während eines Mittagessens in gespannter Atmosphäre vor, zum Schutz der internationalen Position der USA sei es wohl besser, den »Policy Mix« zu ändern, das heißt die fiskalische Stimulation zu steigern, jedoch das Geld zu verknappen. Der Vorschlag verfiel verächtlicher Ablehnung. »Monetäre Zurückhaltung sei nicht die Lösung, notwendig seien energische Maßnahmen zur Änderung der Zahlungsbilanzstruktur.« Connally meinte damit auch eine Reduzierung der amerikanischen Militärausgaben im Ausland, vornehmlich aber eine Überprüfung der Handelsvereinbarungen.[10]

Japan, das im Abstand von einigen Monaten Deutschlands dramatischen Aufbau einer Überschuß-Position wiederholte, zog Connallys besondere Aufmerksamkeit auf sich. Wie in der Bundesrepublik hatte es dort 1969 einen Abfluß kurzfristigen Kapitals gegeben. 1970 sah wenig Bewegung, doch im Mai 1971 verlagerte das deutsche Floaten die Gewalt des globalen Spekulationsdrucks auf den Dollar nach Japan. Am 17. Mai ergriffene Maßnahmen, die bei einer Reihe japanischer Wertpapiere den Kauf durch Ausländer untersagten, vermochten den rapiden Zustrom von Dollars nicht zu stoppen. Alles in allem flossen 1971 4,91 Milliarden Dollar nach Japan. War das nur ein Fall von Spekulation? Oder waren tiefere Ursachen am Werk? Für den Augenblick lehnte es jedenfalls die amerikanische Regierung rundweg ab, eine Änderung des Dollarwerts von Gold (praktisch also eine Abwertung) in Betracht zu ziehen. Da jede fundamentale Änderung der amerikanischen Politik ausblieb, dauerten die kurzfristigen Abflüsse an. Das Defizit im ersten Halbjahr 1971 belief sich auf 22 Milliarden Dollar, im dritten Quartal auf 13 Milliarden.

Am 6. August 1971 gab der von Henry Reuss geleitete Kongreß-Unterausschuß für internationale Zahlungen einen Bericht mit dem Titel ›Sofortaktion zur Kräftigung des US-Dollar‹ heraus. Das Papier kam zu dem »unausweichlichen Schluß«, daß »der Dollar überbewertet ist«. Dies führe zur »Perpetuierung der

US-Defizite und erhöht damit das Risiko einer internationalen monetären Krise, die das System sprengen würde«. Nur ein beschleunigtes Handeln internationaler Autoritäten könne eine solche Katastrophe verhindern. Die Wechselkurse sollten so verändert werden, daß die amerikanische Zahlungsbilanz kräftig genug sei, um die Finanzierung »eines normalen Niveaus unbehinderter privater Investitionen im Ausland« zu erlauben. Der IWF »sollte ausdrücklich die Verantwortung dafür übernehmen, den Mitgliedsländern Wechselkurse zu empfehlen, wie sie erforderlich sind, um jedes fundamentale Ungleichgewicht zu korrigieren, vor allem zwischen den Vereinigten Staaten, dem Land im Zentrum des Systems, und der übrigen industriellen Welt«. Im Falle »hartnäckiger« Überschußländer müsse der IWF erwägen, die Klausel für die Verknappung einer Währung anzuwenden. Der amerikanische Gouverneur des Fonds (das heißt Minister Connally) solle »versichern, daß der IWF dieser Verantwortung nicht ausweicht«.[11]

Tatsächlich hat die Veröffentlichung des Ausschußberichts die Endkrise des Paritätssystems von Bretton Woods noch beschleunigt. Auf den internationalen Märkten kam es zu einer neuen Welle von Dollarverkäufen. Am 12. und 13. August kauften ausländische Zentralbanken etwa eine Milliarde Dollar, um die Währung zu stützen. Jedoch bat die Bank von England die Federal Reserve Bank darum, einen Teil ihrer Dollarbestände durch eine Swap-Ziehung zu decken – als sei sie nicht sicher, ob die Dollarparität gehalten werden könne, und daher bestrebt, Verluste mit dem Dollar zu vermeiden.[12]

Die letzte Krise

Wenn die Börsen am Montag, den 16. August, wieder öffneten, war zu erwarten, daß die USA Reserven in noch schnellerem Tempo einbüßen würden. Auf einer Krisensitzung am Wochenende in Camp David sprach sich Arthur Burns, der Vorsitzende des Federal Reserve Board, entschieden gegen die Aufgabe der Goldkonvertibilität aus. Von Beginn an war jedoch klar, daß diese Auffassung nicht der allgemeinen Ansicht entsprach. Nixon leitete die Besprechung mit der Feststellung ein, es herrsche »generelle Übereinstimmung, daß wir an der internationalen monetären Front handeln müssen« und daß die bevorstehenden Maßnahmen »die bedeutungsvollste wirtschaftliche Aktion seit dem Zweiten Weltkrieg« darstellten. (Auf dem Wege nach Camp David hatte der Redenschreiber des Präsidenten, William Safire, die noch deutlichere Bemerkung gehört, dies sei »das wichtigste Wochenende in wirtschaftspolitischer Hinsicht seit dem 4. März 1933« – Präsident Roosevelts Inaugurationstag.) Connally wandte sich direkt an Nixon: »Wir müssen das Goldfenster schließen.« Zusammen mit einem Preis- und Lohnschub und einer Importsteuer von 10 bis 15 Prozent werde das »die internationalen Finanzleute [...] zu der Erkenntnis bringen, daß Sie kraftvoll vorgehen. Das wäre in Übereinstimmung damit gehandelt, was die Leute bei Ihnen sehen – Staatskunst und großen Mut. Das ist die richtige Haltung für Sie – einen Mann, der bereit ist, weitreichende Maßnahmen zu treffen.« Auf Burns' Einwände erwiderte Connally: »So, so, den anderen Ländern gefällt das nicht. Na und?» Und als Burns hinzusetzte, das Ausland könne Vergeltungsmaßnahmen ergreifen, sagte der Minister: »Laßt sie doch. Was können sie schon tun.«

Am Ende waren für die unilaterale Lösung des Dollars vom Gold, die Präsident Nixon am 15. August 1971 in einer Fernsehansprache als Teil eines Großen Wirtschaftsprogramms verkündete, allein innenpolitische Gesichtspunkte ausschlaggebend. Die gekonnte Rede verkaufte das Geschehen als Demonstration amerikanischer Stärke und als Schlag gegen die Inflation – statt als Eingeständnis wirtschaftlichen Scheiterns. Zu Nixons Programm gehörten ferner: Steuersenkungen zur Schaffung von Arbeitsplätzen, ein Einfrieren aller Preise und Löhne auf 90 Tage, die Suspendierung des Swap-Netzes der Federal Reserve Bank, eine temporäre zusätzliche Einfuhrabgabe von 10 Prozent, »um sicherzustellen, daß amerikanische Erzeugnisse nicht durch ›unfaire‹ Wechselkurse benachteiligt werden«, Einschränkungen der Heranziehung amerikanischer internationaler Reserven (das heißt von Gold) und die Unterrichtung des IWF, daß in den Vereinigten Staaten der freie An- und Verkauf von Gold künftig untersagt sei.

Die meisten Länder folgten jetzt dem deutschen und holländischen Beispiel vom Mai und stellten ihre Interventionen auf den Devisenmärkten ein, was bedeutete, daß der Dollar nun in der Praxis gegen alle größeren Währungen floatete. Frankreich suchte mit dem Zustrom von Dollars fertig zu werden, indem es Kapitalkontrollen und einen dualen Markt für Devisen bei laufenden Zahlungen und Kapitaltransaktionen einführte. Doch gab es eine wichtige Ausnahme: Japan schien entschlossen zu sein, bei der alten Parität zu bleiben – trotz seiner starken Überschußposition. Zwei Wochen lang stützte die Bank von Japan unter großen Kosten den alten Yen-Dollar-Kurs von 1 zu 360. Am 16. August kaufte sie 600 Millionen Dollar, am nächsten Tag 700 Millionen, und innerhalb von zwei Wochen hatte sie ihren Reserven 4 Milliarden Dollar hinzugefügt. Das Argument lautete, die japanische Wirtschaft, insbesondere Werften und Industrieanlagenbauer, verfügten über hohe ungesicherte Devisenkredite (der japanische Schiffbauerverband hatte im März 1971 von 8,4 Milliarden Dollar gesprochen, von denen lediglich 2,7 Milliarden gegen eine Yen-Neubewertung geschützt seien).[13] Tatsächlich hatten aber im Laufe des Sommers viele Firmen begonnen, auf Exportkontrakten in Yen zu bestehen, und der größere Teil der nach dem 15. August gegen Yen verkauften Dollars ging an japanische Banken. Am 28. August gab schließlich auch die Bank von Japan ihre Stützung des Dollarkurses auf, und der Yen begann zu floaten.

Die Dollarkrise vom August 1971 stellte offensichtlich eine Gefährdung des Paritätssystems von Bretton Woods dar, sie bedrohte aber auch das eigentliche Fundament der Ordnung von Bretton Woods, nämlich den Glauben an eine allgemeine und fortschreitende Liberalisierung des internationalen Handels- und Zahlungsverkehrs. Der amerikanische Schritt – und die Art, in der er erfolgte – schien eine protektionistische Reaktion auf externe Ungleichgewichte anzukündigen. Innerhalb weniger Tage waren viele der in den sechziger Jahren geführten Diskussionen über das Problem der Reserven obsolet geworden. Statt dessen bestand die dringliche Aufgabe darin, das internationale monetäre System so zu erneuern, daß die Länder Ausgleichsprobleme wirksam und ohne den Griff zu global nachteiligen Handelsmaßnahmen lösen konnten. Diese Suche nach einer Reform erwies sich als äußerst mühsam. Erst nach etlichen falschen Ansätzen, nach heftigen Schocks und nach vergeblichen Versuchen mit einer wuchernden Vielfalt von Institutionen gelang eine Reform mit dauerhaften Resultaten.

Das alte System von Bretton Woods hatte im Grunde auf einer einzigen Regel beruht: auf der Verpflichtung der nationalen Regierungen und Finanzinstitutionen auf einen festen Wechselkurs. Zwar hatte es sich bei dem klassischen Konzept offensichtlich nicht um einen reinen Goldstandard gehandelt, doch symbolisierte das Gold eine wichtige internationale Reserve-Einheit; Ende 1970 machte Gold zwei Fünftel der gesamten internationalen Reserven aus. Nach der August-Krise 1971 stieg der Anteil anderer Reserven rapide. Der Bedarf wurde in technischer Hinsicht mehr als befriedigt – eine Reserveninflation setzte ein –, aber vielleicht nicht in einem geistigen Sinne. Nachdem die Verbindung zum Dollar (also der feste Preis von 35 Dollar pro Unze) nicht mehr existierte, erschien Gold manchen erst recht als der einzige Hort, der nicht nach dem Willen nationaler Regierungen manipuliert werden konnte. Seit dem 15. August triumphierte im internationalen System Papiergeld oder geschöpftes Geld, doch für viele hinterließ die Verabschiedung des Dollars eine Lücke in der monetären Ordnung der Welt.

Als die Regel außer Kraft gesetzt war, wurden die Aufgaben jener Institution, die ihre Anwendung überwacht hatte, eher größer denn geringer. Da der Zusammenbruch des Paritätssystems heftige Turbulenzen zur Folge hatte, wurde der Ruf nach Koordinierung durch den Internationalen Währungsfonds auf allen Feldern lauter: bei der Überwachung der Devisen- und Währungspolitik, bei der Behebung von Zahlungsbilanzproblemen und auch bei der Erneuerung des Systems. Die Unsicherheit über die Rolle des Goldes zog auch den IWF in Mitleidenschaft, dessen Goldbestände sich zwischen 1965 und 1971 verdoppelt hatten.[14] Institutionell gesehen, stellten die Erschütterungen der Jahre 1971, 1972 und 1973 weniger einen fundamentalen Bruch als das Vorspiel zu einer Periode intensivster Überwachung des internationalen Währungssystems dar. Um sicherzustellen, daß diese Überwachung so effektiv wie möglich sei, bedurfte es allerdings der Modifizierung des rechtlichen Rahmens der IWF-Aktivitäten.

Handelsliberalisierung

Eines der Zeichen, die in den späten sechziger Jahren die Krise des Systems von Bretton Woods angekündigt hatten, war der Versuch einiger Länder, das internationale Finanzsystem zu ihrem nationalen Vorteil zurechtzubiegen und zu manipulieren. Die Vereinigten Staaten hingen zunehmend vom Status des Dollar als einer Reservewährung ab, um ihre militärischen Ausgaben in Übersee zu finanzieren. England fürchtete jede Reform, die den Reservestatus des Pfund Sterling untergraben konnte. Frankreich wollte dem ein Ende setzen, was es als amerikanischen Mißbrauch des Systems ansah. Deutschland glaubte, daß seine Überschüsse zu einer von außen bescherten Inflation führten, doch wünschte es, wie Japan, andererseits keine Veränderung, die seine gewaltige Exportleistung beeinträchtigen mochte. Manche Entwicklungsländer wollten Reservenschöpfung an mehr Entwicklungshilfe binden. Alles dies ließ die nationalen Währungen zu einem Spielball der internationalen Politik werden.

Nachdem das System zusammengebrochen war, bestand jedoch die Gefahr, daß sich das Schlachtfeld, auf dem die Nationen um relative Vorteile stritten, auf eine Ebene verlagerte, auf der größere Verheerungen angerichtet werden konnten: jene der Handelsrestriktionen, die als nächstliegende Reaktion auf ein Ungleichgewicht in den laufenden Zahlungen galten. Indes mußte eine solche Reaktion die Basis unterhöhlen, auf der das »Wunder« des Nachkriegswachstums erreicht worden war.

Die fünfziger und sechziger Jahre hatten die Öffnung des Welthandels gesehen. Das amerikanische Handelserweiterungsgesetz von 1962, das dem Präsidenten die Vollmacht für radikale Zollsenkungen gab und »eine der größten legislativen Errungenschaften der Präsidentschaft Kennedys« darstellte[15], markierte »den Höhepunkt der Handelsliberalisierung«.[16] Am Ende der Dekade jedoch war die Schwungkraft dahin. Zur 1966 eingeführten gemeinsamen Agrarpolitik der Europäischen Wirtschaftsgemeinschaft gehörte ein flexibler Außenzoll, der die amerikanischen Agrarexporte nach Europa erheblich einschränkte. Die EWG weigerte sich, darüber in der sogenannten Kennedy-Runde das GATT (1964 bis 1967) zu diskutieren. Dies trug dazu bei, daß auch in den USA, der größten Nationalwirtschaft der Welt, Initiator und wichtigster Motor des Liberalisierungsprozesses, eine neue Einstellung zur Handelspolitik entstand. 1970 hätte der Kongreß beinahe die »Mills bill« verabschiedet, die Einfuhrquoten für Textilien und Schuhe verlangte. Am 13. August 1971, während der verhängnisvollen Besprechung im Camp David, ließ Nixon erkennen, wie sehr er sich durch diese Einstellung unter Zugzwang fühlte: »Wir haben es nicht mit einer Theorie zu tun, wir haben es mit einer Tatsache zu tun. Wir können am Wechselkurs herumbasteln, aber Mills kommt mit einer Einfuhrabgabe daher.«[17] Die zehnprozentige Abgabe, mit der Nixons Wirtschaftsprogramm nun zahlreiche Importartikel belegte, fand noch 1971 Nachahmung in Ländern mit gleichen Problemen, so in Dänemark und Argentinien.

Im Laufe der siebziger Jahre wurde der GATT-Mechanismus zusehends umgangen. Freilich ist zu sagen, daß die Frage »Freihandel oder Protektionismus« in den USA politisch stets heftig umstritten war – auch, als der Freihandel in der Praxis eindeutig dominierte. Nach 1977, als es um das heikle Problem des japanisch-amerikanischen Handels ging, erwies sich das Konzept des Voluntary Export Restraint (VER) als ein zunehmend beliebter Weg, das im GATT verankerte strikte Verbot von Industriequoten zu umgehen. Die Handelspartner der USA wurden dadurch verpflichtet, die Verantwortung für die Begrenzung der Warenströme zu übernehmen. Der Theorie zufolge sollte VER »Marktstörungen« vermeiden helfen, in der Praxis aber wurde es recht häufig schon bei einem sehr niedrigen Importniveau angewandt.[18]

Selbst innerhalb des GATT gab es eine zunehmend diskriminatorische Praxis, die mit den Prinzipien, welche beim Abschluß der Vereinbarung Pate gestanden hatten, schwerlich zu vereinbaren war. 1974 wurde das Long Term Arrangement Regarding International Trade in Cotton Textile (von 1962) durch das umfassendere Arrangement Regarding International Trade in Textiles, das sogenannte »Multifiber Agreement«, ersetzt, und zwar als Folge der Befürchtungen, die das rapide Anwachsen des Textilexports aus Entwicklungsländern in den Industriestaaten geweckt hatte. (Von 1960 bis 1970 war die Erzeugung von Webstoffen und Bekleidung in den Entwicklungsländern um 58 beziehungsweise 66 Prozent gestiegen, in den Industriestaaten hingegen nur um 46 beziehungsweise 24 Prozent.[19]) Die neue Vereinbarung schloß alle Textilien aus Wolle, Baumwolle und synthetischen Stoffen ein. Sie baute auf einer diskriminatorischen Unterwerfung bestimmter Länder unter Handelskontrollen auf, was im Gegensatz zu der Meistbegünstigungsklausel stand, dem Herzstück des GATT. Mitte der siebziger Jahre urteilte ein Experte dann auch, GATT befinde sich im »Stadium des Zusammenbruchs«.[20]

Die Option des Floatens

Die Frage, ob und wie das Wechselkursproblem gelöst würde, mußte weitreichende Auswirkungen auf die Zukunft der weltwirtschaftlichen Zusammenarbeit haben. Ein Scheitern drohte der Vorstellung von der »einen Welt« ein Ende zu bereiten und die Welt in miteinander rivalisierende Handelsblöcke zu spalten. Wenn sich das internationale Währungssystem zwischen 1971 und 1974 hin zum Floaten bewegte, so freilich nicht, weil dies die vereinbarte Lösung gewesen wäre, sondern als Ergebnis der Unfähigkeit, eine gemeinsame Lösung zu finden. Am Anfang der »Desintegration von Bretton Woods« gab es zwar eine stattliche Anzahl von Wirtschaftswissenschaftlern, jedoch nur wenige wichtige Politiker, die das Floaten befürworteten. Karl Schiller, auf internationaler Ebene zunächst der einzige enthusiastische Floater, wurde im Bundeskabinett nach einer Debatte über die internationale Position der DM überstimmt und trat im Juli 1972 zurück. Auch der neue amerikanische Finanzminister George Shultz hielt inzwischen Floaten für das Beste, war aber zunächst noch nicht willens, diese Position auch international zu vertreten. Im Juni 1972 meinte Arthur Laffer, Chefökonom des Office of Management and Budget, gegenüber Repräsentanten des IWF, ein System floatender Wechselkurse sei »zwar nicht die bevorzugte, aber vielleicht doch keine so üble Alternative«.[21] Tatsächlich schälte sich das Floaten als die einzig mögliche Lösung heraus, weil die Bereitschaft fehlte, sich über ein System fester Kurse zu verständigen. Das Endergebnis ist daher allgemein als ein »Nicht-System« bezeichnet worden.[22]

Innerhalb weniger Jahre hatte sich eine Vielzahl von Strategien für den Umgang mit den Wechselkursen herausgebildet. 1975 wurden 45 Prozent des Außenhandels der IWF-Mitglieder von Ländern abgewickelt, die – mit unterschiedlichen Graden der Intervention – zum unabhängigen Floaten übergegangen waren. Weitere 14 Prozent hatten ihre Währung an eine Fremdwährung angepflockt, meist an den Dollar; 12 Prozent an ein Kompositum mehrerer Währungen, und 23 Prozent des internationalen Handels entfiel auf Staaten, die sich im europäischen Kontext zu gemeinsamem Floaten zusammengetan hatten.[23]

Bei den europäisch-amerikanischen Versuchen, die Wechselkurskrise durch Diskussionen auf hoher Ebene zu lösen, übernahm Frankreich die Rolle des autorisierten Sprechers für Europa. Bevor Präsident Pompidou am 13./14. Dezember 1971 mit Nixon auf den Azoren zusammentraf, hatte er mit Bundeskanzler Brandt gesprochen und sich bereit erklärt, das amerikanische Drängen auf eine signifikante Aufwertung der DM zu dämpfen. Nach der Konferenz stimmte Nixon schließlich einer Abwertung des Dollar durch Erhöhung des Goldpreises von 35 auf 38 Dollar zu.

Drei Tage später wurden dann die neuen »Leitkurse« auf einem Treffen der Minister und Bankchefs der Zehnergruppe in Washington festgelegt.[24] Aus verhandlungstaktischen Gründen malte Connally zunächst die Gefahr an die Wand, daß es ohne Einigung auf eine umfassende Ordnung zu einem allgemeinen Floaten kommen werde. Connally erklärte, er »liebe« das Floaten, räumte aber zugleich »Verantwortung gegenüber anderen Ländern« ein – und bestand darauf, daß die Beratungen am 18. Dezember, einem Samstag, um 3 Uhr nachmittags beendet sein müßten. Karl Schiller charakterisierte die Atmosphäre der Konferenz als die eines »Teppichhandels«. Der Geschäftsführende Direktor des IWF notierte sich, während die Teilnehmer miteinander feilschten, unentwegt neue Zahlen. Der Beginn war mithin nicht gerade vielversprechend; Frankreichs Finanzminister Valéry Giscard d'Estaing meinte gar, das Treffen habe im Grunde überhaupt keinen rechten Zweck. Es war Karl Schiller, der das allgemeine Zögern, sich auf neue Kurse festzulegen, durchbrach, indem er für die Bundesregierung einer Aufwertung der DM um 13,57 Prozent (gegenüber dem Dollarkurs vom Mai 1971) zustimmte.

Connally wandte sich nun dem japanischen Finanzminister Mikio Mizuta zu, dem er vorhielt, es sei »unverantwortlich, daß sich Japan nicht bewegt«; der Yen müsse um 20 Prozent aufgewertet werden. Nur allmählich modifizierte Connally seine Forderung: Zwischen der japanischen und der deutschen Aufwertung müsse zumindest ein Unterschied von 4 Prozent gegeben sein. Privat äußerte er gegenüber anderen Finanzministern seine Sorge, Mizuta könne, wenn zu sehr unter Druck gesetzt, Harakiri begehen. Mizuta erklärte, eine Aufwertung um 20 Prozent sei »ohne Beispiel in der Geschichte«; die Zehnergruppe löse damit »politische, soziale und wirtschaftliche Rückwirkungen« und eine »größere Weltrezession« aus. Nach Telefonaten mit Tokio stimmte Mizuta einer Aufwertung des Yen um 16,9 Prozent zu, sprach danach freilich vom »größten wirtschaftlichen Schock, den Japan seit Ende des Zweiten Weltkrieges erlebt hat«.[25]

Die Festlegung der anderen Kurse war viel leichter. Frankreich und Großbritannien änderten ihre Goldparität nicht und werteten somit gegenüber dem Dollar um 8,6 Prozent auf; Italien und Schweden werteten um 7,6 Prozent auf; Kanada setzte das Floaten fort. Im Durchschnitt bestand das Ergebnis in einer Abwertung des Dollar um etwa 10 Prozent.

Damit lagen die vereinbarten Kurse ganz nah bei den Zahlen, die die Forschungsabteilung des IWF im August erarbeitet hatte: 15,3 Prozent Aufwertung für Japan, 12,5 Prozent für Deutschland, 9,4 Prozent für Italien, 8,7 Prozent für Frankreich und 7,2 Prozent für Großbritannien. Die ebenfalls im August angestellten Kalkulationen des Federal Reserve Board sahen ähnlich aus: Japan 15, Deutschland 12,5, Frankreich und Italien 6, Großbritannien 5 Prozent.[26] Das politische Tauziehen hatte also nach einiger Feindseligkeit zu Zahlen geführt, die nicht weit von denen entfernt waren, welche die Wirtschaftsexperten vorgeschlagen hatten. Damit hätte die Währungskrise ihr Ende finden können – sie fand es jedoch nicht.

Neue Unsicherheit

Kern der Washingtoner Vereinbarung waren Bandbreiten von 2,25 Prozent nach oben und nach unten, innerhalb deren Kursabweichungen zulässig waren (das System von Bretton Woods hatte nur 1 Prozent in jede Richtung erlaubt). Richard Nixon sprach euphorisch vom »Abschluß des bedeutungsvollsten monetären Abkommens der Weltgeschichte«.[27] In Wahrheit, so stellte sich bald heraus, hatte die Konferenz nur wenig gebracht. Als ein Ergebnis des Exportrückgangs verschlechterte sich die amerikanische Handelsbilanz beträchtlich. Noch wichtiger aber war: Die USA versetzten dem Paritätensystem einen weiteren und diesmal tödlichen Schlag durch eine äußerst expansive Geldpolitik – Resultat der politisch begründeten und vom Federal Reserve Board tolerierten Entschlossenheit der Regierung, sich durch internationale Erwägungen nicht den Weg zu ihren binnenwirtschaftlichen Zielen verstellen zu lassen.

Hinzu kam, daß Nixon nicht die Absicht hatte, seine Wiederwahl 1972 zu gefährden. Obwohl er die Vereinbarung öffentlich gefeiert hatte, leitete er danach eine Politik ein, die das Abkommen praktisch demontierte: 1972 nahm die Geldmenge M2 in den USA um 12 Prozent zu.[28] Verbunden damit war die Hoffnung, daß die während des August-Wochenendes verhängten Lohn- und Preiskontrollen diesen Geldzuwachs in wirtschaftliche Expansion umsetzen würden. Tatsächlich expandierte die amerikanische Wirtschaft sehr schnell und sog Importe an. Hatte sich das Defizit 1971 noch auf 2,27 Milliarden Dollar belaufen, betrug es 1972 bereits 6,42 Milliarden; eine Besserung trat erst 1973 ein.

Trotz seiner Abwertung blieb der Dollar die wichtigste internationale Reservewährung. Die beträchtlichen Dollar-Reserven der Welt waren, da es keinen offiziellen Goldpreis mehr gab, praktisch nicht konvertierbar, und die amerikanische Geldexpansion verursachte international ein erhebliches monetäres Wachstum. Die Überschuß-Länder mußten auf Grund des Dollarzuflusses expandieren. 1971 betrug die Geldzunahme in Japan 25,5 Prozent, in der Schweiz 18,2 und in der Bundesrepublik Deutschland 12,3 Prozent; 1972 lauteten die Zahlen 22,1, 13,4 und 13,7 Prozent.[29] Aber auch die Defizit-Länder konnten, das amerikanische Beispiel vor Augen, expandieren; so nahm die Geldmenge in Großbritannien 1971 um 13,3 Prozent, 1972 um 16,5 Prozent zu. In einem System fester Kurse, in dem alle expandieren konnten, verstärkten sich die Zweifel an dessen Lebensfähigkeit und lockerte sich die Disziplin: Die Kombination von amerikanischer Geldpolitik und der Rolle des Dollars als Reservewährung stellte nun eine größere Gefahr dar als je zuvor.

Die Europäer klagten über die »Indifferenz« der amerikanischen Regierung angesichts der Abflüsse von kurzfristigem Kapital und der Verschlechterung der Handelsbilanz; die Politik der »wohlwollenden Vernachlässigung« schien fröhliche Urständ zu feiern.[30] Im März 1972 verwirklichten die EG-Länder einige der Reformvorschläge der späten sechziger Jahre, indem sie einen Europäischen Wechselkursverbund beschlossen, innerhalb dessen die Bandbreiten nicht mehr als 2,25 Prozent von ihren rechnerischen bilateralen Leitkursen abweichen durften, also geringer als nach dem Washingtoner Abkommen. Wenn Währungen das Limit erreichten, hatten die jeweiligen Zentralbanken zu intervenieren und die Situation zu bereinigen.

Die ersten Anzeichen einer Krise im neuen internationalen System kamen aus Großbritannien, neben den USA das einzige größere Industrieland mit einem erheblichen Defizit. Die britische Politik war recht widerspruchsvoll gewesen: Zwar hatte man sich der europäischen Währungsschlange angeschlossen, zugleich aber eine rasche Geldexpansion betrieben und erklärt, sich nicht an die Wechselkursverpflichtungen gebunden zu fühlen. Als Schatzkanzler Anthony Barber im April 1972 den Haushalt vorstellte, erklärte er: »Es ist weder notwendig noch wünschenswert, die einheimische Wirtschaft zu verzerren, um unrealistische Wechselkurse zu erhalten, ob sie nun zu hoch oder zu niedrig sind.«[31] Zwischen dem 16. und dem 22. Juni 1972 flossen 2,6 Milliarden Dollar aus Großbritannien ab, zwei Drittel davon in die DM, und am 23. Juni gab die britische Regierung ein temporäres Floaten des Pfund Sterling bekannt. Die anschließende Geschichte der »Schlange« war wechselhaft, und in ihrer ursprünglichen Gestalt wurde die Vereinbarung 1974 erledigt, als eine Krise den französischen Franc zum Ausscheiden nötigte; zwar schloß sich Frankreich 1975 wieder an, schied jedoch im März 1976 zum zweiten Mal aus.

In der Bundesrepublik Deutschland lebte nach dem Zufluß von 1972 die hitzige Debatte der späten sechziger Jahre wieder auf, die sich um die Frage drehte, wie denn verhindert werden könne, daß solch extreme Vorgänge zu einem Anwachsen der deutschen Geldmenge und in die Inflation führen. Karl Schillers Lösung bestand darin, beim Außenkurs wieder zum Floaten überzugehen, doch war ein instabiler Außenkurs politisch unpopulär und stieß auch auf den Widerstand der meisten Industriellen und Bankiers. Die Kritiker machten geltend, daß das Floaten die deutsche Außenpolitik sehr erschwere, da der entstehende Druck auf den Franc das deutsch-französische Verhältnis belasten müsse. Die Alternative zum Floaten bedingte die Anwendung einiger Bestimmungen des Außenwirtschaftsgesetzes, damit Beschränkungen des Kapitalverkehrs verfügt werden konnten. Bereits im März 1972 hatte die Bundesbank bestimmt, daß Banken bei Geldaufnahmen im Ausland ein Bardepot in Höhe von 40 Prozent der geliehenen Summe zu hinterlegen hätten. Kapitalkontrollen erschienen als ein Weg zur Bewahrung der deutsch-französischen und damit der Harmonie in der EWG. Karl Klasen, Präsident der Bundesbank, schlug diesen Kurs am 26. Juni in einem Brief an Bundeskanzler Brandt vor, ohne vorher Schiller unterrichtet zu haben, was eine von bitteren Kontroversen beherrschte Kabinettssitzung am 28. Juni zur Folge hatte.

Am Tag zuvor hatte die Schweiz eine ähnliche Maßnahme gegen den Kapitalzustrom getroffen und den Erwerb von Wertpapieren und Immobilien durch Ausländer untersagt. Während der Bonner Kabinettsdebatte suchte Schiller ein gemeinsames europäisches Floaten gegen den Dollar anzuregen, obwohl es höchst zweifelhaft war, ob sich Frankreich daran beteiligen würde.[32]

Aber ein großer Teil der Argumente betraf die innere Situation, nicht die internationale Politik. Während der parlamentarischen Auseinandersetzungen über die Ratifizierung der Ostverträge war die Regierung durch den Frontwechsel einiger Abgeordneter geschwächt worden, und der Bundeskanzler hatte sich gerade entschlossen, später im Jahr vorgezogene Neuwahlen abzuhalten. So lag die große Attraktivität des Vorschlags von Klasen in der Verheißung, daß Kontrollen die DM bis nach den Wahlen stabil halten würden, und das Kabinett entschied sich einstimmig gegen Schiller.[33] Ausländer brauchten nun zum Erwerb deutscher Papiere eine Genehmigung, außerdem wurden die Bestimmungen über die Bardepots verschärft.

Die deutschen Schritte fanden sofort amerikanische Unterstützung. Arthur Burns, ein eingefleischter Anhänger fester Wechselkurse, begrüßte die Bonner Maßnahmen in einer öffentlichen Erklärung. Im Juli intervenierte das Federal Reserve Board erstmals seit der Augustkrise von 1971 wieder zur Stützung des Dollar gegen die DM. Das US-Finanzministerium nahm eine Aktion hin, die nach eigener Einschätzung der Beruhigung »unordentlicher Märkte« diente[34]; in der Realität war der Stabilisierungsgewinn allerdings ephemer.

Endgültiger Kollaps

Das System hielt in der Tat, wie Klasen es versprochen hatte, noch einige Monate über die Bundestagswahlen vom September 1972 hinaus. Aber zu Jahresbeginn 1973 setzten wieder größere Bewegungen ein. Am 11. Januar gaben die Vereinigten Staaten die Aufhebung der Lohn- und Preiskontrollen bekannt, neun Tage später ergriff Italien neue Maßnahmen zum Stop der Kapitalflucht, die unbeabsichtigt zu weiteren beträchtlichen Abflüssen in die Schweiz führten, worauf die Schweizerische Nationalbank am 28. Januar mit der Einstellung ihrer Interventionen reagierte, »bis wieder Ruhe eingekehrt ist«. Praktisch bedeutete dies, daß der Schweizer Franken zum Floaten übergegangen war.

Anfang Februar breitete sich die Unruhe noch aus, und zwar auf Grund von Presseberichten über das Rekorddefizit in der amerikanischen Zahlungsbilanz für 1972 und des Überschusses der deutschen Grundbilanz von 14 Milliarden DM. Ein amerikanischer Versuch, neue Paritäten auszuhandeln, scheiterte daran, daß die USA auf einer abermaligen Aufwertung des Yen gegenüber dem Dollar um zehn Prozent bestanden. Japan erklärte sich schließlich zu einem freien Floaten bis zu einem Dollarkurs von 264 Yen bereit. Einen entscheidenden Anstoß gab eine Botschaft von Bundesfinanzminister Helmut Schmidt, wonach es »einen Wirtschaftskrieg zwischen den Vereinigten Staaten und Japan geben wird, wenn Sie nicht akzeptieren«. (Schmidt hatte durchgesetzt, daß die Verantwortung für die Geld- und Kreditpolitik vom Wirtschafts- auf das Finanzministerium übertragen worden war.) Am 9. Februar schloß die Bank von Japan ihren Devisenmarkt, und das Floaten begann, tags darauf schlossen die europäischen Märkte. Die Führung des IWF kam sogleich zu dem Schluß, »falls die Krise zu weitverbreitetem Floaten führt, sollte dem nicht entgegengewirkt werden«; außerdem solle der Fonds bei etwaigen Verhandlungen nicht stärker hervortreten, um seine Rolle bei der Reform nicht zu beeinträchtigen. Mit anderen Worten: Der IWF war zu der Ansicht gelangt, daß das System fester Wechselkurse tot war und ein Wiederbelebungsversuch nur in seiner Selbstzerstörung enden könnte.[35]

Als US-Finanzminister Shultz die diversen Beschlüsse und Absprachen für eine faktische Dollarabwertung in Washington präsentierte, klangen sie nur halb überzeugend. Die Mitteilung der neuen Parität verband Shultz mit der Feststellung, daß die Vereinigten Staaten »keine Verpflichtung zur Intervention in fremden Devisenmärkten übernommen« hätten und die Kapitalkontrollen beenden würden. Hinter den Kulissen zeigte er sich bei der Stabilisierung der neuen Paritäten und bei der Rettung des Systems als Ganzes so wenig hilfreich wie nur vorstellbar. Er ließ die besorgten Telefonanrufe des deutschen Finanzministers Helmut Schmidt unbeantwortet und verriet durch nichts, daß die Situation in irgendeiner Hinsicht beunruhigend sein könnte.

Die Ruhe, die im Februar für einige Wochen eintrat, erscheint im Rückblick überraschender als die fieberhafte Geschäftstätigkeit, die auf den Devisenmärkten im März erneut einsetzte. Am 1. März 1973, als die Bundesbank an einem einzigen Tag 8 Milliarden DM (16 Prozent des Umlaufs) emittieren mußte, kam ihr Vizepräsident Otmar Emminger zu dem Schluß, daß die Märkte »die Totenglocke für das Paritätensystem von Bretton Woods geläutet« hätten. Am selben Abend konstatierte ein amerikanischer Beamter bereits, er sehe nicht, »daß es in Europa den festen Willen zum Widerstand gegen die derzeitigen Entwicklungen« gebe.[36] Tags darauf gab die Bundesbank bekannt, daß sie nicht in der Lage sei, den Dollarkurs zu halten. Am 3. März sandte der Geschäftsführende Direktor des IWF ein Telex an den deutschen Finanzminister, in dem er eine massive Intervention empfahl. Zu diesem Zeitpunkt hatte das Begräbnis der festen Paritäten jedoch schon begonnen.

Am 4. März erwogen die Finanzminister ein gemeinsames Floaten, und die Debatte fand am 9. und 16. März ihre Fortsetzung in erweiterten Konferenzen der Zehnergruppe, an denen auch die kleineren EWG-Staaten teilnahmen. Der Durchbruch erfolgte auf einer Sitzung des EWG-Ministerrats am 11./12. März, als die Franzosen sich bereit erklärten, sich dem deutschen Floaten anzuschließen, sofern die DM gegenüber dem Franc um drei Prozent aufgewertet werde. Großbritannien schloß sich selbst aus, indem es auf unmöglichen Bedingungen beharrte, und auch Irland und Italien blieben außerhalb des neuen Europäischen Währungssystems.[37] Die Tagung der Zehnergruppe am 16. März ratifizierte diese Ergebnisse. Hatten die Repräsentanten von IWF und OECD am 9. März noch erklärt, daß »die derzeitige Struktur der Kurse verteidigt werden sollte«[38], so akzeptierte die Zehnerrunde eine Woche später das Prinzip des Floatens mit der Maßgabe, daß »zu passenden Zeiten offizielle Interventionen auf den Devisenmärkten nützlich sein können, um die Aufrechterhaltung geordneter Verhältnisse zu erleichtern, wobei auch im Auge behalten werden muß, daß es wünschenswert ist, Rückflüsse spekulativer Kapitalbewegungen zu fördern«.

Der Impetus, dem die EWG gehorchte, war nicht so sehr eine intellektuelle Neigung, die Grundsätze des Marktes auf den Bereich der Devisenkurse zu übertragen, sondern eher die Gewalt spekulativer Kapitalbewegungen, ausgelöst durch allzu verführerische Gewinnmöglichkeiten. Die großen Ungleichheiten zwischen den Nationalwirtschaften öffneten den Bankiers in aller Welt derartige Chancen zur Realisierung spekulativer Profite, daß keine noch so große Überredungskunst von Finanzministern, etwa im Rahmen der Zehnerrunde, ausreichte, sie mit der Beschwörung von Stabilität und Wünschbarkeit des alten Systems still zu halten. Wollte man nicht die fundamentalen Ungleichheiten korrigieren, was große innenpolitische Opfer erfordert hätte, so wäre das globale Finanzsystem nur durch die Einführung derart umfassender Kapitalkontrollen stabil zu halten gewesen, daß sich wiederum eine fortschreitende Paralysierung des Welthandels eingestellt hätte. Dies wäre aber nur ein anderer und absolut sicherer Weg gewesen, nicht allein das System von Bretton Woods zu zerstören, sondern auch noch die Philosophie und die Hoffnungen, die dem System zugrunde gelegen hatten. Namentlich die USA waren nicht gewillt, eine mit hohen innenpolitischen Kosten verbundene Anpassung vorzunehmen, nur um – vielleicht – ein »System« zu retten. George Shultz machte das wohl fast so drastisch klar, wie John Connally es getan hätte, als er sagte: »St. Nikolaus ist tot.«[39] Die Vereinigten Staaten seien nicht länger bereit, als globaler finanzieller Retter aufzutreten.

Institutionelle Reform

Zur selben Zeit, als Politiker, Beamte und Zentralbankchefs über institutionelle Wege zur Reform des internationalen Systems nachdachten, diktierte der Markt die Ereignisse: Die Erfahrungen des November und Dezember 1971 zerstörten jedes Vertrauen, das die USA in die Zehnergruppe als ein Forum internationaler Finanzdebatten gesetzt hatten. Ihre institutionelle Schwäche ergab sich aus der Überrepräsentation der Europäer und wohl auch, wie einige Amerikaner dachten, aus dem Fehlen von Repräsentanten der Dritten Welt. Die Mitglieder der EWG sprachen sich schon vor den Sitzungen ab – und verweigerten, wie im Dezember 1971 in Rom, jedes Ergebnis. Aber die Amerikaner mißtrauten auch dem IWF unter seiner damaligen Leitung. Kurz: Sie strebten eine fundamentale Reform der Weltfinanzordnung an.

In den frühen siebziger Jahren hat sich das Anwachsen der weltweiten Geldbestände erheblich beschleunigt. Zwischen 1961 und 1969 war die Zuwachsrate mit 6 bis 9 Prozent ziemlich gleichmäßig geblieben; 1971 kletterte die Rate jedoch auf 11,7 Prozent, 1972 auf 12,8 und 1979 auf 13 Prozent.[40] Der Schub ergab sich nicht allein aus Nixons Expansionismus, wenngleich dieser auch die Hauptursache war. Andernorts wurde die Entwicklung in den USA zum Teil als Vorbild, zum Teil aber auch als Ausrede benutzt. Das Resultat war eine zyklische Expansion der größeren Nationalwirtschaften, wie es sie in den fünfziger und sechziger Jahren nicht gegeben hatte, begleitet von verschärftem inflationären Druck.

Zu den auffallendsten Konsequenzen der Inflation gehörte das Ansteigen der Warenpreise. Zwischen 1970 und 1973 stiegen die Weltmarktpreise für Rohstoffe (ohne Erdöl) um 70 Prozent, für Nahrungsmittel um 101 Prozent. Vielen erschien diese Entwicklung als so dramatisch, daß sie sich den Vorgang nur als Anzeichen einer bevorstehenden Erschöpfung der natürlichen Ressourcen zu erklären vermochten. Die moderne industrialisierte Produktion von Mineralien, Kunstdüngern und Energie schien an ihre Grenzen zu gelangen; Vorhersagen über den zunehmenden Verbrauch wurden Schätzungen der existierenden Reserven gegenübergestellt, und beinahe täglich unterstrichen bestimmte Ereignisse das Drama der »Grenzen des Wachstums«.[41] Einige amerikanische Kunstdüngerfabriken schlossen 1970 auf Grund von Erdgasmangel, weshalb die Preise für Kunstdünger anzogen, was wiederum die Kosten der Nahrungsmittelerzeugung erhöhte, vor allem in den Entwicklungsländern. Hinzu kamen Mißernten in der UdSSR, in China, Indien, Südostasien und Teilen Afrikas; sie führten zu einer Verdoppelung der amerikanischen Weizenpreise.[42]

Am heftigsten aber schlugen die Rohölpreise aus, die bis Anfang 1971 nominell nahezu stabil geblieben waren. Der Preis für ein Barrel saudiarabischen Rohöls belief sich 1955 auf 1,93 Dollar und im Januar 1971 auf 2,18 Dollar. Als Folge der weltweiten Inflation war der reale Ölpreis im Laufe der sechziger Jahre ständig gefallen, trotz eines rapiden Wirtschaftswachstums und einer entsprechend steigenden Nachfrage. Die hochpolitische Natur der Ölproduktion schien den Preis niedrig zu halten. Das Argument, die Vorherrschaft der ölverbrauchenden Industrieländer sei für die niedrigen Preise verantwortlich, schien unter den inflationären Bedingungen der frühen siebziger Jahre unabweisbar – und den Erzeugerstaaten um so mehr zu mißfallen, als sie durch Währungsschwankungen weiter benachteiligt wurden. Die Tatsache, daß das Öl in Dollar abgerechnet und dieser 1971/1973 gegenüber den Währungen der wichtigeren Industrieländer wiederholt abgewertet wurde, vermehrte noch das Unbehagen der Produzenten. So soll der kuwaitische Ölminister gesagt haben: »Was hat es für einen Zweck, immer mehr Öl zu fördern und es dann gegen eine Papierwährung ohne Sicherheit zu verkaufen!«[43]

Die Anfang der siebziger Jahre zu verzeichnenden allgemeinen Preissteigerungen warfen die Frage nach der internationalen Verteilung von Wohlstand und Macht in schärferer Form auf als je zuvor. Die Organisation Erdöl exportierender Länder (OPEC), 1960 zur Vertretung der Ölinteressen gegründet, hatte sich bis zum Beginn der siebziger Jahre kaum bemerkbar gemacht. Nach den Dollar-Abwertungen folgte jedoch eine entsprechende Erhöhung der Ölpreise[44], und 1973 begannen die Ölproduzenten ihr Produkt als Waffe zu benutzen, um neben Einnahmen auch politische Ziele durchzusetzen (»Öl-Nationalismus«).[45] Während des ganzen Jahres kletterten die Ölpreise, und nachdem im Oktober der Yom-Kippur-Krieg begonnen hatte, verhängten wichtige Exportländer Sanktionen gegen jene Staaten, die Israel offen unterstützten. Im Dezember 1973 stiegen die Preise auf das Vierfache des Oktober-Niveaus. Saudisches Rohöl kostete nun 11,65 Dollar.

Die neuen Ölpreise verwandelten die Diskussion über die globalen Zahlungsbilanzprobleme. Den Importländern fiel es naturgemäß schwer, ihren Energieverbrauch sofort zu drosseln, und so sahen sie sich plötzlich mit weitaus höheren Rechnungen konfrontiert. Ein massiver unerwarteter Transfer von Wohlstand fand statt, als die Öleinnahmen der OPEC-Länder sich 1973 von 33 Milliarden auf 108 Milliarden Dollar verdreifachten: eine Summe, die mehr als ein Achtel der globalen Exportwerte ausmachte.[46]

Die Industrieländer standen vor der Frage, wie sie auf den Ölpreis-Schock reagieren sollten. Der höhere Preis konnte als eine neue und unvorhergesehene »Steuer« verstanden werden, die auf Einkommen und Wachstum drückten. Sollten diese Effekte durch fiskalische Stimulantien ausgeglichen werden, selbst wenn sich dann höhere Inflationsraten einstellten? Die Antwort hing naturgemäß nicht zuletzt vom inneren Zustand der jeweiligen Gesellschaft ab. Einige Staaten mit bösen Inflationserfahrungen, so Frankreich und Deutschland, und jene Länder, die aus anderen historischen Gründen eine hohe Empfindlichkeit hinsichtlich ihrer Abhängigkeit von importierter Engergie erworben hatten, etwa Japan, suchten rasche Anpassung durch eine Deflationierung ihrer Wirtschaft. Wo jedoch die innenpolitische Situation labil war und Politiker die Effekte einer Depression fürchteten, wurden schmerzhafte Eingriffe vertagt.

Die angehaltene Reform

Die Impulse für eine Reform des Weltwährungssystems hatten sich nach der Währungskrise vom März 1973 bereits weitgehend verflüchtigt. Der sogenannte Zwanziger-Ausschuß des IWF, jene Einrichtung, die mit dem Umbau der internationalen Finanzordnung beauftragt worden war, konstatierte im März 1973 auf einem Treffen der Minister erstmals, daß »floatende Kurse in besonderen Situationen ein nützliches Verfahren sein können«. Anfang 1974, als die stellvertretenden Mitglieder des Ausschusses (die leitenden Beamten der Finanzministerien, die den größten Teil der praktischen Verhandlungsarbeit leisteten) in Rom zusammenkamen, um die Reformdiskussion zu begraben, brachte der Geschäftsführende Direktor des IWF, Johannes Witteveen, den Wandel der Weltmeinung über das Management der internationalen Finanzen zum Ausdruck: »In der gegenwärtigen Lage ist ein großes Maß an Floaten unvermeidlich und sogar wünschenswert.«[47] Zu dieser Zeit hatte freilich das nahöstliche Ölembargo gegen die Niederlande und die Vereinigten Staaten die internationale wirtschaftliche Situation ebenso verwandelt wie die Ende 1973 verkündeten drastischen Ölpreiserhöhungen;

ein völlig neues und bedrohliches Anpassungsproblem war aufgetaucht. Das Öl hatte das größere Reformprojekt hinweggespült, aber es erleichterte andererseits nun das Zustandekommen einer begrenzten Vereinbarung.

Der Zwanziger-Ausschuß stimmte schließlich darin überein, daß unter den gegebenen Verhältnissen keine Reform an Haupt und Gliedern mehr verfolgt, sondern ein bescheidenes Flickwerk an den Überresten des alten Systems versucht werden sollte: nämlich die Stärkung der Aufsichtsfunktion des IWF durch zusätzliche Ministertreffen und vor allem durch die Ausarbeitung von Bedingungen und Regeln für das Floaten. Institutionell gesehen, erforderten der Ernst der Lage und das Ausmaß des nach der Ölkrise gegebenen Anpassungsproblems einen gekräftigten Fonds, der zur Überwachung fähig war. Witteveen wies darauf hin, daß die weitverbreiteten Sorgen, ob der Privatsektor wohl fähig sei, die vom Öl bewirkten Ungleichheiten durch Recycling zu beseitigen, die stabilisierende Aktivität internationaler Institutionen erforderten. »Der Euro-Währungsmarkt werde sicherlich eine wichtige Rolle bei der Finanzierung der Defizite ölverbrauchender Länder zu spielen haben, doch sei bereits eine gewisse Besorgnis über die Entwicklung dieses Marktes zum Ausdruck gebracht worden, und er glaube nicht, daß es klug wäre, sich bei der Finanzierung der enormen Defizite in den laufenden Geschäften, die zu erwarten seien, auf den Markt zu verlassen.«[48]

Floaten als Verfahrensprinzip wurde zunehmend attraktiver, und am Tag nach dem Treffen in Rom – und nach erneuten Fluchten aus dem französischen Franc – gab Frankreich bekannt, daß es die europäische Währungsschlange verlasse. Die Optimisten hofften, wie einer der Teilnehmer in Rom es formulierte, das die »floatenden Kurse, wenn sie sich erst einmal stabilisiert haben und besser verstanden werden, sich allmählich einem System fester Kurse annähern«.[49]

Das Endergebnis der Beratungen des Zwanziger-Ausschusses wurde im Juni 1974, nach einer letzten Besprechung in Washington, als »Grundriß der Reform« der Öffentlichkeit vorgestellt: »Es mag einige Zeit dauern, ehe es zu einer Rückkehr zu einem auf stabilen, doch anpassungsfähigen Paritäten basierenden System oder zu allgemeiner Konvertibilität kommt; auch werden die Vorkehrungen für das Management des Anpassungsprozesses und der globalen Liquidität nicht notwendigerweise schon in der unmittelbar vor uns liegenden Periode zur Gänze erkennbar sein.«[50]

Damit war ein drastischer Wandel vollzogen: von dem ursprünglichen Konsens, wonach die Krise des Systems der Weltwirtschaft eine international geplante Reaktion erfordere, zu der nun von den mächtigsten Ländern mit Nachdruck vertretenen Ansicht, allein der Markt könne die Lösung bringen. Wo lagen die Gründe für diesen Wandel? Zu einem guten Teil in einem gewandelten Verständnis von Reform, ihrer Mechanik und ihrer Auswirkung! Dieses wiederum ging zurück auf die internationale Inflation und ihre offenkundigste, zerstörerischste Manifestation, den Ölpreis-Schock.

Das internationale Finanzsystem war auf gutem Wege, ein »Un-System« zu werden. Die divergierende Politik der einzelnen Staaten und die Reaktion zunehmend aktiverer internationaler Kapitalmärkte verstärkten zunächst den Druck auf Regeln, die den Staaten wie Fesseln erschienen. Viele Regeln des Systems wurden deshalb über Bord geworfen. Was die monetären Beziehungen betraf, so hatten bis 1973 *alle* Mitglieder des IWF die Vereinbarung gröblich verletzt.[51] Im internationalen Handel wurden die GATT-Regeln ignoriert und umgangen. Vor allem nach dem Auftauchen von Wachstumsproblemen wollten viele Staaten eine ausdrücklich wachstumsorientierte Keynesianische Politik verfolgen und erblickten dabei in internationalen Regeln nur Hindernisse. Dennoch: Die Aussicht auf eine Welt ohne Regeln erfüllte die meisten Mitglieder der internationalen Gemeinschaft mit tiefem Unbehagen. Sie suchten deshalb einige der Regeln wenigstens in fragmentierter Form zu retten. So wurde das GATT nicht liquidiert und das internationale Finanzsystem sollte – trotz des Mißerfolgs der Debatten des Zwanziger-Ausschusses – reformiert werden. In regionalen Zusammenhängen, insbesondere in Europa, kam es zu Versuchen, wesentliche Elemente des Systems fester Wechselkurse zu bewahren.

Ist ein System erst einmal aufgegeben, ist es jedoch sehr schwierig, sich auf einen neuen Regelkatalog zu verständigen.

Das Floaten wurde allgemein als Ergebnis der Systemkrise akzeptiert, aber weniger auf Grund einer theoretischen Präferenz der Hauptakteure als deshalb, weil sein Funktionieren die wenigsten Regeln erforderte. Versuche, »Richtlinien für das Floaten« zu entwerfen, erwiesen sich denn auch als wenig erfolgreich, da sie gerade den Zweck des Verfahrens zunichte zu machen drohten, der ja darin bestand, keine Wahl zu treffen und Entscheidungen dem Markt zu überlassen.

Mit jeder weiteren Krise nahm das Gefühl zu, daß das alte System der jeweils neuen Situation nicht gewachsen sei, und so wurde das System Stück für Stück zerstört. Erst brachte die Krise vom August 1971 alle Länder zu der Überzeugung, daß zur internationalen Berichtigung der Zahlungsbilanzungleichheiten neue Paritäten notwendig seien. Die Währungskrise von 1972 und 1973 führte dann viele Politiker zu der Ansicht, eine neue Paritätenstruktur sei praktisch nicht erreichbar. Danach gab der Rohstoff- und Ölboom dem Anpassungsproblem eine neue Dimension, da das jeweils erforderliche Maß an Anpassung zu einer gänzlich unvorhersehbaren Größe wurde. Allerdings konnten die Krisen auch als Notwendigkeit gesehen werden, um ein zu inflexibel gewordenes Regelsystem zu zerbrechen – und um die Politiker zu strafen, die versucht hatten, die Regeln zu manipulieren. Tatsächlich zeigte es sich, daß der Prozeß der Regelverstöße nur zu immer stärkeren Störungen führte. Die Zerstörung des klassischen Systems von Bretton Woods verschaffte eine temporäre Erleichterung, doch wurden mehr und mehr die enormen Kosten und die wachsende Instabilität sichtbar. Die Welt begann nach neuer finanzpolitischer Führung Ausschau zu halten. Dies war die Herausforderung, der sich die sechs großen Industrieländer in Rambouillet stellen wollten.

Kapitel 7

Kapitalmärkte gegen die Neue Internationale Wirtschaftsordnung

In den siebziger Jahren unseres Jahrhunderts stand der Charakter der internationalen Wirtschaftsordnung im Mittelpunkt scharf polarisierter und ideologisch geprägter Debatten. Zuerst ging es um die Frage des Managements: Auf der einen Seite gab es die Vision von Rambouillet, in der dieses den führenden Industrieländern zufiel, auf der anderen Seite proklamierte eine Koalition der Unzufriedenen die Wünschbarkeit einer Neuen Internationalen Wirtschaftsordnung. Die Tatsache, daß die Ausweitung der internationalen Geldmenge die Finanzierung der Verschleppung des Problems erleichterte, schien das ältere populistische Argument von den exzessiv hohen Kosten einer Systemanpassung zu stützen. Aber allmählich begannen beide Seiten einen Ausweg zu sehen, und zwar in der Funktion von Kapitalmärkten. Anfänglich glaubten die entwickelten Länder, diese Märkte könnten zur Erhaltung »ihres« Systems dienen, während einige Entwicklungsländer darauf hofften, daß die Verfügbarkeit von Kapital jenen Einschränkungen ein Ende machen werde, die zuvor ihre Industrialisierung und ihre Entwicklungsstrategien behindert hatten. Naturgemäß wurden die Erwartungen beider Seiten enttäuscht, und nach 1982, dem Schock der Schuldenkrise der Entwicklungsländer, mußten alle das Verhältnis zwischen Staat und Markt überdenken.

In den siebziger Jahren folgte die Politisierung der Systemdebatte dem Schock des inflationären Prozesses, der den Zusammenbruch des klassischen Systems von Bretton Woods begleitet und beschleunigt hatte. Die Erhöhung des Ölpreises war ihrerseits bereits zu einem guten Teil eine Konsequenz der monetären Unordnung. Dieses Kapitel verfolgt die wachsenden politischen Spannungen zwischen Nord und Süd, zwischen Industrie- und Entwicklungsländern und zwischen den auf Planung beziehungsweise auf den Markt setzenden Lösungskonzepten: Waren der Markt und der private finanzielle Sektor groß und flexibel genug, um den gigantischen neuen Finanzbedarf befriedigen zu können? Oder mußte das »System« rekonstruiert werden, wenn die Lücken ausgefüllt werden sollten, die aus den Schwächen der privaten Finanzinstitutionen resultierten? Das Ergebnis dieser Diskussionen fiel so unglücklich aus, wie man sich nur vorstellen kann. In vielen Industrieländern machte sich das Gefühl breit, daß die Debatte über internationale Wirtschaftsfragen zu sehr ins politische Fahrwasser geraten sei, daß vielleicht gar keine Notwendigkeit für ein »System« bestehe und daß man die Dinge sich selbst überlassen dürfe. In den Entwicklungsländern nahm man solche Ansichten als Beweis für die Unfairneß des »Systems« und für die Dringlichkeit einer fundamentalen Revision. Angesichts derart extremer Reaktionen war Neuordnung eine herkulische Aufgabe.

Verteilung der Anpassungslast

Seit den späten sechziger Jahren hatten Dispute über die Frage, wer die Anpassung zu finanzieren habe, zunehmend Spannungen zwischen den Industrieländern produziert; hier lag eine der Ursachen des Zusammenbruchs der Paritätsordnung. Der Schluß fiel nicht schwer, daß die Entstehung eines neuen, vom Ölpreis bescherten Transferproblems, bei dem es um viele Milliarden Dollar ging, die Beziehungen noch verschlechtern werde. Für multilaterale Institutionen, die der Bewahrung eines liberalen Wirtschaftsverkehrs dienen wollten, stellte diese Überlegung allein schon ein starkes Motiv für die Vertagung der Anpassung und für die Finanzierung der Gleichgewichtsstörungen dar.

Von den Vereinigten Staaten, die außerdem noch ein starkes Interesse an der Aufrechterhaltung des westlichen Sicherheitssystems hatten, konnte eigentlich die gleiche Überlegung erwartet werden. Aber einige amerikanische Politiker, vor allem Außenminister Henry Kissinger und William Simon, zunächst Chef des Federal Energy Office und nach 1974 Finanzminister, hielten die Preiserhöhungen der OPEC für einen Akt politischer Herausforderung. Maßnahmen, die zur Finanzierung der Anpassung beitrugen, die überschüssigen Ölgelder wieder zurückleiteten oder sonst irgendwie der Dämpfung des Schocks dienten, waren in ihren Augen nur geeignet, eine zutiefst illegitime Preissteigerung zu verewigen.

Andererseits sahen viele Rohstoffproduzenten im Vorgehen der OPEC ein Modell richtigen Gebrauchs von Produzentenmacht, um das Muster der Weltpreise, die Handelsbeziehungen und die Verteilung von Einkommen zu verändern. Im Mai 1974 billigte die Generalversammlung der UN ohne Abstimmung eine ›Deklaration und ein Aktionsprogramm zur Errichtung einer Neuen Internationalen Wirtschaftsordnung‹. Darin hieß es: »Es hat sich als unmöglich erwiesen, eine gleichmäßige und ausgeglichene Entwicklung der internationalen Gemeinschaft unter der herrschenden internationalen Wirtschaftsordnung zu erreichen. Die Lücke zwischen den entwickelten und den sich entwickelnden Ländern vergrößert sich weiter in einem System, das zu einer Zeit geschaffen wurde, als die meisten Entwicklungsländer noch gar nicht als unabhängige Staaten existierten, und das die Ungleichheit verewigt.« Zu den vorgeschlagenen Korrekturen gehörten die Unterstützung von Produzentenorganisationen bei der Beschleunigung des Entwicklungsprozesses und »die Sicherstellung günstiger Bedingungen für den Transfer finanzieller Ressourcen in die Entwicklungsländer«, ferner eine Reform des internationalen Finanzsystems mit dem Ziel der »Förderung der Entwicklungsländer«.[1] Im Dezember wurde auf einer weiteren Sondersitzung der Generalversammlung eine »Charta wirtschaftlicher Rechte und Pflichten der Staaten« entworfen, die fünfzehn Grundprinzipien enthielt, von denen die internationalen Wirtschaftsbeziehungen künftig bestimmt sein sollten.

Ein erster Schritt müsse, so sahen es viele Reformer, die Regulierung des Warenhandels und die Schaffung eines Mechanismus zur Umgestaltung des internationalen Finanzsystems sein. Ende 1974 formulierte eine Regierungsgruppe etlicher Entwicklungsländer ein gemeinsames Programm für ein »integriertes globales Vorgehen bei Rohstoffen«, das einen Lagerhaltungs- und Interventionsmechanismus einschloß, der vom IWF finanziert werden sollte, und außerdem eine Koppelung von Rohstoffpreisen an die Preise importierter Fertigwaren vorsah. Eine recht begrenzte Version dieses Programms konnte im Februar 1975 tatsächlich vereinbart werden, und zwar in der Lomé-Konvention, die von der Europäischen Gemeinschaft und 46 afrikanischen, karibischen und pazifischen Staaten unterzeichnet wurde. Zwölf Handelsgüter sollten danach der Kontrolle einer Einrichtung zur Stabilisierung von Exporteinnahmen (STABEX) unterliegen: Bananen, Kakao, Kokosnußprodukte, Kaffee, Baumwolle, Erdnußprodukte, Palmprodukte, Pelze und Häute, Sisal, Tee, Holz und Eisenerz. Für alle industriellen Erzeugnisse und 96 Prozent der Agrarprodukte wurde zollfreier Zugang zum EG-Markt zugesichert. Für höhere Entwicklungshilfe sollte ein Europäischer Entwicklungsfonds sorgen.

Nach Meinung der Kritiker, die meist aus den Entwicklungsländern kamen, mußte die Transformation der Handelsbeziehungen von einer Reform des internationalen Finanzsystems begleitet sein. Das Ziel brachte Senegals Präsident Senghor im Februar 1975 bei der Eröffnung eines Treffens blockfreier Entwicklungsländer in Dakar auf den Punkt: »Die Dritte Welt muß an der Führung der finanziellen Angelegenheit der Welt beteiligt werden. [...] Wenn die zusätzlichen Ressourcen, die das Erdöl bringt, nur die Welle des Kapitals anschwellen läßt, das auf der Suche nach spekulativer Anlage ist, oder großenteils auf den traditionellen Märkten placiert wird, werden unsere Probleme offensichtlich bloß verlagert und nicht auf den Weg zur Lösung gebracht.«[2]

Akzeptierung der Öldefizite

Die wirtschaftliche Zukunft sah in den frühen siebziger Jahren ungewiß und risikoreich aus. Der Wunsch nach einem harmonischen internationalen Wirtschaftssystem bewog die Zwanziger-Gruppe auf ihrem Treffen in Rom zu der Auffassung, die von der Entwicklung des Ölpreises verursachten Defizite sollten »akzeptiert« und mithin finanziert werden. Als aber Japan und die Bundesrepublik Deutschland ihre Defizite durch korrigierende Maßnahmen relativ rasch ausglichen und 1975 wieder Überschußpositionen erreichten, wurde das einseitige Anpassungsmuster, das die Konferenzteilnehmer so sehr befürchtet hatten, tatsächlich Realität und erlegte den internationalen Beziehungen erhebliche Belastungen auf.

Die am 13. Juni 1974 etablierte Ölfazilität des IWF hatte die Stabilisierung des internationalen Systems zum Ziel. Sie wurde jedoch, zusammen mit einem konkurrierenden OECD-Vorschlag, von radikalen Kritikern, die eine neue Finanzordnung wollten, als bloßes Beruhigungsmittel verworfen[3] – und sie ging an den Schwierigkeiten vorbei, denen sich die ärmsten Entwicklungsländer gegenübersahen. Ende 1974 schlug Henry Kissinger eine dreigliedrige Behandlung der Ölkrise vor: Die OECD solle einen Fonds zur Vergabe von Stand-by-Krediten an entwickelte Länder einrichten; die Vereinigten Staaten sollten ihren eigenen »Leih- und Garantiefonds« schaffen; und der IWF solle einen Trustfonds zur Subventionierung der Anpassungskosten in den sehr armen Ländern verwalten. Letzterer Vorschlag wurde vom IWF in die Anregung eines Subventionskontos abgewandelt. Die Vereinten Nationen stellten eine Liste der 41 Länder auf, die »von der gegenwärtigen Situation am ernstesten betroffen sind«, und zwar auf der Basis geringen Pro-Kopf-Einkommens und hoher Zahlungsbilanzdefizite. Das Subventionskonto, finanziert mit den Beiträgen von 25 reichen Ländern, ermöglichte die Reduzierung der Zinszahlungen für die Ölfazilitätskredite um 5 Prozent. 1976 nahm außerdem ein Trustfonds, den der IWF verwaltete, seine Tätigkeit auf und stellte armen Staaten Zahlungskredithilfen zur Verfügung, die mit 0,5 Prozent zu verzinsen und nach einem fünf Jahre später einsetzenden Plan zurückzuzahlen waren. Die Finanzierung erfolgte durch den Verkauf eines Teils der Goldreserven des IWF.

Binnen weniger Jahre stellten sich die zunächst enorm erscheinenden Probleme, die aus den Ölpreissteigerungen von 1973/74 erwachsen waren, als lösbar heraus: Geringere Wachstumsraten und Sparmaßnahmen hielten den Ölbedarf in Schach; die Ölexportländer erhöhten ihre Importe und versuchten von der reinen Petroleumförderung zur Raffinierung und Verarbeitung fortzuschreiten. Außerdem flossen die OPEC-Überschüsse meist über Kreditmärkte und weniger durch die multilateralen Institutionen zurück. Zwar nahmen auch die Ziehungen beim IWF zu, doch der Anstieg der privaten Verschuldung war viel dramatischer. Dementsprechend wuchsen die Schulden der Entwicklungsländer.

Die Euromärkte erwiesen sich als günstiger institutioneller Mechanismus für das Recycling der Ölgewinne; 1974/75 machten Anleihen an Regierungen und staatliche Finanzinstitutionen mehr als die Hälfte aller Kredite aus. Die Fristen der Anleihen nahmen ab: Während 1974 zwei Drittel noch eine Laufzeit zwischen sieben und zehn Jahren hatten (ein Zehntel lag darüber), waren 1975 zwei Drittel auf ein bis sechs Jahre befristet, und nur noch ein Prozent der Kredite lief länger als zehn Jahre. Das Verhalten der Märkte zeigte an, daß das Recycling als vorübergehendes Phänomen galt; die Banken fanden den unvertrauten Vorgang anfangs recht beängstigend.

Bald trat in der Weltwirtschaft erneut eine Machtverschiebung ein, und die Natur des globalen Wirtschaftsproblems wandelte sich. Zum einen waren die OPEC-Überschüsse bereits 1978 nahezu verschwunden: Nur noch zwei der großen Ölexporteure wiesen erhebliche Überschüsse auf, nämlich Kuwait und die Vereinigten Arabischen Emirate. Die Bilanzen Libyens und des Iran waren nahezu ausgeglichen, und sowohl Saudi-Arabien wie Nigeria verzeichneten beträchtliche Defizite; die Ölländer hatten sich rasch entwickelt und demonstriert, daß Entwicklung teuer sein konnte. Wirklich bedeutende Überschüsse erzielten jene Staaten, die das schon während der Devisenkrisen in den späten sechziger und frühen siebziger Jahren getan hatten: Deutschland und Japan.

Zum andern allerdings kam es nach dem Sturz des Schah Ende 1978 zu einer neuen Ölpreisrunde. Aber diese Erhöhungen waren vom OPEC-Kartell nicht gut koordiniert; der größte Produzent, Saudi-Arabien, hielt seine Preise zunächst sogar stabil und steigerte die Produktion, um ein Preischaos und die Desintegration der Weltwirtschaft zu verhüten. Die Erhöhungen waren das Resultat einer Panik auf dem Markt, von Versorgungsängsten und von Weltuntergangsstimmungen. Die OPEC verlor die Kontrolle und vermochte weder die Unterstützung der von der abermaligen Erhöhung der Energiepreise hart getroffenen Entwicklungsländer zu organisieren noch für ihre effektive Präsenz in der internationalen Wirtschaftsdiplomatie zu sorgen. Im Ergebnis führte die zweite Ölkrise für die Ölproduzenten zu einem spürbaren Machtverlust. Als dem ein Verfall der Rohstoffpreise folgte, schwand auch der Glaube, die Ordnung der Weltwirtschaft sei einfach durch die Anwendung der Monopolmacht von Rohstoffproduzenten zu verändern. Wie nach der ersten Ölpreiserhöhung, veränderten sich die laufenden Bilanzen der Produzenten abermals rasch: 1980 verzeichneten die größeren Ölproduzenten im Mittleren Osten beträchtliche Überschüsse, jedoch schon 1983 geringe Defizite.[4]

Die zweite Ölpreiskrise brachte ganz andere Reaktionen hervor als die erste. Zum Teil lag der Unterschied im Zusammenbruch der »Dritte-Welt-Solidarität«, wie sie die Krise zumindest für kurze Zeit anscheinend bewirkt hatte. Aber die wirtschaftliche Logik spielte ebenfalls eine Rolle: Als Resultat der ständigen Umbrüche wurde der Ölmarkt flexibler, und eine hochentwikkelte Marktorientierung erlaubte schnelles Eingehen auf Änderungen in Versorgung und Bedarf. Die neuen Verhältnisse waren aber auch ein Produkt des Wandels in der Innen- und Außenpolitik der Industriestaaten: Die Tatsache, daß die erste Ölkrise trotz aller anfänglichen Ängste überwunden worden war, gab vielen Politikern und Bankiers die Zuversicht, der zweite Ölschock könne ebenso gut verdaut werden. So gab es kaum Versuche, das Recycling der Ölzahlungen zu koordinieren und Zahlungsbilanzstörungen auszugleichen. Der private Kapitalmarkt, der so unsicher auf den ersten Ölschock reagiert hatte, zeigte angesichts des zweiten viel mehr Selbstvertrauen. Kreditoren und Schuldner arbeiteten auf dem Markt zusammen, so daß dieser wuchs, während die Kooperation zwischen den größeren Nationalwirtschaften verfiel.

Internationale Verknüpfung

Eine Alternative zur Lenkung durch den Markt oder durch eine auf die Vereinten Nationen gestützte Neue Internationale Wirtschaftsordnung schien in der Personalisierung zu liegen, das heißt in Entscheidungsfindungen im Stile von Rambouillet. Gipfelkonferenzen wurden bald zu jährlich wiederkehrenden Ereignissen, doch produzierte auch dieser Mechanismus Enttäuschungen.

Das Ende des klassischen Systems von Bretton Woods und das Scheitern der Versuche, es zu restaurieren, war von erheblichen Zahlungsbilanzstörungen begleitet. Die unmittelbare Ursache lag großenteils im Ölpreisschock, und das unmittelbare Problem lag in der Anpassung an die gestiegenen Kosten. Als die Ölimportländer auf ihre neuen Defizite reagierten, setzten sie eine größere globale Rezession in Gang. Anders gesagt: Die Krise bestand aus einem massiven Ressourcentransfer zu den Ölproduzenten, und da diese ihre neuen Einnahmen nicht sofort ausgaben, verlangsamte sich die Expansion der Weltwirtschaft. Außerdem verschwand mit dem Ende fester Paritäten ein Disziplinierungsmittel, und das erlaubte fast allen Ländern eine raschere monetäre Expansion; die globale Versorgung mit Geld nahm zu. Weitverbreitetes Floating beschleunigte mithin sogleich die internationale Inflation.

Für die amerikanische Politik, wollte sie das ökonomische Stimulierungsprogramm am Laufen halten und eine Zahlungs- und Vertrauenskrise vermeiden, kam es darauf an, in der ganzen industriellen Welt koordinierte expansionistische Maßnahmen zu fördern. Die Auffassung, gerade Überschuß-Länder seien dazu verpflichtet, ihre Wachstumsraten zu steigern, hatte 1976 auf einer »trilateralen« Konferenz in der Brookings Institution Lawrence R. Klein, Professor an der University of Pennsylvania, formuliert.[5] Unter der Bezeichnung »Lokomotiven-Theorie« erhielt sie amtlichen Segen, als US-Finanzminister Michael Blumenthal das Bündel der ins Auge gefaßten Maßnahmen vor dem Kongreß erläuterte.

Namentlich die Bundesrepublik opponierte anfänglich dem amerikanischen Druck zur Expansion und Vorhersagen, die nach Ansicht der deutschen Politiker auf dubiosen oder wenig einleuchtenden Annahmen beruhten. Als die britische Regierung große Neigung zeigte, sich der Allianz anzuschließen, wies Bundeskanzler Helmut Schmidt genußvoll darauf hin, daß die britische Inflationsrate von 18 Prozent weder ein Zeichen von Stabilität noch von Erfolg sei. Schmidt glaubte sich dennoch genötigt, die Verhandlungen mit den USA fortzusetzen, wobei er hoffte, seine Überzeugungskraft werde dort zu einer realistischeren Energiepolitik führen.

Als die Vorbereitungen für das auf Mai 1977 festgesetzte Londoner Gipfeltreffen fortschritten, wurde klar, daß ein Zusammenstoß zwischen den Überschuß- und den Defizit-Ländern bevorstand. Während des Treffens forderte der britische Schatzkanzler Denis Healey erwartungsgemäß ein energischeres Handeln von Japan und Deutschland und deutete ebenso erwartungsgemäß die Möglichkeit einer protektionistischen Haltung Großbritanniens für den Fall an, daß keine ausreichende Expansion zustande komme. Auf der anderen Seite setzten die deutschen Unterhändler Warnschüsse vor den amerikanischen und den britischen Bug, indem sie demonstrativ an der Gipfel-Deklaration herumbastelten. Eine Formulierung, die Karl Otto Pöhl mit französischer Hilfe ins Kommuniqué brachte, faßte die deutsche Position treffend zusammen, spiegelte aber auch eine allgemeinere Furcht vor der Inflation und ihren Folgen: »Inflation ist nicht ein Mittel gegen Arbeitslosigkeit, sondern eine ihrer wichtigsten Ursachen.«

Der Druck auf die Überschuß-Länder nahm 1977 und 1978 noch zu, als klar wurde, daß sie hinter den in London festgelegten Zielen weit zurückblieben. Sowohl Japan als auch Deutschland waren durch interne Debatten über die Wünschbarkeit höherer Staatsausgaben gespalten, und wer dabei für Geldvermehrung votierte, zog »äußeren Druck« mit Vorliebe als wirksames Argument heran. In Japan traten der Minister für Internationalen Handel und Industrie sowie eine mächtige Gruppe in der Liberaldemokratischen Partei für kräftigere fiskalische Stimulantien ein. In den sechziger Jahren war Japans Sozialbudget relativ niedrig, wogegen entsprechende Aufwendungen in anderen Industriestaaten rasch expandierten; die siebziger Jahre boten nun eine Gelegenheit zum Aufholen. In der Bundesrepublik forderten die Gewerkschaften und der linke Flügel der SPD ein staatliches Investitionsprogramm in Höhe von mindestens einem Prozent des Bruttosozialprodukts.

Auf der anderen Seite standen die Finanzministerien und Zentralbanken. Die Bundesbank war stolz auf ihre Unabhängigkeit bei der Festlegung der deutschen Geldpolitik und auf eine antiinflationäre Strategie eingeschworen; unter den Verhältnissen von 1977/78 erschien die Auferlegung einer monetären Kontrolle aber als nahezu unmöglich. Helmut Schmidt hatte Vorbehalte gegen eine Haushaltsausweitung und mußte von ihrer Wünschbarkeit erst durch Beamte überzeugt werden, die sich an Keynes orientierten. Schließlich sah er in Konzessionen eine Gelegenheit, ein ähnliches Wunder zu bewirken, wie es früher Ludwig Erhard und Karl Schiller den Deutschen beschert hatten. Doch wollte er die internationale Debatte dazu benutzen, interne Opposition gegen sein Programm zu überwinden. Schmidts taktisches Rezept soll gelautet haben: »Warten wir noch eine Weile, bis nach dem Gipfeltreffen. Laßt sie mich zwingen, es zu tun.«[6] Die Motive des Kanzlers waren aber komplex: Zum Teil zielte seine Taktik in der Tat auf innenpolitische Widerstände, zum Teil jedoch auch darauf, den Vereinigten Staaten Konzessionen in der Energiefrage abzuhandeln.

Da zwei Drittel des amerikanischen Ölbedarfs in den USA selbst produziert und überdies gerade in Alaska neue große Vorkommen erschlossen wurden, wirkte sich die Entwicklung des Ölpreises auf die Zahlungsbilanz der Vereinigten Staaten entsprechend geringer aus als auf die der kein Erdöl fördernden Europäer. Aber der amerikanische Energieverbrauch war immens, und seit der OPEC-Krise hatten die Ölimporte beträchtlich zugenommen (von 5 Milliarden Dollar 1972 über 27 Milliarden 1975 auf 45 Milliarden 1977).[7] Relativ kleine Einsparungen konnten bereits zu einer erheblichen Reduzierung des Imports führen und das Verhältnis von Angebot und Nachfrage auf den internationalen Märkten entscheidend beeinflussen. Von Anreizen zur Senkung des Ölverbrauchs, die mit einer Erhöhung der künstlich niedrig gehaltenen amerikanischen Energiepreise leicht zu schaffen waren, hätten die europäischen Konsumenten also klar profitiert. Bei den amerikanischen Wählern und beim Kongreß war eine solche Politik aber unpopulär – mithin ein Fall, wo internationaler Druck auf eine Regierung etwas bewirken konnte[8], und eben dafür zu sorgen, war Sache der Gipfeltreffen.

Dem Bonner Gipfel vom 16./17. Juli 1978 gingen schon etliche Gelegenheiten voraus, bei denen Schmidt den internationalen Aspekt wirtschaftspolitischer Diskussionen in den Vordergrund rückte. Auf der Sitzung des EG-Ministerrats vom 7./8. April schlug er, zusammen mit Giscard d'Estaing, die Schaffung des Europäischen Währungssystems als eine »Zone der Währungsstabilität in Europa« vor, und zugleich stimmte er einer »konzertierten Aktion« zur Förderung der wirtschaftlichen Erholung zu. Im Juni wurde auf einem Ministertreffen der OECD der Plan des Sekretariats zur Erhöhung des Geldumlaufs gebilligt, neben einem Vorschlag zur Angleichung der Energiepreise in den Mitgliedsländern, das heißt zu einer Erhöhung in den Vereinigten Staaten. Nach einer Serie bilateraler Verhandlungen mit den USA, die im Januar 1978 in einem Handelsabkommen gipfelten, hatte sich Japan bereits zu mehr Wachstum verpflichtet.

Auf dem Bonner Gipfeltreffen selbst wiederholte Ministerpräsident Takeo Fukuda dann die Zusage, ein Wachstum von 7 Prozent anzusteuern (in Japan hieß er schon »Herr Sieben-Prozent«), und im September verabschiedete seine Regierung ein zusätzliches Arbeitsbeschaffungsprogramm, das sich auf etwa 1,5 Prozent des Sozialprodukts belief. Auch Schmidt erklärte sich zu wachstumsfördernden Maßnahmen bereit, die, wie er sagte, 1 Prozent des Bruttosozialprodukts ausmachen würden. Das Programm sah Ausgaben in Höhe von 12,5 Milliarden DM vor, und die Bundesbank stimmte einer Anhebung des Kreditrahmens der Öffentlichen Hand zu. Die Ölpreise in den Vereinigten Staaten sollten bis 1980, so sagte Präsident Carter zu, auf das globale Niveau steigen, und er versprach weitere Maßnahmen mit dem Ziel, eine Reduktion der Ölimporte bis 1985 um 2,5 Millionen Barrels pro Tag zu erreichen.

Ob Japan, Deutschland oder die Vereinigten Staaten – in allen Ländern entstanden um die Einhaltung der in Bonn gegebenen Zusagen alsbald heftige Kontroversen. In den USA erforderte der Abbau der Ölpreiskontrollen komplizierte innenpolitische Verhandlungen unter den erschwerten Umständen einer bevorstehenden Präsidentenwahl. Im April 1979 stimmte Carter dem Kontrollabbau zu und machte die zusätzlichen Gewinne der Ölgesellschaften durch die Einführung einer Profitsteuer politisch akzeptabler. So wurde das amerikanische Versprechen am Ende zwar eingehalten, doch den Europäern – vor allem Helmut Schmidt[9] – schienen die eingetretenen Verzögerungen sehr zu schaden. Denn nach der Revolution im Iran und dem Sturz des Schahs begannen die Ölpreise erneut zu klettern. Die amerikanische Subventionierung der Ölimporte trug zum Anstieg der Ölpreise bei und damit dazu, daß die Folgen des zweiten Ölschocks viel verheerender ausfielen als die des ersten.

In Deutschland zeichneten die fiskalischen Maßnahmen des Jahres 1978 für die anschließende Expansion mitverantwortlich – sie dürften dem Bruttosozialprodukt 1980 etwa 1 Prozent hinzugefügt haben, 1981 etwas weniger[10] –, hinterließen aber eine bittere politische Erbschaft. Neue Arbeitsplätze waren geschaffen worden, doch als Folge des neuen Ölschocks stiegen die Steuereinnahmen nicht. Obwohl der Anteil des Staatsdefizits am Bruttoinlandsprodukt nach 1977 zurückging[11], kam während der zweiten Ölkrise ein neuer Ton in die Debatte über die staatlichen Stimulantien. Im Gegensatz zu den Jahren nach dem ersten Ölschock verschlechterte sich nach dem zweiten Deutschlands Außenhandelsbilanz. Es entstand die Legende von der »katastrophalen expansionistischen Politik«[12]; eine Kritik, an der sich zunehmend auch der Juniorpartner in der Regierungskoalition, die FDP, beteiligte, vor allem ihr Wirtschaftsminister Otto Graf Lambsdorff. Als Konsequenz führte Schmidt seine Koalition geschwächt in die achtziger Jahre, während gleichzeitig die wirtschaftliche Basis des deutschen Systems anfälliger erschien.

Äußeren Druck als Mittel zur Erlangung einer innenpolitischen Entscheidung zu nutzen (eine Methode, die in Japan »gaiatsu« heißt) – das war offensichtlich nicht gelungen. Die makroökonomischen Effekte der Stimulantien stellten sich als relativ geringfügig heraus, während die politisch-psychologischen Rückwirkungen gravierend waren. Daß sie sich auf Geheiß anderer anzupassen schienen, ließ die Verantwortlichen zu Hause schwach aussehen, zumal wenn die Resultate den Erwartungen – wie fast immer – nicht entsprachen. Nach 1978 wurde »Lokomotive« zu einem unanständigen Wort, besonders in Japan und Deutschland. Selbst der Begriff »Koordination« verfiel der Verdammung, da man ihn mit unangemessen weitgehenden internationalen Lenkungsansprüchen verbunden sah.[13] Die Deutschen gaben sich große Mühe, zur Erklärung ihrer unbequemen internationalen Position ein alternatives Image zu entwickeln. Deutschland und Japan seien nicht »Lokomotiven«, sondern »Radfahrer«. Was würde wohl in einem Radrennen geschehen, wenn die Fahrer immer wieder abstiegen, um ihre Reifen aufzupumpen? Erst 1990, als sie ihren Nachbarn die positiven Wirkungen der deutschen Wiedervereinigung zu erklären suchten, sollten Deutsche abermals den Begriff »Lokomotive« verwenden.

In Japan kam es im Anschluß an die Periode äußerer Pressionen zu ähnlichen Reaktionen wie in Deutschland, jedoch aus anderen Gründen. Seit Ende 1978 führte das Finanzministerium einen ununterbrochenen Feldzug gegen »exzessive« Expansion und allzu große staatliche Haushaltsdefizite: Beides enge die Möglichkeiten künftiger Politik ein, dränge private Kreditnehmer aus dem Kapitalmarkt und öffne die Schleusen für eine erneute Inflation. Die Ausgaben des Staates sollten deshalb durch Erhöhungen der Verbrauchssteuern finanziert werden. Die Empfindung, auf dem Bonner Gipfel unangemessenem Druck ausgesetzt gewesen zu sein, veranlaßte dann Japan nicht zu weiterer Expansion, sondern zu einer Politik der Stabilisierung und der Defizitreduzierung.[14]

Eine Wirkung des Debakels von Bonn sollte beachtet werden: Zwar handelt es sich dabei um einen Koordinierungsversuch, der scheiterte. Die Motive aber, die den Versuch inspiriert hatten, und das Bemühen um einen gleichmäßigeren Entwicklungspfad für die Weltwirtschaft waren mitnichten unbegründet. Als der Mechanismus versagte und die Beteiligten nach einem Sündenbock fahndeten, schoben sie die Verantwortung für den Fehlschlag dem sichtbarsten Teil des ganzen Vorgangs zu, dem »Gipfel«.[15]

Globale versus regionale Lösungen

Logisch betrachtet, gab es eine Anzahl von Möglichkeiten, jene andauernden Probleme anzugehen, die sich für das internationale System aus dem Niedergang des Dollars ergaben. Die umfassendste Lösung wäre die Schaffung eines Mechanismus für den Übergang zu einem auf den Sonderziehungsrechten (SDR) basierenden System oder zu einem Multiwährungssystem gewesen. Vorschläge für eine Umwandlung der Dollar-Reserven durch ein »Substitutionskonto« beim IWF waren 1978 von der amerikanischen Regierung wohlwollend aufgenommen worden, vielleicht auch wegen der Sorge, daß das internationale Ansehen der USA Schaden nehmen werde, falls der Dollar weitere Schocks erleide. Doch wurde diese Lösung nie realisiert.

Die Währungsschwankungen von 1977/78, der Niedergang des Dollars und die Auffassung europäischer Staatsmänner, dies hänge mit der Person und der Politik des amerikanischen Präsidenten zusammen, führten in Europa zur Wiederentdeckung der politischen Vorzüge fester Paritäten, die in der erwähnten Schaffung eines neuen Europäischen Währungssystems (EWS) gipfelte.[16] Angesichts der politischen und wirtschaftlichen Schwäche der USA verlagerte sich die persönliche Spitzendiplomatie von der internationalen auf die europäische Ebene. Wann immer es zu Bewegungen aus dem Dollar kam, wanderten die Gelder nicht gleichmäßig in alle europäischen Währungen, sondern vornehmlich in die DM und den Schweizer Franken. Als Folge verteuerte sich die DM gegenüber dem französischen Franc und den Währungen fast aller Nachbarländer. Die europäischen Wechselkurse spiegelten daher weniger ökonomische Sachverhalte als die Markteffekte der Dollarstörungen. Das geplante Substitutionskonzept wäre zwar die eleganteste Methode zur Lösung des Problems gewesen, machte jedoch zu langsame Fortschritte und besaß nicht den politischen Impetus, der die regionalen Alternativen antrieb. Nachdem die Vorstellungen der Europäer realisiert worden waren, verschwand die Substitutionsidee deshalb in der Versenkung.

Am 7./8. April 1978, auf einem Treffen des Europarats in Kopenhagen, machten der Bundeskanzler Schmidt und der französische Staatspräsident Giscard d'Estaing einen Plan für die stärkere Nutzung der europäischen Verrechnungseinheit bei Transaktionen zwischen den Mitgliedsstaaten und für gemeinsame Interventionen gegen den Dollar und Drittwährungen bekannt. Der Plan sah eine Neuordnung des internationalen Währungssystems vor, die »den Dollar auf der Seite läßt«[17], ebenso multilaterale Finanzinstitutionen. Bereits auf dem Bremer Treffen des Europarats am 6./7. Juli wurden die Grundprinzipien des Schmidt-Giscard-Plans vereinbart.

Seit ihrer Zeit als Finanzminister waren Schmidt und Giscard d'Estaing von der Funktionsweise des Bretton Woods-Systems beeindruckt. Beide hatten in den Krisen von 1972 Kapitalkontrollen dem Floaten vorgezogen und sich der amerikanischen Auffassung – und der des deutschen Wirtschaftsministers Schiller – von der Unausweichlichkeit des Liberalisierungsprozesses widersetzt. Die 1978 vorgeschlagene europäische Struktur ähnelte Bretton Woods in dessen nach den großen Liquiditätsdebatten der sechziger Jahre modifizierter Gestalt, wobei die Europäische Währungseinheit (ECU = European Currency Unit) im engeren europäischen System die Rolle der Sonderziehungsrechte spielte. In der ursprünglichen Fassung des Plans hätte es sogar einen Europäischen Währungsfonds gegeben. Das EWS war der Versuch, das Paritätssystem durch die Wahl eines engeren Rahmens zum Funktionieren zu bringen. Wie das klassische System sollte es die nationalen Regierungen disziplinieren, ebenso die Tarifverhandlungen zwischen Arbeitnehmern und Arbeitgebern. Die Bindung an einen festen Kurs mußte klar machen, daß hohe Tarifabschlüsse unweigerlich zu einer Reduzierung der Wettbewerbsfähigkeit und damit zu einem Ansteigen der Arbeitslosigkeit führten. Von stabilen Wechselkursen durfte mithin auch ein Rückgang der Inflationsraten erhofft werden. Die Ursprünge des EWS waren rein europäisch, und der Versuch, Bretton Woods für einen regionalen Rahmen neu zu konstruieren, stieß beim IWF anfänglich auf wenig Sympathie.

Kollidierte das neue System tatsächlich mit den Erfordernissen einer stabilisierten globalen Währungsordnung? Zu Beginn gab es jedenfalls viele Kritiker, eben auch im IWF, als aber das Drama des Dollar und der amerikanischen »Nachlässigkeit« die ganzen achtziger Jahre hindurch andauerte, bekehrten sich die meisten Kommentatoren zu der Ansicht, daß eine partielle Reform besser sei als gar keine.

Die Krise des Dollar

Die Auffassung, daß die Schwäche der USA eine effektive internationale Koordination hindere, schien durch die Entwicklungen von 1978 und 1979 unmittelbar bestätigt zu werden. Der Fall des Dollar setzte sich im Sommer und im Herbst 1978 fort. Zunächst reagierten die Vereinigten Staaten mit dem konventionellen währungspolitischen Mittel einer Erhöhung des Diskontsatzes. Am 24. Oktober führte die Regierung freiwillige Preis- und Lohnkontrollen ein. Am 1. November kam ein Maßnahmenbündel zur Rettung des Dollar, zu dem (neben einer weiteren Straffung der Geldpolitik) die Vermehrung der Swap-Arrangements mit anderen Zentralbanken und die Ausgabe von »Carter-Bonds« in Yen und DM gehörten. Die Stützung des Dollars sollte nicht als Schritt zu festen Wechselkursen angesehen werden, sondern eher als »ein Akt zur Wiederherstellung der Ordnung auf den Devisenmärkten, so daß die Kurse leichter auf wirtschaftliche Grundtatsachen reagieren können«.

Ende 1978 bescherte die iranische Revolution eine neue Welle politischer und wirtschaftlicher Unsicherheit; auf den Märkten herrschte Chaos, und die Ölversorgung schien ungewiß zu sein. Zum Teil auf Grund seines Status als Sicherheitswährung blieb der Dollar auf den Devisenmärkten erstaunlich stabil. Er verbesserte sich gegenüber Yen und DM, und die Geldströme, die 1978 in die Bundesrepublik geflossen waren, kehrten sich um. Dann führte die Suche nach finanzieller Sicherheit zu einem Ansteigen der Preise für Sachwerte und zu einer erneuten Goldspekulation. Anfang 1979 hatte der Goldpreis bei etwas über 200 Dollar pro Unze gelegen. Nach Ausbruch des Kriegs zwischen Irak und Iran und nachdem iranische Revolutionäre die amerikanische Botschaft in Teheran besetzt hatten, froren die USA sämtliche erreichbaren iranischen Guthaben ein und demonstrierten damit den fundamental politischen Charakter einer Papierwährung. Die Invasion sowjetischer Truppen in Afghanistan steigerte die politische Nervosität noch. Der Goldpreis kletterte bis zum 21. Januar 1980 auf 875 Dollar, was Carters demonstrativen (Wahlkampf-)Anstrengungen zur Bekämpfung der Inflation zuwiderlief. Diese bestanden auch darin, daß er den Vorsitzenden des Federal Reserve Board, William Miller, zum Finanzminister und den Präsidenten der New Yorker Federal Reserve Bank, Paul Volcker, zu Millers Nachfolger ernannte. Auf dem Weg zum Jahrestreffen des IWF in Belgrad sah sich Volcker Predigten von Helmut Schmidt über die Konsequenzen der amerikanischen Nachlässigkeit ausgesetzt: Die Interventionsmechanismen bei Währungsschwankungen und das Swap-Netz seien nicht ausreichend, internationale wirtschaftliche Stabilität zu schaffen.[18]

Volcker, der von den Belgrader Gesprächen vorzeitig in die Vereinigten Staaten zurückkehrte, erreichte am 6. Oktober 1979 auf der Sitzung des Offenmarktausschusses eine Verständigung darüber, daß gegen die Inflation vorgegangen und die direkte Kontrolle der Bankreserven eingeführt werden sollte, selbst wenn dies zu hohen Zinssätzen führen würde. So markierte der Tag einen weithin verstandenen »Wendepunkt, das bedeutungsvollste Datum in der jüngsten Währungsgeschichte«.[19] Die Erklärung des Londoner Gipfels, die Schaffung des EWS und jetzt die Aktion zur Verteidigung des Dollar hatten eine starke Wirkung auf das wirtschaftspolitische Denken; sie bereiteten den Weg für die Senkung der Inflationsraten in den achtziger Jahren und für die Rückkehr zu größerer Stabilität.

Die Strategie zur Verteidigung des Dollar stellte eine Wegmarke dar. Auf internationaler Ebene hatte sich die Situation seit dem Bonner Gipfel ins Gegenteil verkehrt: Jetzt waren es nicht die Vereinigten Staaten, die japanische oder deutsche Expansion forderten, vielmehr verlangte jetzt Deutschland von den USA eine Stabilisierungsanstrengung. Doch gab es für diese Art von Beeinflussung kein internationales Forum, und die Entscheidung in Washington wurde nicht auf Grund deutschen Drängens oder mit dem Blick auf internationale Zwecke getroffen, sondern auf Grund neuer innenpolitischer Prioritäten: Der Kampf gegen die Inflation erschien nun als Voraussetzung der wirtschaftlichen Erholung. Letzten Endes entschließen sich sehr große Staaten nur zu solchen Maßnahmen, die dem Ergebnis des Meinungsbildungsprozesses im eigenen Land entsprechen.

Das Pendel zwischen Reglement und Entscheidungsfreiheit in der internationalen Ordnung hatte, nachdem die Regeln des Systems von Bretton Woods außer Kraft gesetzt worden waren, weit in Richtung Entscheidungsfreiheit ausgeschlagen. Dies verlagerte die Verantwortung für bestimmte Entschlüsse – zum Beispiel für Zeitpunkt und Form der Bekämpfung von Inflation – wieder zurück auf die Ebene nationaler Politik. In manchen Fällen, am auffälligsten in Italien und Großbritannien, wurde eine solche Entscheidungsfreiheit zu einer schweren Belastung des politischen Apparats; selbst Überlastungen sind möglich. Die Flexibilität der Wechselkurse hatte in den siebziger Jahren die äußeren Begrenzungen der nationalen Wirtschaftspolitik verringert. Vor 1972 hatte die Fixierung des Wechselkurses eine Verpflichtung zu vernünftiger Haushalts- und Währungspolitik geschaffen, ausgenommen vielleicht in den USA, wo auf Grund der gewachsenen Praxis des Systems von Bretton Woods Beschränkung Selbstbeschränkung zu sein hatte. Die Konsequenz der Freiheit war größere Flexibilität, und diese erlaubte politische Entscheidungen, welche fast stets auf mehr wirtschaftliche Expansion zielten, die wiederum auf längere Sicht den Handlungsspielraum mehr beschnitten als die Verpflichtung zur Aufrechterhaltung fester Paritäten. Die Freiheit in der Gegenwart wurde erkauft um den Preis künftiger Limitation, wenn die Märkte allmählich auf Zeichen fiskalischen Ungleichgewichts reagierten.

Die internationale »Bindungslosigkeit« hatte 1978 auf dem Bonner Gipfel einen Höhepunkt erreicht. Da es keine Regeln dafür gab, wer mit Anpassung zu beginnen habe, bedeutete Koordination in der Praxis nur allzuoft, daß wirtschaftlich argumentierende Überredungsversuche mit der Androhung politischer Konsequenzen (zum Beispiel in Handels- und Sicherheitsfragen) alternierten. Es ist nicht weiter überraschend, daß alle Beteiligten von Mißstimmung heimgesucht wurden – und daß die europäischen und asiatischen Wirtschaftsmächte den Druck der USA, die allein Sicherheit gewähren konnten, unangemessen und destabilisierend fanden.

Die Erfahrung der ersten Ölkrise verwirrte am Ende sowohl die Pessimisten wie die Optimisten. Die Krise führte nicht, wie die Pessimisten vorhergesagt hatten, zum Kollaps der fortgeschrittenen Industriestaaten oder der demokratischen Ordnung. Sie konnte aber auch nicht einfach, wie die Optimisten gehofft hatten, durch eine verbesserte Koordination überwunden werden. Da der Zeitpunkt von Stabilisierungsmaßnahmen variierte, entstanden große Ungleichgewichte in den Leistungsbilanzen. Versuche zur Synchronisierung der Wirtschaftspolitik endeten in bitteren gegenseitigen Vorwürfen. Politiker und ihre Wähler, hilflos zwischen dem Verlangen nach Expansion und der Furcht vor der Inflation hin- und hergerissen, benutzten die Koordinierungsversuche dazu, politische Mißerfolge den Mitspielern im internationalen System anzulasten.

Die Schuldenkrise

Das Scheitern der Kooperationsversuche und erhebliche politische Ungleichzeitigkeiten zwischen den großen Industriestaaten erlaubten es dem Markt, eine verheerende Zerrüttung des globalen Wirtschaftssystems herbeizuführen. Daß es in einer Anzahl der bedeutenderen Schuldnerstaaten gleichzeitig zu Schwierigkeiten bei der Bedienung der Kredite kam und folglich viele internationale Banken an den Rand der Insolvenz gerieten, war der traumatischste Vorgang, den die internationalen Finanzen während der achtziger Jahre zu verzeichnen hatten. Die Schuldenkrise wirkte auch als ein generelles Signal – der Mißstände sowohl im internationalen System wie in einzelnen Nationalwirtschaften. Sie machte die Konsequenzen der Internationalisierung des Finanzwesens klar: die Verwundbarkeit von Produzenten in Lateinamerika (und anderswo) bei Zinsänderungen, über die Finanzinstitutionen in Washington entschieden, und bei Stimmungsschwankungen in der Bankenwelt. Sie zeigte aber ebenso, daß Bankeinleger, Bankkunden und sogar ganze Nationalwirtschaften entwickelter Industriestaaten von politischen Kurswechseln in Mexiko City oder Manila oder Warschau berührt werden konnten. Eine Zeitlang schien in den Industrieländern eine größere Bankenkrise unmittelbar bevorzustehen. Die Schuldenkrise rückte den IWF wieder in den Mittelpunkt des internationalen Finanzsystems, erst als Koordinator in einer Krise, dann in einem weiteren Sinne als Quelle von Informationen, Ratschlägen und Hinweisen auf die wechselseitige Abhängigkeit. Die

Drohung eines Zusammenbruchs des globalen Finanzsystems zeigte die Gefahren, die für das nationale wie für das individuelle Wohl aus den über die ganze Welt verbreiteten Ungleichgewichten entstanden.

Sollte die Schuldenfrage angepackt werden, mußte man sich mit den größeren Problemen auseinandersetzen, die zu ihr geführt hatten. Die nationale Politik der Einzelstaaten spielte bei der Suche nach einer Lösung eine Rolle, ebenso aber ein Wandel der Anschauungen über die internationalen Kapitalbewegungen und über das Wesen des Risikos. Die allgemeine Finanzkrise brachte ja nicht nur Staaten in Gefahr, die schlecht gewirtschaftet hatten, sondern auch solide operierende Schuldner etwa wie Kolumbien, und zwar dann, wenn Banken ihre eigene Liquidität durch die Nichterneuerung ausstehender Kredite wiederherzustellen suchten.

Das Recycling nach der zweiten Ölkrise schien anfänglich weniger problematisch als das nach der ersten. Zum Teil war die neue Zuversicht das Ergebnis falscher Lehren aus der Erfahrung von 1973/74. In den späten siebziger Jahren sah es – in einem getrübten Rückblick – so aus, als seien die Unsicherheit und die Nervosität, die sich unmittelbar nach den Erhöhungen des Ölpreises eingestellt hatten, unbegründet gewesen, als habe das globale Finanzsystem damit mühelos fertig werden können, als sei die Entwicklung der Weltwirtschaft praktisch ungebremst weitergegangen. Daher breitete sich das Gefühl aus, globale Überwachung sei gar nicht so wichtig, und dieses Gefühl erschwerte es dann jeder Institution, für Überwachung zu sorgen.

Die Probleme, die sich beim zweiten Recycling ergaben, hingen einerseits unmittelbar mit dem übermäßigen Vertrauen in die Dauer und die Unausweichlichkeit des Entwicklungsprozesses zusammen, andererseits mit der Arbeitsweise der Finanzinstitutionen des privaten Sektors. Sie reflektierten aber auch ein globales wirtschaftliches Ungleichgewicht, das den zweiten Ölpreisschock noch zerstörerischer machte. Nach der ersten Krise waren viele Politiker über die Fragilität des Systems bestürzt und hatten die Anpassung hinauszuschieben und ein lässiges Währungsregime beizubehalten versucht. Die inflationären Tendenzen hatten die Stabilität noch weiter untergraben. Nach dem zweiten Schock zogen die meisten Länder die Zinssätze an, dem Beispiel der Vereinigten Staaten folgend, doch waren viele nicht bereit, schmerzhafte fiskalische Anpassungen vorzunehmen. Daher stiegen die realen Zinsen; Kredite wurden teurer und längerfristig schwer bezahlbar. Länder, welche Entwicklungsprogramme in Gang gesetzt und politische Systeme errichtet hatten, die von rapidem Wachstum und damit von niedrigen Realzinsen abhingen, standen nun vor der Notwendigkeit, sich schnellstens anzupassen.

Kommentatoren sind häufig versucht, die Verantwortung für die Gebrechen des internationalen Systems gleichmäßig auf dessen Mitglieder zu verteilen. Dabei wird oft die Rolle ignoriert, die irregeleitete Hoffnungen und übertriebene Erwartungen spielen. Liegt die Schuld bei Politikern in Entwicklungsländern, die eine prekäre soziale Stabilität zu bewahren (und dabei vielleicht auch ihr Amt zu sichern) suchen, indem sie auf kurzfristiges Wachstum setzen? Oder bei den Bankiers, die fremdes Geld so großzügig anboten? Oder bei den Politikern und Chefs der Zentralbanken in den entwickelten Ländern, die zu dem Schluß kommen, daß Illusionen nicht endlos aufrechterhalten werden können? Wenn einzelne Staaten eine stark abweichende Politik verfolgen, werden die daraus resultierenden Kapitalwanderungen zu einer Belastung des internationalen Finanzsystems. Ein solcher Schock kann durch Transfers internationaler Agenturen, die für Stabilisierung und die Sicherstellung von Anpassung verantwortlich sind, aber auch durch den privaten Sektor absorbiert werden. Die entscheidende Frage lautet daher: Wie lange wird der private Sektor zu Transfers zwischen Nationalwirtschaften mit höchst unterschiedlicher Leistung bereit sein? Zurückblikkend sagte Jesús Silva Herzog, der als Finanzminister Mexikos im Zentrum der Schuldenkrise stand: »Die ganze Welt gratulierte sich zum Erfolg, zur Reibungslosigkeit und zur Effizienz des Recycling-Prozesses. *Wir alle waren dafür verantwortlich.*«[20] Doch eine überzeugendere Antwort lautet: *Niemand wußte genug* – insbesondere über das Ausmaß der Bankkredite. Die Schuldenkrise spiegelt das Versagen der Beschaffung und des Austausches von Informationen wider, letztlich ein Versagen des Überwachungsprinzips.

Die Ursprünge der Schuldenkrise sind nur partiell in einer unzulänglichen kurzfristigen Politik zu suchen, sie liegen auch in längerfristigen Entwicklungen in den Schuldnerländern und auf den Kapitalmärkten. In den Ländern, in denen die Schuldenkrise das meiste Unheil anrichtete, war das Finanzsystem schon durch eine seit langem gegebene Instabilität angefressen. Hohe Haushaltsdefizite und Inflation, oft durch äußere Schocks verschlimmert, schwächten die Bereitschaft des privaten Sektors, zu sparen beziehungsweise die Ersparnisse im Lande zu halten. Infolgedessen mußten Ersparnisse von außen transferiert werden, und die Kreditnehmer hofften, daß die Mängel ihrer eigenen bisherigen Leistung von auswärtigen Kapitalmärkten ausgeglichen würden. Die Geldzuflüsse trugen zu dem Problem noch bei: Kurzfristig geliehenes Kapital war naturgemäß unbeständig und für langfristige Entwicklungsfinanzierung ungeeignet; bei längerfristigen Bankkrediten bestand das Risiko eines plötzlichen Stopps; und überdies verursachte der Zufluß Wechselkurse, die den Export erschwerten. Zu einer längerfristigen Lösung gehörte die Stabilisierung des internationalen Finanzsystems und gehörten innerstaatliche Maßnahmen zur Erhöhung der Sparraten. Die Schuldenkrise läutete die Totenglocke für eine bestimmte Vision von wirtschaftlicher Entwicklung – und für politische Systeme, die auf einer binnenorientierten und protektionistischen Wirtschaft basierten.

Zinsschock und Güterschocks

Für viele Kreditnehmer und auch für viele Kreditgeber waren vor allem die im Oktober 1979 heraufgesetzten amerikanischen Zinssätze das böse Element, das die Katastrophen von 1982 verursacht hatte, und danach galten sie als das größte Anpassungshindernis. Die Reaktion der Industrieländer, namentlich der Vereinigten Staaten, bürdete den Kreditnehmern beträchtliche Kosten auf: weil der Zins für Bankkredite in Bewegung war und den amerikanischen Zinssätzen folgte, ferner weil die Kosten für nicht-amerikanische Kreditnehmer oft höher lagen als für amerikanische (die ihre Zinsen im allgemeinen von der Steuer absetzen konnten). Eine Wende der amerikanischen Politik hatte somit unmittelbare globale Auswirkungen.

Die Effekte des Zinsschocks beschränkten sich jedoch nicht auf die Kosten der Kreditbedienung. Höhere Zinssätze, die in den entwickelten Ländern als Bestandteil einer Strategie zur Bekämpfung der Inflation fungierten, verlangsamten, im Verein mit den Einkommenseinbußen durch die höheren Energiepreise, das Wirtschaftswachstum und führten 1982 eine ernste Rezession herbei. Als Folge gingen die Importe aus Rohstoff- und Agrarländern zurück. Daß der Dollar nach 1981 wieder stieg, verteuerte überdies die Bedienung von Dollaranleihen.

Diese Auswirkungen der Zinsbewegungen auf viele Schuldnerländer wurden noch durch das ständige Sinken der Rohstoff- und Agrarpreise verschärft, zu dem es zwischen 1980 und 1986 kam; einer leichten Erholung 1982/83 folgte sofort ein erneuter Einbruch. Die Effekte der Rezession in den Industrieländern verschlechterten die Handelsposition der Entwicklungsländer. Besonders steil fielen die Preise bei Metallen und bei einigen tropischen Produkten.

Die hohen Zinssätze und die Rezession in den Industriestaaten warfen – zusammen mit dem Verfall der Rohstoffpreise – einen Schatten auf die Zukunft des internationalen Kapitalverkehrs. Die Unsicherheit über die Aussichten der globalen Wirtschaft nahm zu. Doch gab es in vielen Schuldnerländern auch davon unabhängige Entwicklungen, die eine radikale Veränderung der Lage brachten. So begann der Rückgang der Investitionen schon 1981 und war in jenen Ländern am größten, die sich am meisten auf Fremdfinanzierung verlassen hatten.[21] Zum Teil lag die Erklärung dafür in der Ausweitung der staatlichen Defizite, die der Kreditboom begünstigt hatte; sie drängte nämlich andere potentielle Investoren hinaus. Eine Korrektur dieser Situation schien fast unmöglich, die Abschreckung privater Investitionen fast total. Sollte die Anpassung durch Versuche erreicht werden, die Einkünfte des Staates zu steigern, also in erster Linie durch Steuererhöhungen, so mußte das die Wirtschaft lähmen, die Produktion sinken lassen und so das prekäre Verhältnis zwischen realem Wachstum und realen Zinsen in Mitleidenschaft ziehen. Ein solches Vorgehen mochte einen Schock auslösen, der groß genug sein konnte, den Zustrom von Krediten zu stoppen. Auf der anderen Seite wurde mit Ausgabensenkungen unweigerlich die Verärgerung politisch wichtiger Gruppen riskiert: der Geschäftsleute und Landwirte, die von staatlichen Subventionen abhingen, der Angehörigen des Staatsapparats, der Wähler und oft auch der Offiziere der Armee.

Der Rückgang der Investitionen war partiell auch die Folge von Kapitalflucht. Je düsterer sich die langfristigen Aussichten darboten, desto größere Summen wanderten ab. Vor allem in den Ländern, die versucht hatten, Preisstabilität durch zu hohe feste Wechselkurse zu erhalten, war die Versuchung groß, Kapital außerhalb der Grenzen anzulegen. So kam es zu einer zweiten, privaten Form von Recycling: Kapitalflucht war im Grunde ein Mißtrauensvotum gegen Regierungen, die wiederum, nachdem die Flucht eingesetzt hatte, die Verluste durch beschleunigte und ständig zunehmende eigene Kapitalbewegungen ausgleichen mußten. Wachsende Staatsverschuldung und steigende Kapitalflucht bedingten einander. Mithin diente höhere Verschuldung in der Praxis oft als Indikator des Bankrotts einer bestimmten Politik und keineswegs – wie einige kreditnehmende Länder vorzuspiegeln suchten – als eine im internationalen Kapitalmarkt gegebene Erfolgsprämie.

Die bewegten Summen waren viel größer, als damals im allgemeinen erkannt wurde. Eine Berechnung der Weltbank von 1985 zeigt, daß zwischen 1979 und 1982 (als das Problem des zu hohen Wechselkurses akut war) die Kapitalabflüsse aus Argentinien eine Höhe von 65,1 Prozent der Zuflüsse erreichten; in Mexiko waren es 47,8 Prozent. Staaten, die mit einer Kapitalflucht in großem Maßstab konfrontiert waren, sahen sich einem fast unlösbaren Problem gegenüber. Die Einführung von Kontrollen, ja bereits ihre Androhung, konnte Umfang und Tempo des Abflusses nur steigern, da nun erst recht versucht wurde, den staatlichen Maßnahmen zuvorzukommen. Vertrauensbildung durch fiskalische Disziplin hatte noch mit einer anderen Schwierigkeit zu rechnen: Sie konnten eine Verschlechterung der Wirtschaftslage bewirken und damit das Vertrauen noch mehr erschüttern.

Wie lange konnte diese Situation andauern? Die Beteiligten hatten alles Interesse daran, sich einzureden, daß es wenn schon nicht ewig, so doch noch geraume Zeit so weitergehen werde; auch Finanzleute pfeifen manchmal im Dunkeln. Sowohl die Bankiers wie die Kreditnehmer mußten sich überzeugen, daß keine organische Gefahr existierte; es mochte da und dort temporäre Schwierigkeiten geben, aber eben doch nur überwindbare Schwierigkeiten. Probleme, die als Warnsignale hätten verstanden werden können, wurden ignoriert; denn je größer das Risiko wurde, desto fester klammerte man sich an den Glauben, daß ein Kollaps von derartigen Ausmaßen unmöglich sei. Tatsächlich schien dieses Kalkül, je länger der Kreditboom währte, den Beteiligten immer noch mehr Zuversicht zu geben. Ein Zusammenbruch würde eine solche Dimension erreichen, daß er das internationale Finanzsystem zerstören und sowohl die wirtschaftliche wie die politische Stabilität der Welt erschüttern mußte. Eben deshalb werde es nicht dazu kommen. Irgend jemand werde unweigerlich rettend eingreifen.

Diese Kalkulation gebar die allmählich fast zum Gemeinplatz werdende Annahme, die Regierungen der Gläubigerländer hätten eine stillschweigende Garantie übernommen. Die Annahme erhielt noch Nahrung durch bestimmte Vorstellungen vom außenpolitischen Hintergrund der internationalen Kreditoperationen: Europäische Regierungen – vor allem die der Bundesrepublik – waren sehr daran interessiert, daß Bankiers zur Stabilisierung der Ost-West-Beziehungen und zur Ermöglichung von Exportorders beitrugen, indem sie Ressourcen nach Osteuropa dirigierten. Ebenso wurde von der US-Regierung angenommen, daß sie Kredite an lateinamerikanische Staaten als Garantien wirtschaftlichen Wachstums und politischer Stabilität in der westlichen Hemisphäre ansah und folglich stützte.

Eine osteuropäische Krise

Daß Staaten das »normale« Finanzsystem verließen, war ein Problem, das sich in Osteuropa 1981 und 1982 in besonders scharfer Form stellte. Dabei schienen eher politische als wirtschaftliche Entwicklungen verantwortlich zu sein, und infolgedessen wurde das Resultat nicht als eine allgemeine Warnung genommen, obwohl auch diese Krisen zu einem erheblichen Teil aus dem Zinsschock folgten. Polen hatte in den siebziger Jahren, als Edward Gierek die Infrastruktur zu verbessern und zugleich den Lebensstandard der Verbraucher zu heben suchte, erhebliche internationale Kredite aufgenommen, teils von Banken, teils von Regierungen. Aber im Sommer 1980 war diese Politik zusammengebrochen; Arbeiterunruhen in den Werften und die Formierung der oppositionellen Gewerkschaft »Solidarität« markierten den Beginn einer Massenerhebung gegen das kommunistische Regime. Die Arbeitskonflikte führten zu einem Kollaps der Industrieproduktion und verschärften so die Zahlungsbilanzprobleme. Anfang März 1981 bat Polen um Zahlungsaufschub[22]; am 27. März, mit einer äußeren Gesamtschuld von 27 Milliarden Dollar (50 Prozent des Bruttoinlandsprodukts), suspendierte es die Amortisierungszahlungen und ersuchte um eine Umschichtung der Bankschulden in Höhe von 12 Milliarden Dollar.

War dies ein isoliertes Problem, eine Folge der politischen Krise Polens? Auch Ungarn hatte auf den westlichen Kapitalmärkten beträchtliche Anleihen aufgenommen, ein Programm vorsichtiger wirtschaftlicher Liberalisierung begonnen und zur Stützung des Reformkurses die Mitgliedschaft im IWF beantragt. 1981 und 1982 ging, als Konseqenz aus der Rezession in Westeuropa, die ausländische Nachfrage zurück, und auch die Preise für Ungarns wichtigste Exportprodukte fielen. Dennoch schlugen die Politiker in den Konsultationen mit dem IWF – noch vor dem Beitritt im Mai 1982 – einen vorsichtig optimistischen Ton an. Im Dezember 1981 stellte eine Mission des Fonds fest, »ungeachtet temporärer finanzieller Schwierigkeiten, die mit der Situation in Polen und Rumänien verbunden sind, sehen [die ungarischen Behörden] Anzeichen dafür, daß Ungarns realistisches und kompetentes Wirtschaftsmanagement das Vertrauen der Bankengemeinde in die Fähigkeit des Landes, seine Kreditschuld zu bedienen, zurückgewinnt«.[23]

Bis zum März 1982 verschlechterte sich jedoch die Situation, und Ungarn brauchte schnellstens Unterstützung. Da es dem IWF noch nicht beigetreten war und Verhandlungen über einen Stand-by-Kredit ohnehin zu lange gedauert hätten, um dem plötzlichen Notfall gerecht zu werden, bat das Land Zentralbanken und die

Bank für Internationalen Zahlungsausgleich (BIZ) um einen kurzfristigen Kredit. Die Federal Reserve war anfänglich zögerlich und mißtrauisch; ein Kredit für Ungarn sei Sache der Europäer und nicht der Vereinigten Staaten, erklärte Paul Volcker. Noch im März stellte die BIZ 100 Millionen Dollar bar zur Verfügung, im Mai folgte ein zweiter Kredit von 110 Millionen, und im September wurde die kurzfristige Hilfe auf über 300 Millionen Dollar konsolidiert.[24] 1983 zahlte Ungarn die BIZ-Anleihe mit dem Ertrag eines deutschen Bankkredits zurück. Die ungarische Taktik mit dem BIZ-Überbrückungskredit sollte sich als entscheidender Teil der zur Überwindung der allgemeinen Bankenkrise ausgearbeiteten Lösung erweisen. Für den Augenblick jedoch wurde Ungarn wie Polen oder Peru als Sonderfall behandelt.

Im Laufe der Jahre 1981 und 1982 begannen Andeutungen über das generelle Risiko zu zirkulieren, das durch die Auftürmung der Schulden entstand. Im März 1982 gaben die internationalen Banküberwacher durch die BIZ eine Erklärung heraus, in der die Bankiers aufgefordert wurden, die Funktionen der Kreditrahmenfestsetzung von der Aufgabe, Anleihen zu vermarkten, zu trennen.[25] Die Banken selbst bemühten sich um die Verkürzung der Fälligkeitsfristen von Terminen, vermutlich in der Überzeugung, daß kürzerfristige Kredite weniger riskant seien. Reduzierte Laufzeiten machten es aber für die Kreditnehmer sehr viel schwerer, ihre Schulden zu handhaben. Als die Gefahren zunahmen, suchten die Schuldnerländer noch mehr Kredite zu bekommen. Ein im letzten Moment erreichter Zufluß mochte die Gefahr abwenden; im Rückblick wird klar, daß dies damals allgemeine Praxis wurde.[26] Doch es gab 1982 auch Anzeichen für Optimismus: Der maßgebende Londoner Zins fiel von fast 16 Prozent zu Beginn des Jahres auf durchschnittlich 11,53 für August. Dieser Rückgang ließ hoffen, daß die Schuldnerländer aus der potentiellen Liquiditätskrise herausfinden würden.

Die Entstehung des mexikanischen Problems

Mexiko, dessen Probleme am Ende dazu führten, daß sich das Bewußtsein einer allgemeinen Bank- und Schuldenkrise einstellte, hatte bei der Ausweitung der Kreditaufnahme den Spitzenreiter gespielt. Anfänglich schienen die dortigen Probleme nicht typisch für die Schuldnerländer zu sein. Es sah so aus, als seien die besonderen Umstände der Produktionsverhältnisse Mexikos verantwortlich, das sich ja zu einem bedeutenden Ölland entwickelte. Der Ölboom der späten siebziger Jahre hatte eine Euphorie erzeugt, die Mexikos Präsidenten dazu brachte, sein wirtschaftliches Grundproblem als »das Management des Überflusses« zu bezeichnen.[27] Tatsächlich hatte der Überfluß schädliche Auswirkungen auf Mexikos Wechselkurspolitik. Ende der siebziger Jahre war der Peso gegen den amerikanischen Dollar gehalten worden. Da nun während des Ölbooms die Kosten und Preise in Mexiko schneller stiegen als in den Vereinigten Staaten, kam es zu einer realen Erhöhung, die für die Wettbewerbsposition der übrigen mexikanischen Produkte schädlich war. Alle Exporte außer Öl wuchsen langsamer; 1981 stagnierten sie praktisch. Gegen Ende 1980 reagierte die Regierung mit einer Abwertung des Peso gegenüber dem Dollar, aber die Inflation ließ den realen Wechselkurs weiter steigen. 1981 gaben dann noch die internationalen Ölpreise nach. Als Mexiko dem Markt die Stirn zu bieten und die Preise für seine Produkte zu halten suchte, ging der Ölexport drastisch zurück, während die Preise für die übrigen Erzeugnisse (Kaffee, Kupfer, Silber, Baumwolle) ebenfalls fielen. Zugleich nahm die Zinslast zu.

Trotz aller Versuche zur fiskalischen Stabilisierung entstanden zunehmend Lücken im Etat, und im Sommer 1982 belief sich das zu erwartende Haushaltsdefizit auf etwa 11 Prozent des Bruttoinlandsprodukts. Die Korrektur des überhöhten Wechselkurses hatte fiskalische Auswirkungen, die zur Untergrabung der versuchten Anpassung beitrugen, indem sie die Inflation anheizten. Jeder Abwertung des Peso folgte eine Ausgleichszahlung an die Beschäftigten der öffentlichen Hand und damit ein noch größeres Defizit. Im Februar 1982 steigerte eine weitere Abwertung des Peso die Nervosität der Mexikaner, und die Kapitalflucht gewann an Tempo. Mexiko schien sich in einem Teufelskreis zu bewegen. Die Probleme des Außensektors mochten durch eine raschere Anpassung des Wechselkurses zu lösen sein, wie eine IWF-Mission im Juni 1982 empfahl, aber dies würde das Budget in Mitleidenschaft ziehen, noch mehr Nervosität produzieren und die Kapitalflucht weiter beschleunigen.[28]

Im Juni 1982 handelte die Regierung die bislang größte Anleiheoperation aus, einen 2,5 Milliarden Dollar umfassenden »Jumbo-Kredit«; die Steuerung des Unternehmens übernahm die Bank of America. Aber europäische und japanische Banken zögerten, sich dem Syndikat anzuschließen.[29] Im Juli gab es eine kleine Eurodollaranleihe (100 Millionen) von Merrill Lynch zu einem sehr hohen Zinssatz (18,5 Prozent). In diesem Stadium waren der mexikanischen Regierung die Probleme schon durchaus klar. Anfang Juli bat Mexiko den IWF um ein »Siegel der Billigung« für weitere Kreditaufnahmen, ohne einen formalen Stand-by und ohne mexikanische Ziehungen. Der IWF bestand im Gegenzug darauf, daß jedes Programm seinem Exekutivdirektorium vorzulegen sei, »vollständig quantifiziert« und »auf sinnvolle Weise« nachprüfbar sein müsse.[30] Am 23. Juli ersuchte Finanzminister Jesús Silva Herzog den IWF um die Entsendung einer informellen Delegation und signalisierte gleichzeitig dem amerikanischen Finanzministerium, daß er wohl Nothilfe brauchen werden. Drei Wochen später brach die offene Krise aus: Am 12. August rief Silva Herzog US-Finanzminister Donald Regan und Paul Volcker an sowie Jacques de Larosière, den Geschäftsführenden Direktor des IWF, um ihnen zu sagen, daß Mexikos Reserven erschöpft seien und er sich auf dem Weg nach Washington befinde. Seine Gesprächspartner waren allesamt verblüfft. Bei den Gesprächen am nächsten Tag beharrte Jacques de Larosière darauf, daß Mexiko eine öffentliche Erklärung abgeben müsse, aber nicht einseitig handeln dürfe, außerdem an seiner Bindung an ein liberales Wechselkursregime festhalten und die Geschäftsbanken an den Erörterungen des Zahlungsproblems beteiligen solle. Wegen eines Anpassungsprogramms machte sich eine neue IWF-Delegation sofort auf den Weg.

Mit den mexikanischen Zahlungsschwierigkeiten drohte eine weltweite Finanzkrise. Die unmittelbare Aufgabe der Finanzinstitutionen bestand darin, das Funktionieren des internationalen Bankenmarkts zu sichern. Volcker schlug einen BIZ-Notkredit nach dem Muster des Falles Ungarn vor; am 18. August genehmigte die BIZ einen Kredit von 1,85 Milliarden Dollar. Das amerikanische Finanzministerium erklärte sich bereit, mexikanisches Öl zu kaufen (20 Prozent unter dem Weltmarktpreis), um sofort Gelder in die mexikanischen Kassen zu bringen.

Ebenfalls am 18. August veröffentlichte Mexiko eine offizielle Erklärung, wonach die auswärtigen Schulden nicht länger bedient würden. Zwei Tage danach sprach Silva Herzog in New York mit Vertretern von 100 Geschäftsbanken. Er berichtete über die Details des mit dem US-Finanzministerium arrangierten Notstandskredits, über die Swap-Vereinbarungen mit einigen Zentralbanken und über die erhoffte Verständigung mit dem IWF; dann bat er die Banken, einer zeitweiligen Verlagerung aller Amortisationszahlungen für Bankkredite auf den Staat zuzustimmen (alle Zinsen für Staatsanleihen würden, so versprach er, vollständig und fristgerecht bezahlt). Doch schon zu diesem Zeitpunkt war etlichen Bankiers klar, daß der mexikanische Anpassungsprozeß nur dann Erfolg haben konnte, wenn die Banken zusätzliches Geld zur Verfügung stellten.[31] Mexiko saß freilich an einem sehr langen Hebel: Die Solvenz der Banken war in Gefahr. Kam keine Vereinbarung zustande und mußte Mexiko die Zinszahlungen für Anleihen einstellen, waren die Anleihen als unergiebig zu klassifizieren. Die Kreditgeber hatten jedes Interesse daran, einen solchen Schritt zu vermeiden, und konnten folglich dazu genötigt werden, zusätzliche Anleihen zu gewähren. Die Banken erklärten sich zunächst einmal zu einem Amortisations-Moratorium von 90 Tagen bereit, das am 20. August bekanntgegeben wurde. Am gleichen Tag bildeten die führenden der in die mexikanische Krise verstrickten Banken einen Beratungsausschuß. Einige Wochen lang schienen die mexikanischen Probleme singulär zu sein. Dann erwiesen sie sich aber als Teil einer allgemeinen Schuldenkrise. Mexiko wurde zum klassischen Fall von Krisenmanagement und Erholungsstrategie.

Die Behandlung der mexikanischen Krise

Sowohl in Mexiko wie in New York bestand Hoffnung, daß die Krise von einer außenstehenden Einrichtung überwunden werden könne, nämlich vom Internationalen Währungsfonds. In mancher Hinsicht aber war der IWF nicht als Kreditgeber in einem plötzlichen Notfall geeignet, denn gewöhnlich muß ein solcher Kreditgeber sehr rasch und entschlossen handeln. Beim IWF fallen Entscheidungen jedoch durch Abstimmung im Exekutivdirektorium, nachdem dessen Mitglieder ihre heimischen Stellen, meist die Regierungen, konsultiert haben. Hingegen sind Zentralbanken – mit ihren Traditionen der Geheimhaltung und der klaren Operationsrichtlinien – zu sehr schnellem Handeln fähig. Und in der mexikanischen Krise haben sowohl die U.S. Federal Reserve wie die Zentralbank der Zentralbanken, die Bank für Internationalen Zahlungsausgleich, außerordentlich prompt gehandelt. Allerdings wollten sie die Zusicherung, nicht allein gelassen zu werden; ihre kurzfristige Hilfsaktion sollte vielmehr dazu dienen, die übrige Finanzwelt in Bewegung zu setzen. Dieser Aufgabe widmete sich dann der IWF. Dabei kam es vor allem darauf an, Brükken zu bauen: in der internationalen Finanzwelt, nach Mexiko und bald auch in andere Schuldnerländer – ebenso freilich auch innerhalb der durchaus uneinigen mexikanischen Regierung.

Jacques de Larosière hatte von Anfang an betont, in Mexiko müsse ein breiter politischer Konsens über die Reaktion auf die Schuldenkrise erreicht werden. Die neue Regierung unter Präsident Miguel de la Madrid sollte natürlich beteiligt werden, gleichfalls aber das abtretende Portillo-Regime. Die Ungewißheiten, die der Machtwechsel mit sich brachte, wirkten sich naturgemäß auf den Verlauf der Schuldenverhandlungen aus. Ende August nahm Mexiko plötzlich einen Kurswechsel vor und versuchte einen Bruch mit der internationalen Finanzwelt. Am 31. August führte Präsident Lopez Portillo Wechselkurskontrollen ein und verstaatlichte das mexikanische Bankensystem. Er richtete öffentliche Angriffe auf die Geschäftsbanken wie auf den IWF: »Das Heilmittel der Medizinmänner besteht darin, den Patienten der Nahrung zu berauben und ihm dann Zwangsruhe zu verordnen.«[32] Der neue Gouverneur der Zentralbank, Carlos Tello, ein radikaler Wirtschaftstheoretiker, der den weit mehr stabilitätsorientierten Manuel Mancera abgelöst hatte, trat für die Beibehaltung der Devisenkontrollen ein, auch wollte er Einschnitte sowohl in das mexikanische Budget wie in die mexikanischen Lohnregelungen vermeiden.

Der krampfartige Nationalismus von Ende August, der Mexikos wirtschaftlicher und politischer Stabilität schadete, hat auf der anderen Seite die Verhandlungsposition der Kreditoren paradoxerweise vereinfacht. Vom Standpunkt der mexikanischen Wirtschaft aus gesehen, kann es kaum einen Zweifel daran geben, daß die Verstaatlichung der Banken katastrophal war. Sie zerstörte das Vertrauen des privaten Sektors, und es sollte mehr als ein halbes Jahrzehnt dauern, bis sich die Nerven der Geschäftsleute wieder beruhigt hatten; die Kapitalflucht aus Mexiko blieb über 1987 hinaus auf hohem Stand, und allein 1983 belief sie sich auf 9,2 Milliarden Dollar.[33] Den Vorteil aus der Aktion, die als Geste eines trotzigen Nationalismus gedacht war, hatten nicht die Mexikaner. Mit der Verstaatlichung der Banken übernahm der mexikanische Staat die Verantwortung für ihre Verbindlichkeiten und trieb damit die Ratings ihrer Kredite in die Höhe; viele der ausländischen Bankiers waren darüber mehr oder weniger offen erleichtert. Denn vor dem 1. September wäre es für einige oder sogar für alle mexikanischen Banken möglich gewesen, ihr jeweils eigenes Moratorium anzustreben und mit ihren Gläubigern individuell zu verhandeln – und es gab die Möglichkeit des Einzelbankrotts. Mit der Verstaatlichung der Banken aber war eine generelle »mexikanische« Krise entstanden: Die staatlichen Behörden Mexikos hatten eine Aufgabe an sich gezogen, der sie hätten entgehen können, und sahen sich nun in der Verantwortung, eine Lösung zu finden. Paul Volcker und William Rhodes (Citibank), der einflußreiche Kovorsitzende des Beratungsausschusses der Banken, vertraten jetzt den Standpunkt, daß Mexiko ohne eine Verständigung mit dem IWF kein neues Geld bekommen solle. Der IWF, den viele Bankiers zuvor als eine nebensächliche Institution angesehen hatten, übernahm nun die Aufgabe, das globale System zu koordinieren. Aus seinen Verhandlungen mit Mexiko entstand eine Klammer, von der die Welt des Geldes und die Welt der souveränen Staaten zusammengehalten werden sollte.

Ein wichtiges Element der Kalkulation des IWF war neues Geld. Aus eigener Kraft konnte der IWF die nötigen Summen offensichtlich nicht aufbringen. Jacques de Larosière schockierte eine Konferenz von Bankiers, die am 16. November im New

Yorker Gebäude der Federal Reserve stattfand, mit der Erklärung, daß die Kalkulationen des Fonds nicht ohne die Ressourcen der Banken zu realisieren seien. Statt die Banken aus der Haftung zu entlassen, werde der IWF sie »in die Haft nehmen«. Danach legte de Larosière die mexikanischen und argentinischen Zahlen im Detail dar: Für Mexiko seien 1983 insgesamt 8,3 Milliarden Dollar erforderlich, von denen der IWF 1,3 Milliarden aufbringen werde; 2 Milliarden kämen von der Regierung der USA und von anderen Regierungen. Der Rest, 5 Milliarden, müsse der Beitrag der Banken sein, um »den Amortisierungsplan mit der ordnungsgemäßen Durchführung des IWF-Programms vereinbar zu machen«. Die Banken hätten dieser zusätzlichen Finanzierung, die eine Steigerung ihres Kreditvolumens um 8 Prozent bedeutete, bis zum 15. Dezember zuzustimmen, eine Woche vor der Abstimmung im Exekutivdirektorium.[34]

Im Effekt war dies das Zusammenwirken eines funktionalen Dreiecks, bestehend aus einem internationalen Schiedsrichter, einem einheimischen Regulator und dem Markt. Zunächst wirkte der IWF als Teil des Regulationsmechanismus der amerikanischen Banken; die Definition dessen, was die Seriosität von Bankgeschäften ausmacht, wurde in Anpassung an die Erfordernisse des globalen Finanzsystems umgeschrieben. Zweitens fanden sich die Banken selbst als Teil des IWF-Überwachungsdienstes; ihre Fonds erweiterten den Kreditrahmen, den der IWF einem Land als Belohnung für den erfolgreichen Abschluß eines Programms offerieren konnte, erheblich und sorgten praktisch für den Wiederanschluß an das internationale Finanzsystem: IWF-Programme sollten »katalytische« Wirkung auf den privaten Sektor haben. Schließlich übernahm der IWF die Arbeit, die von den Banken selbst bisher nicht geleistet worden war, nämlich das Aushandeln brauchbarer Kriterien für die Verwendung von Krediten, die sowohl wirtschaftliche Stabilisierung und Anpassung wie die Rückzahlung an die Banken möglich machten. Um diese Dienste des IWF zu erlangen, hatten die Banken jedoch einen Preis zu zahlen – sie mußten zusätzliche Mittel zur Verfügung stellen. Dadurch stellte der IWF sicher, daß das Anleihegeschäft weiterging und das Abschneiden auswärtiger Kredite nicht eine weltweite Depression auslöste, wie sie 1825, 1857,

1890 und am verheerendsten 1929 dem Zusammenbruch von Kreditmärkten gefolgt war. 1982 hat diese unselige Serie nicht fortgesetzt.

Am 30. November 1982 akzeptierte der Beratungsausschuß der Banken in New York die vorgeschlagenen Modalitäten ihres Beitrags. Das Notstands-Moratorium sollte für die Fälligkeiten von 1983/84 bis Ende 1984 verlängert werden, die Rückzahlung über acht Jahre erfolgen, mit einer Gnadenfrist von vier Jahren. Dazu kam die Verpflichtung der Banken zu einer Erhöhung ihres Kreditrahmens um 7 Prozent.

Die beteiligten Banken gerieten unter starken Druck, die Empfehlungen des Ausschusses anzunehmen. In den USA kam der Druck zum Teil von der Federal Reserve, in anderen Ländern ebenfalls von der jeweiligen Zentralbank. Die Behörden drohten den Banken, die sich nicht fügen wollten, auch eine Verschärfung der Kontrollen an.[35] In Europa arrangierte der Gouverneur der Bank von England, Gordon Richardson, Zusammenkünfte de Larosières mit den führenden Repräsentanten der europäischen Geschäftsbanken. Anfänglich vertraten viele die Ansicht, daß »es eine harte Sache sein wird, neues Geld zu beschaffen«, und daß »die eigentliche Aufgabe die Beschaffung von staatlichem Geld ist«. Ein europäischer Bankier klagte, »eine Bank sagt doch normalerweise ›Halt‹, wenn sie nicht mehr kann«.[36] Infolgedessen bedurfte es einiger Überredung, um die Bankiers in Bewegung zu setzen. Der Vorteil des IWF ergab sich aus seiner Position als einer internationalen Institution, die auf der Basis der gleichen Verträge beruhte wie die Vereinten Nationen. In einer Situation, in der sich viele Beteiligte der involvierten Kosten und Risiken sehr bewußt waren, konnte der IWF Ratschläge erteilen, überreden, ermutigen und beschwatzen, ohne Gefahr zu laufen, von denen verklagt zu werden, die seinem Rat folgten. Auch die wichtigeren Zentralbanken beteiligten sich an der Einbindung anderer Institute, namentlich der kleineren Regionalbanken, die verzweifelt aus der Verwicklung in lateinamerikanische Anleihen herausstrebten. Jacques de Larosière sagte, zum Erfolg sei eine »kritische Masse« von 90 Prozent der 5 Milliarden Dollar erforderlich. Als ihm Bankiers entgegenhielten, dies sei unmöglich, erklärte er: »Weil es unmöglich ist, werdet ihr es tun.« In einer Krise findet der Geist zur Konzentration. Am 15. Dezember akzeptierten die Banken, am 23. Dezember genehmigte daher das Exekutivdirektorium den IWF-Kreditrahmen, und bis zum 23. März 1983 brachten die Geschäftsbanken die von ihnen verlangten 5 Milliarden Dollar vollständig zusammen; 526 Banken in aller Welt waren daran beteiligt.

Im Dezember 1982 setzte der neue Präsident Mexikos, Miguel de la Madrid, auch das mexikanische Reformprogramm in Gang. Es sorgte für eine Abwertung sowohl des »freien« wie des »kontrollierten« Wechselkurses und für eine höhere Besteuerung. Tatsächlich trat eine dramatische Bilanzverbesserung ein, doch die kurzfristigen Konsequenzen des Programms fielen wesentlich härter aus als von Regierung und IWF erwartet, und zwar großenteils wegen der Schwierigkeit, die Inflation unter Kontrolle zu bringen, die zudem neuen Antrieb erhielt, als die Abwertung die Importpreise steigen ließ. Die Reduzierung der staatlichen Kreditaufnahme fiel ernster aus als beabsichtigt: 1983 sank das reale Nettoinlandsprodukt um 4,2 Prozent; geplant war ein »Nullwachstum«.[37]

Ein jäher Fall des Ölpreises versetzte dem ersten mexikanischen Anpassungsversuch den Todesstoß. Das Wachstum des Bruttoinlandsprodukts verlangsamte sich 1985, und 1986 kam es erneut zu einem spürbaren Rückgang. Der Fall des Ölpreises warf die Budgetkalkulationen über den Haufen, die auf der Annahme teuren Öls beruht hatten. Mitte 1985 konnte Mexiko die IWF-Kredite nicht mehr beanspruchen, da das Land hinsichtlich Inflation und Etat den vorgeschriebenen Leistungskriterien nicht länger genügte[38]; ein Run auf den Peso und eine akute Zahlungsbilanzkrise folgten. Kurz nach dem wirtschaftlichen Kollaps kam es zu der Tragödie des Erdbebens von Mexico City, das viele Menschenleben kostete und einen Sachschaden anrichtete, der auf 2 Prozent des mexikanischen Bruttoinlandsprodukts geschätzt wurde.

Die Reaktion auf die erneute Wirtschaftskrise unterschied sich in bezeichnender Weise von jener des Jahres 1982. Dem Zahlungsbilanzproblem ging man nicht mit Restriktionen zu Leibe, sondern mit einer beschleunigten Liberalisierung des Handels. Schon im Juli wurden der Genehmigungszwang für eine große

Anzahl von Importgütern aufgehoben und viele Zölle abgebaut; dem Antrag auf Aufnahme ins GATT wurde 1986 entsprochen. Zu den langfristigen Effekten der Liberalisierung gehörte eine beträchtliche Erweiterung der Palette der Exportgüter, was die fatale Abhängigkeit Mexikos vom Öl minderte.[39]

Zur gleichen Zeit begann ein Privatisierungsprogramm großen Maßstabs, und der seit der mexikanischen Revolution aufgebaute umfängliche Staatssektor löste sich ziemlich schnell auf. Der Reform- und Liberalisierungskurs wurde im Dezember 1988 durch den Pakt für wirtschaftliche Solidarität und Wachstum weiter konsolidiert, den Finanzminister Carlos Salinas de Gortari ausgearbeitet hatte, der am 1. Dezember Präsident geworden war; im Juli 1989 folgte eine Vereinbarung über Schuldenreduzierung. Das Programm wirkte als psychologisches Stimulans und senkte die überaus hohen realen inländischen Zinssätze, die bis zu 30 Prozent betragen hatten. Im August 1990 gab Mexiko bekannt, ein Freihandelsabkommen mit den Vereinigten Staaten schließen zu wollen, und 1994 kam dieses Abkommen mit der Schaffung der North American Free Trade Area (NAFTA) auch zustande. Da der neue Rahmen das Reformprogramm befestigte, begannen Mexikaner und Ausländer große Investitionsmöglichkeiten zu wittern. Beträchtliches Kapital floß in das Land, auch ein erheblicher Teil des Fluchtkapitals der frühen achtziger Jahre. In den Anfangsstadien der Reform waren viele Mexikaner höchst skeptisch; Ende 1986, zur Zeit des neuen IWF-Programms, glaubten nach einer Meinungsumfrage 54 Prozent der Befragten, die Krise werde nie enden, und 30 Prozent äußerten die Ansicht, die Erholung werde länger als zehn Jahre dauern.[40] Die Besserung hatte danach jedoch schon eingesetzt, und bald galt die Leistung der Wirtschaft weithin als ein Mirakel. Wie alle sogenannten »Wirtschaftswunder« handelte es sich aber in Wahrheit um das Ergebnis der Formulierung und Durchführung einer vernünftigen Politik.

Mit dem »Wunder« ergaben sich auch verwickelte Probleme der Handhabung der Finanzen und des Wechselkurses. Vor allem entstand, als die Rückkehr von Fluchtkapital und der weitere Kapitalzufluß den Kurs steigen ließen und als Instrument gegen die Inflation entwertete, die Gefahr, daß die alten Nöte wiederkehrten, nämlich ein Außenkurs, dessen Höhe Binnenaktivität und Exporteure entmutigte. Ein Umstand verhinderte freilich, daß die jetzigen Zuflüsse ebenso destabilisierend wirkten wie die des großen Schuldenbooms der siebziger Jahre: Durch die vorangegangene Privatisierung war das Risiko verteilt. Als der zu hohe mexikanische Wechselkurs Ende 1994 mit einer schlecht vorbereiteten Abwertung korrigiert wurde und zugleich eine beträchtliche Anzahl kurzfristiger staatlicher Eingriffe notwendig wurde, zeigte eine abermalige Panik, wie labil das Finanzsystem immer noch war. Jedoch war Mexikos fiskalische Position inzwischen viel stärker als in den Krisen der achtziger Jahre.

Eine allgemeine Krise?

Als 1982 die mexikanische Krise einsetzte, glaubten Optimisten einige Wochen lang, die dortigen Schuldenprobleme seien ebenso landesspezifisch wie die ungarischen Schwierigkeiten; zu einer allgemeinen Krise werde es nicht kommen. Selbst während der bereits von Nervosität bestimmten Jahrestreffen des IWF und der Weltbank, die (durch Zufall) unmittelbar nach der mexikanischen Deklaration in Toronto stattfanden, vermerkte der mexikanische Finanzminister erstaunt die zuversichtliche Annahme lateinamerikanischer Kollegen, daß ihre Länder vom mexikanischen Debakel unberührt bleiben würden. Nach wenigen Wochen brachen jedoch gleichartige Krisen in Argentinien und Brasilien aus; die Welt erlebte eine generelle Schuldenkrise. Die Banken suchten nun ihre Verpflichtungen in der ganzen Region einzugrenzen, auch in einigen der kleineren Staaten mit besserem Wirtschaftsmanagement. Sinkender Lebensstandard und enttäuschte Hoffnungen auf Fortschritt und Besserung ließen die achtziger Jahre in der ganzen westlichen Hemisphäre und in großen Teilen Afrikas als eine verlorene Dekade erscheinen. Die Verschlechterung des Lebensstandards in Lateinamerika zeigte sich besonders auffallend in bislang prosperierenden Städten. So blieb etwa in Argentinien der als arm eingestufte Teil der ländlichen Bevölkerung zwischen 1980 und 1986 annähernd konstant, während der Anteil der Armen in den Städten von 10,3 Prozent auf 17,4 Prozent zunahm. Am stärksten waren alle betroffen, die keine feste Arbeit hatten. Hingegen erlebte, wer einen bezahlten Arbeitsplatz besaß, namentlich in Argentinien und Brasilien, auch Mitte der achtziger Jahre steigende Reallöhne.[41]

Die meisten Beobachter sahen in der Anfangsphase der Krise mehr Hindernisse als Erfolgschancen für eine allgemeine Schuldenreduzierung. Wie sollte das globale Bankensystem große Abschreibungen ohne staatliche Unterstützung verkraften? Fast alle globalen Pläne sahen Subventionen für Banken oder Schuldnerländer vor: durch Zentralbanken, Exportkrediteinrichtungen und Regierungen via multilaterale Institutionen. Das lief jedoch auf eine Haftungsentlassung der Banken und eine Sozialisierung von Verlusten hinaus; in den Gläubigerländern mußte das auf eine breite populistische Opposition stoßen.

Während Politiker und Analytiker nach einer weltweiten Lösung suchten, sah es für einige Zeit so aus, als hätten die Schuldnerländer allen Anlaß, sich zu einem Schuldnerkartell zusammenzuschließen. Im Mai 1984 gaben die Präsidenten Argentiniens, Brasiliens, Kolumbiens und Mexikos eine Erklärung heraus, in der sie die global hohen Zinsen verurteilten, ebenso die zunehmende Tendenz zum Protektionismus, der es den Schuldnerländern erschwere, zu exportieren und ihre Kredite zu bedienen. Im Juni 1984 trafen sich die Repräsentanten von elf lateinamerikanischen Staaten im kolumbianischen Cartagena und verabschiedeten eine Charta, in der sie niedrigere Zinssätze forderten, die Eliminierung von Provisionen, eine neue IWF-Zusage und einen neuen, auf viele Jahre gestreckten Zeitplan für die Schuldenzahlungen. Die Schuldner waren der Meinung, der IWF solle bei Anpassungsprogrammen seine Aufmerksamkeit auf Produktions- und Beschäftigungsindikatoren konzentrieren und seine monetären und fiskalischen Ziele modifizieren, sofern es unvorhergesehene inflationäre Wirkungen gebe; Weltbank und Entwicklungsbank sollten ihre Leihprogramme erweitern.[42]

Einige der Teilnehmer an der Konferenz von Cartagena hatten auf eine radikalere Lösung gedrungen. Durch eine Erklärung der Schuldnerstaaten, die Zahlungen einstellen zu wollen, sollte Druck auf die Regierungen der Gläubigerländer ausgeübt werden, systematischer an die Abschreibung von Schulden heranzugehen. Damals kursierten Abwandlungen eines berühmten Keynes-Zitats: »Wenn du der Bank tausend Dollar schuldest, hast du ein Problem; wenn du der Bank tausend Millionen Dollar schuldest, hat die Bank ein Problem.« Die Radikalen stießen indes auf den Widerstand Mexikos, das sich gerade von der schlimmsten Phase des ersten Anpassungsschocks erholt zu haben schien. Eine Zahlungseinstellung führe, so wurde argumentiert, unweigerlich zu einer Unterbrechung des Handels und zu katastrophalen Konsequenzen. Mexiko, erklärte Finanzminister Silva Herzog, müsse seinen Mais zur Hälfte importieren. Die Mexikaner ihrer täglichen Tortilla zu berauben, würde eine Explosion der Unzufriedenheit und des Zorns provozieren. Die Forderung nach dem Bruch mit dem internationalen System sei als politische Rhetorik vielleicht ganz wohltuend, mache man mit ihr aber Ernst, könne nur wirtschaftlicher Niedergang die Folge sein. Die Kreditoren glaubten jedoch sehr wohl, daß die Möglichkeit einer allgemeinen Zahlungseinstellung bestehe. 1984 wollte der amerikanische Außenminister George Shultz den damals schlimmsten Fall, Argentinien, isoliert behandeln, um die Gefahr eines »Domino-Effekts« auszuschalten.[43]

Der Baker-Plan

Die erste Initiative, die systematisch multilaterale Institutionen, Geschäftsbanken und die Frage der Anpassung von Schuldnerländern zu verbinden suchte, kam von US-Finanzminister James Baker, und zwar zunächst auf den Treffen von IWF und Weltbank 1985, detaillierter dann während einer Anhörung im amerikanischen Kongreß[44]: Alle drei Seiten sollten Konzessionen machen. Die Banken müßten in den nächsten drei Jahren 15 Entwicklungsländern neues Geld in Höhe von 7 Milliarden Dollar pro Jahr zur Verfügung stellen (zehn dieser Länder lagen in Lateinamerika: Argentinien, Bolivien, Brasilien, Chile, Ekuador, Kolumbien, Mexiko, Peru, Uruguay, Venezuela; die anderen waren die Elfenbeinküste, Marokko, Nigeria, die Philippinen, Jugoslawien – später kamen Costa Rica und Jamaika hinzu). Für einige Zeit nahmen viele an, die Liste der Fünfzehn sei lediglich illustrativ, doch als »Baker-Fünfzehn« gewann sie rasch analytische Bedeutung.[45] Von den 21 Milliarden Dollar, die von Privatbanken aufzubringen waren, sollten 13 Milliarden von außerhalb der Vereinigten Staaten kommen. Daneben war multilateralen Entwicklungseinrichtungen die Verteilung von weiteren Nettokrediten in Höhe von 3 Milliarden Dollar pro Jahr über eine Dreijahresfrist zugedacht, und wenn die Resultate erfolgversprechend aussahen, würden die USA einer Aufstockung des Kapitals der Weltbank zustimmen, so daß die multilaterale Hilfe dann auf 20 Milliarden Dollar steigen würde.

Am Ende blieben die Zuflüsse in die Länder des Baker-Plans um einiges unter der vorgesehenen Höhe. Für die Periode 1986 bis 1988 erreichten sie 28,6 statt der möglichen 40 Milliarden Dollar. Die Geschäftsbanken reagierten anfänglich recht skeptisch, da sie vor Bakers Deklaration auf Garantien der Gläubigerstaaten gedrungen hatten, falls sie neues Geld zur Verfügung stellten. Da der Baker-Plan selbst keinen Mechanismus vorsah, der die Mitwirkung der Banken gesichert hätte, zogen sich diese in der zweiten Hälfte der achtziger Jahre dann auch aus dem Anleihegeschäft wieder zurück.

Zur heftigen zweiten Welle von Anpassungsschocks kam 1985/86 die Verlangsamung des Wachstums in den Industrieländern und steigende Nervosität im Gefolge des Börsenkrachs vom Oktober 1987. Dies führte dazu, daß die Lösbarkeit der Schuldenfrage erneut mit Pessimismus betrachtet wurde. Der Baker-Plan hatte auf eine fragile und prekäre Basis nur neue Belastungen gehäuft. Für ihn kann lediglich ins Feld geführt werden, daß er den verschuldeten Staaten keine Deflation aufnötigte und keine größeren Bankzusammenbrüche verursachte. So stellte die Weltbank 1988 fest, daß es »den meisten verschuldeten Ländern noch immer nicht besser geht als 1982 – bei Ausbruch der Krise. Die ausgezahlte und offene Schuld hat sich verdoppelt, und die Barzahlungen für die Bedienung der Schulden sind um ein Drittel höher.«[46]

Radikaleres Vorgehen schien nunmehr angezeigt. Es konnte dem System auch nicht mehr so sehr schaden, wie das früher der Fall gewesen wäre, denn seit 1982 hatten die Banken versucht, Reserven im Hinblick auf die Schulden der Entwicklungsländer anzusammeln. In dem Maße, in dem die nationalen Steuersysteme die Geltendmachung von Abschreibungen zuließen, halfen die Gläubigerländer – genauer: deren Steuerzahler – den Banken tatsächlich langsam aus der Haftung heraus. Einige Banken verkauften auch Teile ihrer Ansprüche gegen Länder der Dritten Welt mit Verlusten auf anfänglich ziemlich dünnen Sekundärmärkten. 1985 wurde der Verkauf internationaler Schulden auf insgesamt nicht ganz 5 Milliarden Dollar geschätzt, 1988 belief er sich auf 30 bis 40 Milliarden Dollar.[47] In einigen Fällen kam es auch zum Tausch von Schulden gegen Beteiligungen. Vor allem Chile zeigte sich bei dieser Art von Swap-Geschäften erfinderisch. Das Kreditvolumen der neun größten amerikanischen Banken in Lateinamerika fiel von alarmierenden 177 Prozent 1982 auf 84 Prozent 1988.[48] Doch selbst nach dieser Reduzierung hätte eine Zahlungseinstellung das amerikanische Bankensystem natürlich in ernste Gefahr gebracht. Allerdings war bis 1988 klar geworden, daß eine Zahlungseinstellung kaum mehr befürchtet werden mußte; Lateinamerika war nicht imstande, als Block zu handeln. Der Geist von Cartagena verschwand wieder. Zwei Versuche von Schuldnerländern, die Funktionsweise des Systems zu ändern, unterstrichen am Ende sogar dessen neugewonnene Stabilität.

In Peru war 1985 Alan Garcia Pérez mit einem nationalistischen Wirtschaftsprogramm zum Präsidenten gewählt worden. Seine Regierung sah sich mit einer offensichtlich unmöglichen Situation konfrontiert: Schuldenzinsen und Amortisation beliefen sich auf 3,7 Milliarden Dollar, mehr als die gesamten zu erwartenden Exporteinnahmen (3,1 Milliarden Dollar).[49] In seiner Antrittsrede beklagte der Präsident die Schwierigkeiten des Exportierens angesichts des Protektionismus der Industriestaaten und gab dann bekannt, daß er die Schuldenbedienung auf zehn Prozent der Exporterlöse begrenzen werde. Jedoch erschütterte dieses Vorgehen das internationale System nicht, ebensowenig wie das von Brasiliens Präsident José Sarney im Februar 1987 verkündete einseitige Moratorium hinsichtlich der Zinszahlungen für offene Schulden in Höhe von 108 Milliarden Dollar. Weder erreichte Sarney Konzessionen, noch fügte er den Bankiers übermäßigen Schaden zu. 1988 räumte er ein: »Tatsache ist, daß wir das internationale System nicht zerstören können. [...] Wir können das System nur kratzen, das System aber kann uns vernichten.«[50]

Die Erfahrungen Brasiliens und Perus verlockten nicht zur Nachahmung, und so hat ihr Vorgehen das Vertrauen der Bankiers in das Funktionieren und den Bestand des Systems paradoxerweise eher gestärkt als gemindert. Die brasilianische Aktion lieferte sogar den Hintergrund für eine am 20. Mai 1987 abgegebene Erklärung des neuen Vorsitzenden der Citicorp, John Reed, er habe die Verlustreserven der Bank um 2,5 Milliarden Dollar vermehrt und hoffe, ein Drittel der Ansprüche seines Hauses gegen Länder der Dritten Welt zu verkaufen. Dem schloß sich sogleich eine Anzahl kleinerer Banken in Neu-England an.

Die Banken begannen nunmehr neue Kooperationsmodelle auszuarbeiten, zu denen als ein Element die Reduzierung von Schulden gehörte. 1987 vereinbarte Mexiko mit dem Morgan Guaranty Trust den Austausch von reduzierten Bankschulden gegen Zwanzigjahrbonds; als Nebensicherung dienten amerikanische Regierungsbonds. Im Herbst 1988 trat Alfred Herrhausen, Sprecher der Deutschen Bank, öffentlich für eine partielle Streichung von Handelsschulden ein[51]; privat hatte er das schon ein Jahr lang propagiert. Im Lauf des nächsten Jahres schlug die Deutsche Bank die Umwandlung von Schulden in Beteiligungen vor, dazu auktionsähnliche Rückkäufe durch Schuldnerregierungen, und zwar mit Geldern, die von Gläubigerregierungen und multilateralen Institutionen zur Verfügung zu stellen seien, ferner die Konzentration auf jene Sektoren der Schuldnerwirtschaften, deren finanzielle Gesundung zur Wiederherstellung operativer Effizienz am dringlichsten erschien.[52]

Auf den Jahrestreffen von IWF und Weltbank regte 1987 auch der japanische Finanzminister Kiichi Miyazawa die Umwandlung von Schulden in Beteiligungen an, außerdem die Schaffung einer globalen Versicherung gegen nicht-kommerzielle Risiken. Die multilateralen Institutionen sollten nach seiner Meinung eine Rolle als Clearing-Zentren für die Swaps übernehmen.[53]

Als Nicholas Brady, James Bakers Nachfolger im amerikanischen Finanzministerium, am 10. März 1989 einen Plan zur freiwilligen Schuldenreduzierung präsentierte, systematisierte und erweiterte er also bereits unternommene Initiativen. Nach seinem Vorschlag sollte ein Viertel der IWF- und Weltbank-Anleihen zu Rückkäufen herabgesetzter Schulden verwendet werden. Der Fonds und die Bank könnten gemeinsam 20 bis 25 Milliarden Dollar zur Verfügung stellen, weitere 10 Milliarden seien von Japan zu bekommen. Daneben aber müßten die Geschäftsbanken und der Fonds von ihren wechselseitigen Verpflichtungen entlastet werden. Den Banken seien mehrere Optionen anzubieten, darunter die Akzeptierung geringerer Zinssätze oder der Verkauf reduzierter Ansprüche an den Schuldner. Der IWF werde »bei Rückständen leihen«; seine Aktivität brauche nicht von einer Verständigung der Schuldner mit den Geschäftsbanken abzuhängen. Im Effekt wurden die Bindungen von 1982 dann auch teilweise gelöst. Der Fonds, so hieß es nun, solle nicht länger als »Polizist der Banken« fungieren. Im IWF-Interims- und Entwicklungsausschuß wurden diese Vorschläge im April 1989 formalisiert und als neue Schuldenstrategie akzeptiert.[54]

Im Rahmen dieser Strategie kamen 1989 die Verhandlungen für Mexiko, die Philippinen und Costa Rica zum Abschluß, 1990 für Marokko, Venezuela und Uruguay. 1992 ging eine Operation mit Nigeria über die Bühne, und weitere Vereinbarungen wurden sowohl mit Argentinien und Brasilien als auch mit Mozambique und Niger getroffen; der brasilianische Abschluß trat allerdings erst 1994 in Kraft. Die Umwandlungen standen alle in Zusammenhang mit IWF-Programmen, welche die Voraussetzung für den Verkauf von amerikanischen Schatzanweisungen bildeten, die als Sicherheit für die langfristigen Umwandlungsbonds dienten. Nur im Falle Brasiliens gab es kein paralleles IWF-Programm, was als Signal des partiellen Rückzugs der Bretton Woods-Institutionen und des »Endes der Schuldenkrise« interpretiert wurde.

Das unmittelbare Ergebnis der nach 1982 verfolgten Schuldenstrategie war die Verhinderung eines globalen finanziellen Zusammenbruchs. Doch ist dafür – in Lateinamerika und auch in Afrika – ein überaus schmerzhafter Preis gezahlt worden: der Verzicht auf Wachstum für die Dauer einer »verlorenen Dekade«, während der neue Handlungsrezepte diskutiert wurden. Zu Beginn der neunziger Jahre hatte sich der tiefe Pessimismus, von dem die Schuldendebatte noch bis 1987/88 charakterisiert war, verflüchtigt. Viele Staaten hatten entdeckt, daß eine vernünftige Politik die internationalen Kapitalmärkte schließlich wieder öffnete. Der Mechanismus des Brady-Plans, der ja eine Vielfalt von Wahlmöglichkeiten anbot, hatte dazu beigetragen, allenthalben klarzumachen, daß es kein einheitliches Phänomen der »Entwicklungsländerschuld« mehr gab. Statt dessen existierte, wie im einheimischen Kreditgeschäft, eine ganze Skala von Investitionen unterschiedlicher Qualität. Die finanzielle Erfahrung der achtziger Jahre zeigte auch, daß andere Formen von Krediten – zum Beispiel gegen Immobilien in Texas, Tokio oder Frankfurt – ebenso riskant sein konnten wie Anleihen für Länder, deren Entwicklungspotential zumindest die Möglichkeit raschen Wachstums bot. Nach dem Immobilienfiasko zu Beginn der neunziger Jahre soll der britische Bauspekulant Martin Landau, dessen kollabiertes Unternehmen die größte einzelne Vergleichsaktion in der Bankengeschichte erforderte, gesagt haben: »Banken sind sehr faul. Sie wollen nicht an Landwirte ausleihen, sie verstehen Fabrikanten nicht, sie wollen der Dritten Welt nichts leihen, so verfallen sie auf Immobilien. Bankiers sind bestimmt nicht sehr intelligent.« Landaus deutscher Kollege Jürgen Schneider äußerte sich nicht weniger verächtlich.[55]

In der Tat hatten die Bankiers bis zum Ende der Schuldendekade erfahren, daß alles riskant sein kann. Im übrigen hatte die Schuldenkrise der Dritten Welt – anders als der Immobilienboom und -krach in den Vereinigten Staaten, Großbritannien, Japan und Skandinavien, mit einer kleinen Verzögerung dann auch in Frankreich und Deutschland – nicht ein einziges größeres Finanzinstitut zu Fall gebracht. Neue oder alternative Formen der Kapitalbewegung boten eine stabilere Alternative zum kurz- oder mittelfristigen Bankkredit. In der zweiten Hälfte der achtziger Jahre begannen erneut Kapitalströme in die Entwicklungsländer zu fließen. Die Direktinvestitionen, die während der ganzen Periode des Schuldenbooms und der Schuldenkrise auf ziemlich niedrigem, wenn auch festem Niveau geblieben waren, nahmen nach 1986 Jahr für Jahr dramatisch zu. Selbst der mexikanische Schock von 1994/95 bewirkte keinen spürbaren Rückgang. Im Gegenteil: Der Zufluß langfristiger Fonds in die Entwicklungsländer war 1995 höher als 1994 (und doppelt so hoch wie 1990).[56]

Bedeutet dies eine Rückkehr zur »Anarchie des Marktes«? Was kann einer Wiederholung der einst so schädlichen Zyklen – wahllose und übermäßige Kreditgewährung gefolgt von Panik – vorbeugen? Zwei Arten von Lösungen können genannt werden: erstens Regulatorien auf internationaler Ebene zur Steuerung der Praxis von Geschäftsbanken, zweitens die Behandlung der Weltwirtschaft als ein System, in dem sich Regierungspolitik, ob zweckmäßig oder unzweckmäßig, in ständiger Interaktion mit einem breiten Spektrum kommerzieller Entscheidungen befindet.

Der Ausbruch der Schuldenkrise in den achtziger Jahren belebte naturgemäß das Interesse an grenzüberschreitender Regulierung der Finanzströme. Eine wichtige amerikanische Initiative weitete die einschlägigen Debatten aus, die im Laufe der siebziger Jahre stattgefunden hatten. Statt der tastenden, informellen und geheimen Koordinierung, wie sie im Rahmen des Basler Ausschusses für Bankenaufsicht vereinbart worden war, sollte die Überwachung der Banken international nun systematisch und offener ausgeübt werden. Zum Teil kam der Druck von der öffentlichen Meinung in den Vereinigten Staaten und von der weitverbreiteten Sorge, bei Lösung des internationalen Schuldenproblems könnten die Banken aus ihrer Haftung entlassen werden. Das Zögern des amerikanischen Kongresses, die IWF-Quoten zu erhöhen, konnte nur durch eine legislative Maßnahme überwunden werden, mit der die Kontrolle der Banken erweitert wurde. Das Kreditüberwachungsgesetz vom November 1983 gab den amerikanischen Prüfungsbehörden das Recht und die Pflicht, »Bankinstitute zu veranlassen«, für die Schaffung einer ausreichenden Kapitalausstattung zu sorgen. Verhandlungen, erst mit Großbritannien, dann mit Japan und den übrigen

Mitgliedern der Zehnergruppe führten zu internationalen Standards, die im Basler Akkord von 1988 festgehalten sind.[57]

Die Vereinbarung verlangt den Einsatz von 8 Prozent Eigenkapital bei der Vergabe von Risikokapital; außerdem wurden fünf verschiedene Risiko-Kategorien festgelegt. Natürlich begegnete auch dieses System naheliegenden Einwänden: Erschwerte es nicht die Kreditaufnahme der Entwicklungsländer, aber auch der Industrieunternehmen, während es die Kreditvergabe an die Industriestaaten allzu attraktiv machte? Die Entwicklung eines feineren Instrumentariums wäre möglich und erforderlich.

Außerdem begann Anfang der neunziger Jahre eine finanztechnische Innovation eine Rolle zu spielen, die das internationale System einer neuen Gefahr aussetzt: die weithin unkontrollierte Zunahme der Derivatmärkte. In diesen werden die diversen Risiken getrennt und auch getrennt verkauft, was die Bedeutung des Einzelrisikos herabsetzt. Viele Experten sehen in den Derivaten aber auch ein erhöhtes Risiko für das System, und tatsächlich ist eine Kettenwirkung von Zahlungseinstellungen und Bankrotts vorstellbar.[58]

Auf der Systemebene ist eine Lösung jener Probleme erforderlich, die sich auf Grund der großen, durch die finanztechnischen Innovationen begünstigten Kapitalbewegungen stellen und Teil des wirtschaftlichen Wachstums- und Entwicklungsprozesses geworden sind. So wird es zunehmend wichtig, auch jene Schocks zu vermeiden, die eine inkonsequente Politik in den großen Volkswirtschaften verursacht. Viele Probleme der frühen achtziger Jahre hatten sich aus der Labilität des internationalen Finanzsystems ergeben, die dem Zinsschock folgte. Mehr internationale Stabilität spielte bei der Überwindung der Schuldenkrise eine große Rolle. Heute erscheint ein »Polizist« nicht so sehr für die Regulierung einzelner Schuldenverhandlungen notwendig, sondern für die Aufrechterhaltung der Ordnung im internationalen System als Ganzem.

Es besteht offensichtlich Bedarf an einer Kooperation, die jähe Schocks verhindern kann, wie sie etwa durch abrupte Schwankungen der Zinssätze oder durch dramatische Preisbewegungen bei Handelswaren verursacht werden. Auch lehrte die Schuldenkrise die Bedeutung angemessener politischer Maßnahmen und prompter Anpassung – und welche Gefahr droht, wenn versucht wird, verspätete Anpassung mit Hilfe der privaten Märkte zu finanzieren. Weiter zeigte sich, daß der private Finanzsektor dem Herdentrieb folgt und damit Probleme eher verschärfen als lösen kann, mithin Verantwortung auch von den Privatbankiers gefordert ist. Schließlich ist klar geworden, wie wichtig die Verfügbarkeit zuverlässiger Informationen über wirtschaftliche Entwicklungen, über Schuldenmanagement und über fiskalische beziehungsweise Wechselkurspolitik ist. Solche Informationen zu liefern und außerdem Hilfe in Notfällen zu leisten, ist Aufgabe der internationalen Institutionen. Diese Lehren bewirkten den Niedergang der ideologisch aufgeladenen Debatten der siebziger Jahre über eine Neue Internationale Wirtschaftsordnung. Seitdem versuchen Politiker und Wirtschaftswissenschaftler weniger, eigene Fehlschläge den Funktionsstörungen und Ungerechtigkeiten eines weltwirtschaftlichen »Systems« anzulasten, sondern eine zweckmäßige und wachstumsfördernde nationale Politik zu betreiben.

Das Ziel internationaler, durch Aufsicht verstärkter Kooperation sollte darin bestehen, eine Verständigung über mittelfristige politische Ziele zu erreichen, die die Notwendigkeit und die Wahrscheinlichkeit plötzlicher Kursänderungen verringern. Eine stabilitätsorientierte nationale Politik – zu der ein Abbau von Haushaltsdefiziten ebenso gehört wie die Limitierung des monetären Wachstums – ist essentieller Teil einer solchen Annäherung an globale Stabilisierung. Die Akzeptanz einer solchen Politik erforderte in den Schuldnerländern ein fundamentales Umdenken; doch inzwischen kam es zu einem ähnlichen Sinneswandel auch in den führenden Industrieländern, nicht zuletzt in den Vereinigten Staaten.

Kapitel 8

Kooperation in den Industriestaaten

In den achtziger Jahren waren die internationalen finanziellen Beziehungen nicht zuletzt von der Suche nach Konsens, Kooperation und Koordination bestimmt. Die erste Hälfte der Dekade war eine Periode der Instabilität, der Schocks, der Uneinigkeit über die richtige Politik und – jedenfalls zu Anfang – miserabler internationaler Koordination. Angesichts divergierender intellektueller Ansätze sah sich der IWF in seinem Verhältnis zu den großen Industriestaaten zunächst fast zur Ohnmacht verdammt. Viele Beobachter kamen zu dem Schluß, daß das internationale Finanzsystem reformbedürftig sei und vor allem eine institutionelle Kräftigung brauche. Die Fehlschläge der Politik wirkten sich auf die Leistung der Wirtschaft aus. Die Weltexporte gingen, in Dollar gerechnet, zwischen 1980 und 1983 um 11,2 Prozent zurück. 1982 war das Jahr mit der weltweit geringsten Wachstumsrate des realen Bruttoinlandsprodukts seit dem Ende des Zweiten Weltkriegs (0,3 Prozent); die Industrieländer verzeichneten sogar einen Rückgang (-0,2 Prozent). Es folgte eine hartnäckige Depression in vielen der hochverschuldeten Entwicklungsländer, während die entwickelten Länder eine Zunahme der Interdependenz ihrer Wirtschaften erlebten: eine Konsequenz der Globalisierung des Finanzsystems.

Das System des Floatens, wie es nach 1973 praktiziert wurde, lieferte zwei Überraschungen. Erstens blieb der amerikanische Dollar, allen Hoffnungen oder Befürchtungen zum Trotz, er könne »banalisiert« werden, die wichtigste internationale Währung. Andere potentielle Reservewährungen – die DM und der japanische Yen – existierten in ungenügend deregulierten und liberalisierten Binnenfinanzmärkten, weshalb sie nicht attraktiv genug wurden, um den Dollar wirklich zu ersetzen. Zweitens war klar geworden, daß die durch Floaten entstandenen Kurse weder das Problem der Ungleichgewichte in den Zahlungsbilanzen gelöst noch die Notwendigkeit internationaler Kooperation aufgehoben hatten. Befürworter des Floatens hatten immer behauptet, ihr Rezept werde das Problem der Zahlungsbilanzanpassung einfach verschwinden lassen, da sich der Wechselkurs stets angleichen werde. Ihre grundsätzliche Kritik am System von Bretton Woods hatte gelautet, es sei zu starr und schaffe endemische Zahlungsbilanzprobleme. Die Schwierigkeiten durch wechselnde nominelle Kurse hatten im Verein mit divergierenden nationalen Inflationsraten zu beträchtlichen Verschiebungen der realen Kurse geführt. In der Praxis bewirkte das Floaten jedoch noch weit dramatischere Verschiebungen der realen Kurse.[1] Anfang der achtziger Jahre waren die Bewegungen der Kurse von Entwicklungen auf den Finanzmärkten beherrscht und entsprachen – entgegen den Behauptungen der leidenschaftlichsten Streiter für das Floaten – keineswegs dem Bedürfnis nach Ausgleich der Zahlungsbilanzen. Große Schwankungen der realen Kurse beeinflußten wiederum die jeweilige einheimische Wirtschaft, weshalb mit wachsender Dringlichkeit irgendein Schutz gegen die Launen des internationalen Systems gefordert wurde: entweder durch Handelskontrollen und Zölle oder durch einen Versuch, die Kurse wieder zu stabilisieren.

Größere Bewegungen der realen Wechselkurse spiegelten aber auch entsprechende Positionsänderungen im laufenden Geschäftsverkehr wider. Eine Folge des Anwachsens der globalen Finanzmärkte und einer Tendenz zur Deregulierung und Liberalisierung bestand darin, daß es technisch leichter wurde, breite Kapitalströme in Bewegung zu setzen und damit weit bedeutendere Ungleichheiten zu finanzieren. Bislang nationale Kapitalmärkte wurden nun internationalisiert. Der Zwang für die einzelnen Volkswirtschaften, Ersparnisse und Investitionen auszubalancieren, lockerte sich dadurch. Manchmal schien man sich dabei wie auf einem Hochseil ohne Netz zu bewegen: Irgend etwas konnte die Stimmung auf den Märkten umschlagen lassen, was dann die Fortsetzung der Finanzierung unmöglich machte. Zu den dramatischsten Vorgängen der achtziger Jahre gehörte die Umkehrung der Kapitalströme. Es kam zu Abflüssen – oder negativen Transfers – aus vielen mit Schulden beladenen Entwick-

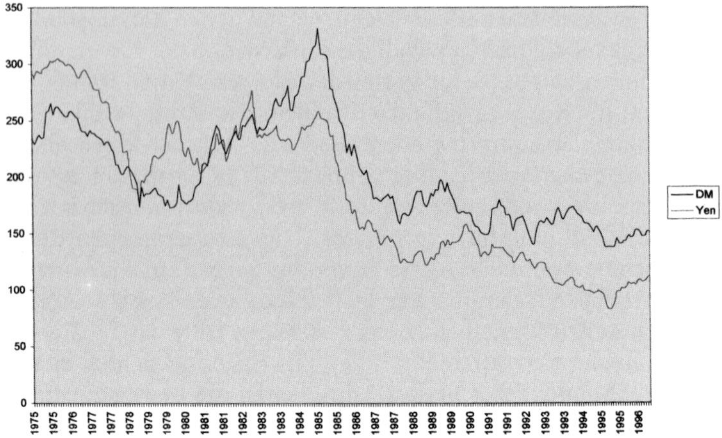

Abbildung 2: Dollarkurse der DM und des Yen

lungsländern, und zur gleichen Zeit verwandelte sich die größte Volkswirtschaft der Welt aus einem Exporteur in einen Importeur von Kapital.

Die Politik konnte angesichts der Herausforderung durch unbeständige Wechselkurse, große Ungleichgewichte und unberechenbare Kapitalmärkte zwischen zwei Alternativen wählen. Die Wahl hing von der Diagnose ab, die man dem internationalen System und seiner Krankheit stellte: Waren die Verwerfungen der Wechselkurse, die das Floaten verursachte, das Ergebnis des schlechten Funktionierens oder des Fehlens eines »Systems«? Sollte die Intervention der Zentralbanken also zur Disziplinierung von Spekulanten benutzt werden und durch die Schaffung größerer Stabilität den wirtschaftspolitischen Kurs beeinflussen? Oder war eine direktere Methode vorzuziehen? Lag das Problem in den politischen Divergenzen zwischen den Staaten, war die Heilung folglich von mehr Konvergenz abhängig? Und wie konnte diese erreicht werden? Seit den siebziger Jahren hatte sich Konvergenz als ein attraktives, jedoch nicht recht faßbares Ziel erwiesen. Genügte es, wenn allenthalben eine vernünftige und verständige Politik verfolgt wurde? Zur Aufsicht gehörte es, Regierungen davon zu überzeugen, andere Prioritäten setzen zu müssen.

Diskussionen über eine supranationale wirtschaftspolitische Konvergenz konnten natürlich nur in begrenztem Maße unabhängig von anderen politischen Gesichtspunkten geführt werden. Auf höchster politischer Ebene genossen sicherheitspolitische Erwägungen Vorrang und schwappten auch manchmal auf die wirtschaftspolitischen Debatten über, freilich ohne notwendigerweise wirtschaftliche Übereinstimmung herbeizuführen. Die Nachwehen der Stationierung sowjetischer SS-20-Raketen, des NATO-Doppelbeschlusses und der sowjetischen Intervention in Afghanistan, auch der lange iranisch-irakische Krieg, verlangten nach dem Zusammenhalt der größeren westlichen Staaten, doch blieb gewöhnlich ungesagt, was das für die Festlegung der Wirtschaftspolitik bedeutete. Die Gipfeltreffen der G-7 wurden zwar auch als Wirtschaftskonferenzen bezeichnet, beschäftigten sich aber weit mehr mit Sicherheitsfragen. Nur mit beträchtlicher Verzögerung entstand auch die Bereitschaft, mehr Koordination in monetären und wirtschaftlichen Angelegenheiten zu suchen.

In der ersten Hälfte der achtziger Jahre waren Meinungsverschiedenheiten über die richtigen wirtschaftspolitischen Rezepte tatsächlich noch größer als in den Siebzigern. Es ist nicht verwunderlich, daß häufig der Ruf nach einem neuen Bretton Woods ertönte, das die Situation bereinigen und wieder internationale Grundregeln schaffen sollte. Doch angesichts der fundamentalen Gegensätze ist es ebensowenig verwunderlich, daß solche Initiativen recht häufig eine politische Dimension hatten, auf das Mißtrauen der anderen Spieler am Tisch stießen und kaum greifbare Resultate zeitigten. Der Erfolg internationaler Verhandlungen hängt von bestimmten Voraussetzungen ab, und keine davon war gegeben. Eine dringliche Aufgabe existierte nur in dem allgemeinen Sinne, daß Struktur und Funktionsweise der Weltwirtschaft offensichtlich irgendwelche ernsthaften Gebrechen aufwiesen, doch über das richtige Heilmittel herrschte keine Übereinstimmung. So gelangten viele Beobachter zu einem recht skeptischen Urteil über die Effektivität internationaler Institutionen.

Zu einem guten Teil lag das Problem in der noch frischen und schmerzenden Erinnerung an die Unwirksamkeit früherer internationaler Handlungsrezepte. Feste Wechselkurse waren den Schocks der frühen siebziger Jahre nicht gewachsen gewesen und hatten die Einzelstaaten nicht zu disziplinieren vermocht. Das Experiment der durch Gipfelgespräche bewirkten Geldmengenausweitung, das seinen Höhepunkt mit dem Bonner Treffen von 1978 erlebte und weithin als Inflationsbeschleuniger galt, hatte einen international koordinierten Keynesianismus diskreditiert. Die Idee aber, den internationalen Finanzverkehr dem freien Markt zu überlassen, hatte im Schuldenkollaps von 1982 geendet. Freilich: Auch zentral geplante Wirtschaften hatten unter langsamem Wachstum, den Auswirkungen des Booms und unter den Krisenzyklen der globalen Finanzmärkte gelitten. Keine der alten Antworten schien also richtig zu sein: Jede hatte ihre Gläubigen, doch über keine herrschte Konsens.

Im Laufe der Zeit begann jedoch die Häufung einzelner Maßnahmen ein systematischeres Vorgehen nahezulegen: Nach einer langen Experimentierphase brachte eine auf Währungskoordination zielende Initiative zwischen den Plaza- und Louvre-Vereinbarungen (1985 beziehungsweise 1987) eine einzigartige internationale Verhandlungsaktivität zuwege. Anfang der achtziger Jahre waren die Vereinigten Staaten in der Lage gewesen, den Rat des IWF zu ignorieren – doch dann kam die Erschütterung durch den Markt und die Furcht, was dieser noch alles anrichten werde; seitdem begannen die USA eine Rückkehr zu institutionalisierter internationaler Disziplin ins Auge zu fassen.

Daß Mitte der achtziger Jahre mehr Harmonie herrschte, lag daran, daß die Politik der führenden Industriestaaten jetzt geringere Unterschiede aufwies als zu Beginn der Dekade. Es trat etwas in Erscheinung, was ein neuer Konsens genannt werden könnte: über die Wichtigkeit von Preisstabilität, Wachstum, einem ausgeglichenen Außenverhältnis, Freihandel und freiem Kapitalverkehr. Kritiker begannen sogar schon von »monomics« zu sprechen, dem Monopol einer bestimmten Einstellung zur Politik. Dieser Konsens verbesserte die Basis für Koordination und Kooperation.

Zu Beginn der Dekade jedoch setzte eine neue politische Marotte die größte Wirtschaft der Welt auf einen Kurs, der die globale Verteilung von Wachstum und die gesamte internationale Ordnung verfälschte: Die Vereinigten Staaten zogen einen beträchtlichen Teil der Ersparnisse der übrigen Welt an. Anfänglich sah es so aus, als hätten sie sich deshalb aufgemacht, die neuen Möglichkeiten auszuschöpfen, die das immense Geldangebot auf den internationalen Kapitalmärkten eröffnete, weil die Reagan-Administration Experimente sowohl auf wirtschaftlichem wie auf machtpolitischem Felde finanzieren wollte: niedrige Steuern und Star Wars zugleich.

Das Resultat war ein mehr oder weniger ununterbrochenes Steigen des Dollar: zwischen Juli 1981 und März 1985 um 18,1 Prozent gegenüber dem japanischen Yen, um 94,5 Prozent gegenüber der DM und um 122,6 Prozent gegenüber dem britischen Pfund. Auf der Basis der Kaufkraftparitäten wirkten diese Kurse zunehmend verfälscht, indes wies der reale Wechselkurs eine noch stärkere Verschiebung gegenüber der japanischen und der deutschen Währung auf (44,5 beziehungsweise 100,1 Prozent).[2] Mit dem Höhenflug des Dollar und der Verschlechterung der Zahlungsbilanz rückte ein plötzlicher Zusammenbruch näher. Beobachter sowohl in den USA wie außerhalb fürchteten eine »harte Landung«: Irgendwann werde das Zinsgefälle nicht mehr ausreichen, um das Risiko einer Wechselkursverschlechterung zu kompensieren, die schließlich zur Korrektur des Handelsdefizits unumgänglich sein werde. An diesem Punkt werde dann die Bereitschaft der Ausländer schwinden, ihre Ersparnisse zu transferieren und damit das amerikanische Defizit auszugleichen. Gleichzeitig würden die USA nicht in der Lage sein, ihre eigene Sparrate zu erhöhen und dadurch die entstehende Lücke zu schließen; die Haushaltsersparnisse bewegten sich ohnehin auf dem Weg nach unten. Kapitaltransfers werde es dann nicht mehr geben und der Dollar mit extremer Geschwindigkeit fallen.[3]

Die Auswirkungen der amerikanischen Finanzpolitik provozierten heftige Kontroversen auf den G-7-Treffen in Ottawa (1981), Versailles (1982) und Williamsburg (1983), ebenso auf den G-5-Konferenzen der Finanzminister. In Ottawa sprach Bundeskanzler Schmidt mit Bitterkeit von »den höchsten Zinssätzen seit Christi Geburt«.[4] »Wir müssen«, so fuhr er in dem etwas schulmeisterlichen Ton fort, den er oft anschlug, »unseren Bedarf an Fremdkapital reduzieren, damit die Zentralbanken die Sätze senken können«.[5] Hohe Zinssätze hatten den Entwicklungsländern bei ihren Schulden Schwierigkeiten eingebracht, aber auch in den Industriestaaten zu einer ernsten Rezession geführt.

Größere Wechselkursstabilität

Der Sinneswandel in den USA traf mit einem Wechsel der für die amerikanische Finanzpolitik verantwortlichen Personen zusammen; ja er war zu einem guten Teil das Ergebnis dieses Wechsels: Im Januar 1985 löste James Baker Donald Regan als Finanzminister ab. Frischer Geist setzte nun die USA instand, sich wieder in Kooperation zu versuchen. Anders gesagt: Auf der Koordinierungs-Party trafen als letzter Gast nun auch die Vereinigten Staaten ein.

Die Diskussionen der nächsten Jahre drehten sich um den Zahlungsbilanzausgleich. Ließ sich durch Verhandlungen ein Regelwerk international verbindlich machen, das zu stabileren und haltbareren Ergebnissen führte? Ungleichgewichte sind zum Teil deshalb ein Problem, weil sie finanziert werden müssen; ihre Tragbarkeit hängt mithin davon ab, welche Stimmung auf den Weltmärkten hinsichtlich der zu erwartenden Wendungen der Politik herrscht. Sie entwickeln sich dann leicht zu akuten politischen Problemen, wenn sich die öffentliche Debatte darüber auf den einen oder anderen emotional aufgeladenen Aspekt konzentriert (zum Beispiel Reisimport in Japan und Autoimport in den Vereinigten Staaten).

Ein Weg, die politischen Dilemmata Mitte der achtziger Jahre zu präsentieren, ergab sich aus den ungleichen Wachstumsraten, die ein Eingreifen bei den Ländern mit geringem Wachstum erforderten: Höhere Expansionsraten außerhalb der Vereinigten Staaten sollten die Investitionen und mit ihnen die Importe (einschließlich der aus den USA) in die Höhe treiben – und auf diese Weise die Ungleichgewichte beseitigen. Das OECD-Organ

›Outlook‹ empfahl den Europäern im Juni 1985 dann auch Steuersenkungen, und die Europäische Kommission argumentierte, »Europa und Japan sollten bereit sein, die Schwungkraft des Welthandels mit einer angemessenen Zunahme des einheimischen Bedarfs zu stützen«.[6]

Unterschiede in den Wachstumsraten warfen nicht nur wirtschaftliche, sondern auch zutiefst politische Fragen auf; der Zusammenhang trat nun klarer hervor als je zuvor seit den Konflikten der späteren sechziger Jahre: Würden die Bundesrepublik und die Vereinigten Staaten nicht kooperieren, sähe sich Europa einer politischen Bedrohung gegenüber. Angesichts der amerikanischen Besorgnisse über den Anteil der militärischen Ausgaben am Haushaltsdefizit und der beginnenden Reformpolitik in der UdSSR entwickelte sich aber die Möglichkeit, daß die amerikanisch-sowjetischen Sicherheitsgespräche Europa außen vor lassen könnten. Manche Stimmen regten sogar an, den Zusammenhang zwischen Wirtschaft und Politik zu benutzen, um Europäer und Japaner zur Übernahme wenigstens eines Teils der Kosten zu bringen, die den USA entstanden, indem sie für einen Sicherheitsschirm sorgten.[7]

Am 25. Februar 1985 erreichte der Dollar mit einem Kurs von DM 3,47 und Yen 263,05 einen Gipfel. Bis Mitte April war er gegenüber den europäischen Währungen wieder um 15 und gegenüber dem Yen um 6 Prozent gefallen. Seit dem 27. Mai versuchten die Bank von Japan und die Bundesbank durch energische Interventionen den Dollarkurs noch weiter zu drücken.

Als Reaktion auf bilaterale amerikanisch-japanische Initiativen zur Senkung des Dollarkurses entwickelten die Europäer auf einem Ministertreffen am 20./21. September in Luxemburg eine gemeinsame Position, indem sie der Anwendung von Interventionen auf den Wechselmärkten grundsätzlich zustimmten. Tags darauf folgte eine überraschende Konferenz der G-5-Finanzminister und Zentralbankchefs im New Yorker Plaza Hotel. Die Publizität dieser demonstrativen Koordinierung war dazu bestimmt, einen psychologischen Effekt auf den Devisenmärkten zu erzielen. Die Vereinbarung sah eine konzertierte Intervention gegen den Dollarkurs mit einem Einsatz von 18 Milliarden Dollar über einen Zeitraum von sechs Wochen vor, aufzubringen zu jeweils einem Drittel von den Vereinigten Staaten, Japan und den europäischen G-5-Mitgliedern.

In der nächsten Phase von Kooperation und Koordination sollte auf die niedrigeren Zuwachsraten der Weltproduktion 1986 und auf die schlechten Aussichten für 1987 reagiert werden. Dem G-5-Treffen im Louvre am 21./22. Februar 1987 waren französisch-amerikanische Diskussionen vorausgegangen. Französische Politiker hatten seit langem eine Neigung zu Systemen mit festen Wechselkursen. Bereits 1983 hatte Mitterrand davon gesprochen, daß eine Kursstabilisierung zu wünschen sei[8]; Ende 1985 hatten die Franzosen unter dem Titel »Reform des internationalen monetären Systems« einen Zielbereichsplan entworfen, und im Louvre überraschte Finanzminister Edouard Balladur die anderen Europäer mit einem konkreten Vorschlag für eine Festsetzung: Auf der Basis der Marktkurse vom Vortag war eine Bandbreite von 5 Prozent und bei Kursbewegungen um mehr als 2,5 Prozent in jeder Richtung eine Konsultation zwecks Intervention vorgesehen. Deutschen und Japanern mißfiel die Einführung fester Margen, den Deutschen aus Prinzip, den Japanern deshalb, weil der französische Vorschlag dem Yen erlaubt hätte, über die symbolische Marke von 150 zu steigen. Die Konferenz einigte sich auf den Grundsatz mittlerer Kurse, die mit 1,825 DM und 153,50 Yen für den Dollar festgelegt wurden. Auch sollte ein Interventionsfonds in Höhe von 4 Milliarden Dollar gebildet werden, doch mußte sich niemand zu einer Anpassung seiner monetären Politik verpflichten[9], und trotz Interventionen der Zentralbanken sind die Louvre-Kurse nicht gehalten worden. Statt dessen sprach Baker 1987 auf dem Jahrestreffen des IWF abermals von der Notwendigkeit internationaler Expansion: »Deutschland, Japan und andere Überschußländer müssen auch ihren Teil beitragen, indem sie eine Politik verfolgen, die das Wirtschaftswachstum fördert, ohne erneut Inflation auszulösen.« Der Wechselkurs wurde zum Pressionsinstrument für höheres Wachstum.

Tatsächlich kam es als Resultat der internationalen Diskussion zu einem gewissen Wachstum. Auf dem G-7-Treffen im April 1987 teilte Japan mit, daß es zur Stimulierung der Wirtschaft 6 Billionen Yen (40 Milliarden Dollar) einsetzen werde. Deutschland hingegen blieb widerspenstig. Schon im Dezember 1986 hatte Baker über die »unkooperative Haltung Westdeutschlands« geklagt.[10] Im September 1987, kurz vor den Jahrestreffen der Weltbank und des IWF – und vor einer G-7-Konferenz – erhöhte die Bundesbank ihren Zins für das Rentengeschäft um armselige 0,1 Prozent, und zwar nach einer Abstimmung des Bundesbankrats, bei der Präsident Pöhl selbst gegen diese Steigerung gewesen war. Baker war wütend. Er warf einer »kleinen Clique« deutscher Monetaristen vor, die internationale wirtschaftliche Zusammenarbeit zu ruinieren.[11]

Zusammenbruch

Im Oktober 1987 erreichte die deutsch-amerikanische Spannung in der Wirtschaftspolitik einen neuen Höhepunkt. Auf der Sitzung des IWF-Interimsausschusses am 27. September 1987 hatte Baker den deutschen Finanzminister Gerhard Stoltenberg mit der Aussage empört: »Es ist wichtig, daß diese [mittelfristigen] Szenarios besser mit der Analyse von Indikatoren verbunden werden und daß größere Aufmerksamkeit möglichen Wegen zur Erfassung von Indikatoren gewidmet wird. Es gibt eine breite Anerkennung der Tatsache, daß die größten Länder eine besondere Verantwortung dafür haben, eine vernünftige und konsistente Politik zu verfolgen.«[12] »Erfassung« implizierte hier eine höhere institutionalisierte Pression auf die Überschußländer.

Diskussionen über den Wechselkurs sollten für Druck in die gleiche Richtung sorgen. Auf einer Pressekonferenz im Weißen Haus deutete Baker am 15. Oktober, einem Donnerstag, an, daß man den amerikanischen Dollar noch etwas fallen lassen könne, um die Bundesrepublik von weiteren Erhöhungen des Zinssatzes abzuhalten, die nicht in Übereinstimmung mit »dem Geist unserer jüngsten Konsultationen« seien.[13] Am Freitag fiel der Dollar leicht gegenüber der DM, obschon sich Bakers Bemerkungen vor allem auf die Wertpapierpreise auswirkten.

Die Dispute hatten die Märkte aufgeschreckt, die nach einem langen und ununterbrochenen Anstieg der Aktienpreise ohnehin nervös zu werden begannen. Die Finanzwelt hatte ein Wochenende lang Zeit, darüber nachzudenken, wie sich höhere Zinssätze auf eine Effektenbörse mit überhöhten Kursen und eine schwächer werdende Wirtschaft auswirken würden. Während des Wochenendes sagte der Bankier Felix Rohatyn der ›Washington Post‹: »Man kann die Gesetze der Schwerkraft nicht für immer außer Kraft setzen.«[14] Am Montag, 19. Oktober 1987, brachte das ›Wall Steet Journal‹ Kommentare der New Yorker Bankiers: »Sie sehen gar nicht mehr wie internationale Staatsmänner aus. [...] Meine vorrangige Frage lautet: ›Was geht in der G-7 vor?‹«[15]

Am 19. Oktober fiel der Wall Street Index um 508 Punkte (22,6 Prozent), wobei der Geschäftsverkehr die bisherigen Rekorde fast um das Doppelte übertraf. Daß es zu Verkäufen in großem Maßstab kam, war zum Teil die Folge computerisierter Verkaufsprogramme; man hatte es also mit der ersten vornehmlich elektronisch bewirkten Panik zu tun. Aber menschliche Panik setzte ebenfalls sehr rasch ein, und so breitete sich die Furcht vor einer Wiederholung von 1929 aus. Der neue Vorsitzende des Federal Reserve Board, Alan Greenspan, gab bekannt, er werde den Banken Geld zur Verfügung stellen, die damit den Börsenmaklern unter die Arme greifen könnten. Am Ende führte dieser Börsenkrach, anders als 1929, nicht direkt zu Bankenpleiten und auch nicht – jedenfalls auf kurze Sicht – zu schlimmeren makroökonomischen Auswirkungen. Doch er intensivierte in den Vereinigten Staaten die Furcht vor einer dramatischen Verlangsamung des Wachstums der Weltwirtschaft, und andernorts weckte er sie.

Natürlich war ohne weiteres vorstellbar, daß statt des amerikanisch-deutschen Wortgefechts auch irgendein anderer politischer Vorgang den Vertrauensverlust hätte bewirken können, der die Börsenkurse purzeln ließ. Die Tatsache aber, daß dieser Krach durch eine Auseinandersetzung innerhalb der G-7 ausgelöst wurde, hatte Konsequenzen für die Zukunft der Zusammenarbeit und bewirkte insbesondere eine wesentlich gesteigerte Sensitivität der Überschußländer. Die Bank von Japan, die mit der Absicht gespielt hatte, den Diskontsatz zu erhöhen, um den Anzeichen einer inflationären Aufwallung entgegenzuwirken, schreckte angesichts der heftigen amerikanischen und europäischen Reaktionen auf die sehr bescheidene deutsche Maßnahme davor nun zurück. Die finanzielle Panik war erfolgreich, wo es amerikanische Diplomatie und Überredungskünste nicht vermocht hatten, Japan weiterhin auf Expansion einzuschwören. Auch in anderer Hinsicht belebte sich das Interesse an der Kooperation; die G-7 entwickelte sich zu einem Forum, in dem die amerikanische Regierung – und indirekt auch der Kongreß – gedrängt wurden, einige Einschnitte am Haushalt vorzunehmen.

Schwinden oder Reifen von Koordination?

Die Nachwirkungen der Louvre-Konferenz erschienen – kurzfristig gesehen – schlimmstenfalls als katastrophal, bestenfalls als enttäuschend. Der ehemalige Vorsitzende des Federal Reserve Board, Paul Volcker, kam zu dem Schluß, daß »eine Menge geredet, aber nur wenig getan wird«.[16] Der frühere Vorsitzende von Reagans Wirtschaftsbeirat, Martin Feldstein, schrieb 1987: »Für Westdeutschland und die anderen G-7-Länder war das Plaza-Treffen im wesentlichen ein Nicht-Ereignis, und selbst der Wandel in der japanischen Geldpolitik wurde bald wieder zurückgenommen.«[17] Die britische Premierministerin Margaret Thatcher hielt Plaza wie Louvre für »unklug« und die Wirkungen für »schädlich«.[18] Ihr Schatzkanzler Nigel Lawson notierte nur ein klein wenig optimistischer, 1988 hätten sich die monetäre und Wechselkurskooperation »verflüchtigt«, was »neue Probleme und einen neuen amerikanischen Finanzminister beschert« habe.[19] Eine der zentralen Figuren in der Entfaltung der Indikatoren-Methode des IWF räumte ein, daß »die internationale politische Koordinierung in den letzten Jahren ein gemischtes Echo gefunden hat. [...] Zweifel bleiben.«[20] Eine internationale Expertenkommission, die 1994 über das monetäre System berichtete, zog den Schluß, der G-7-Prozeß »ist vermutlich ungeeignet, künftige Wechselkursstabilität zu sichern oder eine Wirtschaftspolitik zu stützen, die sowohl international wie national vernünftig ist«.[21]

Das Endergebnis der Phase intensiver G-5- und G-7-Kooperation war eine Telefonkonferenz am 22./23. Dezember 1987, die ein Kommuniqué hervorbrachte, in dem enge Zusammenarbeit auf den Devisenmärkten in Aussicht gestellt und Übereinstimmung darüber erzielt wurde, »daß entweder exzessive Fluktuation der Wechselkurse und ein weiterer Fall des Dollar oder ein Steigen des Dollar bis zu einem Grad, daß der Anpassungsprozeß angegriffen wird, durch eine Schädigung der Wachstumsaussichten der Weltwirtschaft kontraproduktiv sein könnten«. In der Praxis brachte die Verständigung eine abermalige Neubewertung der Dollar-Yen-Parität.[22] Die Teilnehmer verpflichteten sich, »die zu Grunde liegenden fundamentalen Verfahrensregeln zu stärken und die Zusammenarbeit fortzusetzen«. Soll man nun das Ende der intensiven politischen Zusammenarbeit mit Personenkonstellationen erklären, das heißt damit, daß der neue amerikanische Finanzminister Nicholas Brady weniger internationalistisch dachte als James Baker? Oder haben wir es einfach mit einem Sieg des gesunden Menschenverstands zu tun? Jedenfalls handelte es sich um die Einsicht in die Vergeblichkeit eines Verfahrens, das die Kontrolle der Wechselkurse in den Mittelpunkt stellt.

Was nach dem Dezember 1987 blieb, war eine geregeltere, weniger politisierte und möglicherweise effektivere Beaufsichtigung durch den G-7-Mechanismus. 1978 in Bonn oder während der Plaza-Louvre-Phasen war die Debatte auf zu hoher politischer Ebene angesiedelt, was dazu führte, daß nationale Empfindlichkeiten eine große Rolle spielten. Die neue Methode bot, auf der Basis vereinbarter Zahlen, eine historisch neuartige Orientierung und vermied übersteigerte Verpflichtungen auf wechselkurspolitischen Aktivismus und wirtschaftliche Feinabstimmung.

Doch selbst diese erheblich verbesserte, im Grunde technokratische Methode erwies sich praktisch als untauglich, mit den Folgen einer offenbar ganz neuen Herausforderung durch die internationale Wirtschaftsordnung fertig zu werden. In den siebziger Jahren hatten alle Industrieländer einen Anstieg der Arbeitslosigkeit zu verzeichnen, der in der Rezession der frühen achtziger Jahre neue Höhepunkte erreichte. In der zweiten Hälfte der Dekade ging die Arbeitslosigkeit in den meisten Ländern wieder zurück, und die wirtschaftliche Erholung brachte frischen Optimismus. Anfang der neunziger Jahre jedoch schlug eine Rezession zu, die in Europa durch die von der Bundesbank verfolgte Politik des knappen Geldes (die einer angesichts der hohen Kosten der Wiedervereinigung drohenden Inflation vorbeugen sollte) noch verschärft wurde. Bis 1993 kletterte die Zahl der Arbeitslosen in den Industriestaaten auf über 32 Millionen (nicht mitgezählt jene 13 Millionen, die nur eine Halbtagsbeschäftigung fanden oder aus Entmutigung für immer ausstiegen).[23] Die Erholung kam nur stockend, namentlich in Europa, und sowohl in den USA wie in Europa schufen »Umstrukturierungen« und Entlassungswellen großer Unternehmen das im wesentlichen neue Phänomen der Massenarbeitslosigkeit in den Mittelklassen. Mitte der neunziger Jahre hatten die von der Arbeitslosigkeit verursachten Ängste ein solches Ausmaß erreicht, daß die in den Plänen für die europäische Währungsunion festgelegten strikten fiskalischen Kriterien als unerreichbar erschienen.

Wie in früheren Rezessionen wurden die schmerzlichen Konsequenzen oft, vor allem in populistischen Medien, als Auswirkung zunehmender Integration der Weltwirtschaft gesehen. »Wettbewerbsfähigkeit« lautete das Schlagwort, und Politiker redeten über die Abwanderung von Arbeitsplätzen in die Entwicklungsländer, vor allem nach Ostasien. Solche Diskussionen erzeugten neue Gefahren des Protektionismus, aber die wirtschaftlichen Argumente, auf die sich die Analyse der üblen Folgen der wirtschaftlichen »Globalisierung« stützte, waren zumeist höchst irreführend.

Ein Vergleich der europäischen mit der amerikanischen und japanischen Erfahrung, die von einer viel größeren Flexibilität der Arbeitsmärkte geprägt ist, zeigt, daß das Problem nur zum geringeren Teil ein Problem des Wettbewerbs oder der Wettbewerbsfähigkeit ist, vielmehr von der Inflexibilität der europäischen Märkte verursacht wird. In der weltwirtschaftlichen Entwicklungsphase nach dem Ende von Bretton Woods, zwischen 1972 und 1992, ist in den Vereinigten Staaten, in Kanada und Japan, also in reichen Ländern mit einem hohen Lohnniveau, die Beschäftigung insgesamt um 37 Prozent gestiegen, während der entsprechende Zuwachs in der Europäischen Gemeinschaft unter 8 Prozent lag.[24] Eine solche Analyse lenkt die Aufmerksamkeit auf Probleme, die nicht durch rasche Korrekturen der monetären oder fiskalischen Politik beziehungsweise durch internationale Kooperation grundlegend gebessert werden können. Ihnen nicht zu begegnen, beschwört wachsende soziale Spannungen und in der Zukunft dramatische Vertrauenskrisen herauf. Manche europäische Länder werden sich, wenn ihnen keine umfassende fiskalische Reform und eine Umstrukturierung ihrer Arbeitsmärkte gelingt, eines Tages womöglich in einer Lage befinden wie 1982 Mexiko.

Kapitel 9

Asien – das Beispiel für Erfolg

Asiens Erfolg ist eine Geschichte rascher Wandlungen der Wirtschaftsstrukturen und ebenso jäher Veränderungen der relativen Position im Welthandelssystem. Er bietet die überzeugendste Demonstration der wirtschaftlichen Vorteile, die sich bei einer Öffnung nach außen ergeben, und wirkt als attraktives Muster für andere: so für lateinamerikanische Länder, die unter einem übertriebenen Glauben an Importsubstitutionsstrategien gelitten haben, aber auch für die vor wirtschaftlichen Reformen stehenden zentral geplanten Wirtschaften des ehemaligen Sowjetblocks. Nach 1989 und dem Ende der sowjetischen Hegemonie stand der Anwendung der asiatischen Erfahrungen nichts mehr im Wege, und viele der neuen Marktwirtschaften ermutigten aus eben diesem Grunde Investitionen asiatischer Unternehmen. Auf diese Weise brachten es die dynamischen Wirtschaften Ostasiens fertig, die Aussicht, das Verhalten und die Struktur der Weltwirtschaft nachhaltig zu verändern – eine Aufgabe, die zuvor schon von den OPEC-Ländern in Angriff genommen worden war, jedoch ohne Erfolg.

Von 1960 bis zu den frühen achtziger Jahren stieg der Anteil der pazifischen Länder am Weltprodukt von 9 auf 19 Prozent, während der Anteil der USA von 40 auf 27 Prozent zurückging.[1] Der Export zeigte eine besonders auffallende Wachstumsrate, nachdem der Rest des Welthandelssystems langsamer geworden war. Während Öl-, Schulden- und Dollarschocks den Handel und die Produktion anderswo hart trafen, verzeichnete Asien weiterhin Wachstum, und zwar in zunehmendem Tempo. Der asiatische Anteil am Weltexport, der in den sechziger Jahren nahezu konstant geblieben, bei Ausklammerung Japans sogar gefallen war, nahm seit 1970 zu: von damals 12,5 Prozent auf 22,2 Prozent im Jahre 1990 (ohne Japan von 5,9 auf 13,5 Prozent).[2]

Bis zu welchem Grade verstand sich dieser Teil der Welt als eine Wirtschaftsregion? Wenn er zusammengehörte, so weniger auf Grund der Geographie oder gemeinsamer Interessen als vielmehr auf Grund einer gemeinsamen Einstellung zu Arbeit und Geschäft, und ein solches Band konnte sowohl zu Wettbewerb wie zu Kooperation führen. Das bedeutendste Industrieland der Region, Japan, hielt ständig Ausschau nach Märkten in anderen Teilen der Welt, um Anreize für größere Anpassungsfähigkeit und höheren Produktivitätszuwachs zu schaffen. Viele Japaner bezeichneten den Entwicklungsprozeß als »Verwestlichung« oder »Entorientalisierung« (datsua-ron).[3]

Die frühesten Nachkriegsversuche zur wirtschaftlichen Integration der pazifischen Region stellte die auf »Verwestlichung« gerichtete oder doch nichtasiatische Einstellung der Japaner dar. 1960 ergriff Japan die Initiative, um mit Australien, Neuseeland, Kanada und den USA eine pazifische Freihandelszone ins Leben zu rufen. Noch 1980 schlugen die Premierminister Japans und Australiens in Analogie zur OECD eine Pazifische Konferenz zur wirtschaftlichen Zusammenarbeit vor. Wie in Europa, so verursachten die chaotischen Zustände im Weltsystem immer wieder Nachdenken über regionale Zusammengehörigkeit, doch produzierten derartige Überlegungen kaum je mehr als Anregungen. 1973, während der ersten Ölkrise und dem Zusammenbruch von Bretton Woods, entwickelten einige ost- und südasiatische Staaten nach dem Muster der EZU der fünfziger Jahre einen Plan für eine asiatische Clearing-Union, die die finanziellen Verpflichtungen in einer neuen Währungseinheit statt in Dollar oder Pfund abrechnen sollte. Das Vorhaben kam nie vom Fleck, vielleicht auf Grund japanischer Opposition (obwohl Japan »technische Unterstützung« zugesagt hatte), wohl aber auch deshalb, weil ein solcher Plan wenig Anziehungskraft auf Wirtschaften ausübte, die ihren Handel fast ausschließlich außerhalb der Region abwickelten.[4]

Andere asiatische Staaten folgten anderen Wegen, doch bewegten sie sich alle nur langsam und zögernd auf die Schaffung eines institutionellen Rahmens für regionale wirtschaftliche Kooperation und Koordination zu. Die wichtigste politische Organisation asiatischer Staaten, die Association of South-East-Asian

Nations (ASEAN), die 1967 von Brunei, Indonesien, den Philippinen, Singapur und Thailand gegründet worden war, zielte ursprünglich vor allem auf die Schaffung politischer Sicherheit für die Region und blieb der Idee einer breiteren wirtschaftlichen Zusammenarbeit abgeneigt[5]; 1977 suchte ASEAN ein System von Handelsbegünstigungen zu zimmern, doch hatte das kaum Auswirkungen auf den innerasiatischen Handel. Erst sehr viel später, als das Ende des kalten Krieges den Gesichtspunkten der Sicherheit ihren Vorrang vor wirtschaftlichen Überlegungen genommen hatte und die europäische Integration eine Gefährdung traditioneller Märkte zu bringen schien, begann ASEAN ein dem europäischen Vorbild folgendes Projekt ernstlich in Angriff zu nehmen; 1993 haben ihre Mitglieder begonnen, die Zölle auf nicht-agrarische Produkte im Laufe von fünf Jahren auf 20 Prozent und bis 2008 auf nicht mehr als 5 Prozent zu senken. Mit diesem Programm kann ASEAN nach Meinung des Premierministers von Singapur »ein starker Spieler in der neuen Weltordnung« werden[6]; aber ASEAN erscheint als zu klein, um mit der EG zu rivalisieren.

Doch existieren noch andere Gruppierungen. 1989 begründeten fünfzehn Länder das Asian Pacific Economic Cooperation Forum (APEC): die ASEAN-Staaten, Japan, China, Taiwan, Hongkong, Südkorea, Australien, Kanada, Neuseeland und die USA. Die Vereinigten Staaten sahen darin einen »Rahmen« für Handel und Investitionen, aber derartige Hoffnungen provozierten sogleich den Verdacht, das Ziel der USA bestehe in der Einschränkung neuer Unternehmen in den jetzt in ihre Industrialisierungsphase eintretenden Ländern. Die Auseinandersetzung über die Frage, ob die Vereinigten Staaten einer regionalen Gruppierung angehören sollten, führte schließlich, vor allem auf malaysische Initiative, zu einem ostasiatischen Wirtschaftsausschuß innerhalb der APEC als einer Einrichtung, von der die sogenannten »weißen« Länder (USA, Kanada, Australien, Neuseeland) ausgeschlossen waren. 1991 schlug der malaysische Premierminister Datuk Sri Mahathir Mohamed die Schaffung einer Ostasiatischen Wirtschaftsgruppe vor, weil »wir vereinigt sein und unseren eigenen Handels- und Marktpakt haben müssen«.[7]

Die Existenz mehrerer Organisationen ist für die Anfangsphasen regionaler Integration charakteristisch. Ende der vierziger Jahre haben die Europäer mit Zusammenschlüssen unterschiedlicher Größe experimentiert, dabei die Idee einer großen Zahlungsunion und kleinerer Freihandelsbereiche verfolgend (Finebel, Fritalux), ehe schließlich die sechs Nationen umfassende Europäische Gemeinschaft für Kohle und Stahl und schließlich die EWG geschaffen wurde. Die Verbindung der drei Benelux-Länder, bereits während des Zweiten Weltkriegs von den Exilregierungen vereinbart, erwies sich als großer Erfolg. In den späten fünfziger Jahren garantierte die Koexistenz von EWG und EFTA, daß Europa »at sixes and sevens« – das heißt: ganz schön durcheinander – war. Selbst in den neunziger Jahren wird immer wieder eine politische Struktur mit »variabler Geometrie« empfohlen, um dem unterschiedlichen Einkommens- und Entwicklungsstand in Europa Rechnung zu tragen. Doch macht eine ständige Wahl zwischen unterschiedlichen Größen und Formen jede regionale Integration naturgemäß nur schwieriger.

Im Falle Asiens bleibt die Ambivalenz, mit der die stärkste Wirtschaft des Raumes dem Regionalismus begegnet, ein Hindernis. Japans Handel spielt sich überwiegend mit Staaten außerhalb Ostasiens ab. Im Laufe der siebziger Jahre nahmen die japanischen Exporte in die ostasiatischen Newly Industrialized Countries (NIC) jedoch zu (von 11,2 Prozent auf 14,5 Prozent), ebenso in die ASEAN-Länder (von 20,9 auf 26,5 Prozent).[8] Auch die direkten japanischen Auslandsinvestitionen spiegelten nur ein geringes Interesse am Aufbau einer regionalen Position, spielten allerdings in den Anfangsstadien der Industrialisierung etlicher ostasiatischer NICs eine qualitativ wichtige Rolle; so wurden zum Beispiel die ersten Automobile in Taiwan als Ergebnis eines »joint venture« mit dem japanischen Unternehmen Nissan gebaut. In dieser Phase waren die japanischen Kapitalexporte, quantitativ gesehen, relativ bescheiden, doch für den ostasiatischen Wirtschaftsraum von großer Bedeutung. Ende der siebziger Jahre kamen zum Beispiel 60 Prozent der ausländischen Investitionen in der südkoreanischen Industrie aus Japan.[9]

Im Laufe der Liberalisierung der japanischen Wirtschaft begann der regionale Aspekt der Investitionen jedoch schwächer zu werden. Zwischen 1969 und 1979 wurden die Kapitalkontrollen fortschreitend aufgehoben, zum Teil um der Aufwertung des Yen entgegenzuwirken. Nach 1980 stieg der japanische Kapitalexport drastisch an, aber der Anteil asiatischer Investitionen nahm ab. Von 1980 bis 1990 wuchsen die direkten japanischen Investitionen in Asien um das Sechsfache, in Nordamerika hingegen um den Faktor Sechsundzwanzig.[10] Natürlich gab es momentane japanische Investitionsschübe in bestimmten asiatischen Wirtschaften: in Thailand 1990 (»Operation Sushi Storm«)[11] oder 1992 in China. Aber solche Fieber zur Nutzung besonderer Chancen sind charakteristisch für die Stimmungsschwankungen, die das Verhalten der Märkte diktieren, und kein Anzeichen dafür, daß hinter dem wirtschaftlichen Vorstoß ein politischer Wille steht.

Was Japan seinen Nachbarn bot, war nicht ein regionales Zentrum, sondern mehr ein Modell für das Wachstum.[12] Ein beliebtes Bild war das vom »Gänseflug«, in dem sich die Länder durch verschiedene Phasen des Wirtschaftswachstums bewegen: Zu Beginn führt eine Importsubstitutionsstrategie zum Anwachsen einer Leichtindustrie (meist Textilindustrie), die dann als Basis für die folgende Entwicklung fungiert. Japan hatte diesen Punkt schon vor dem Ersten Weltkrieg erreicht. Danach kam der Aufbau eines Exportsektors, wobei man sich auf Güter konzentrierte, in denen ein relativer Startvorteil erreicht worden war. Es folgte die Entstehung einer Schwerindustrie: Maschinenbau, Schiffsbau, schließlich die Erzeugung hochentwickelter Technologie. In jeder Wachstumsperiode konnte die Fähigkeit zum Übergang in die nächste entwickelt werden, und jede Phase stellte ein Modell für jene Länder dar, die in der Gänseformation mitflogen.[13] In der zweiten Staffel befanden sich die »vier Tiger« Hongkong, Singapur, Taiwan und Südkorea. Anschließend kamen Thailand, Malaysia, Indonesien und vielleicht noch die Philippinen, an vierter Position Vietnam, die chinesische Küstenzone und einige der Wirtschaften Südasiens. 1995 entfielen zwei Fünftel der direkten Investitionen in Entwicklungsländern auf China.[14] Die Aussicht, daß sich die Volksrepublik mit ihren 1,25 Milliarden Menschen den »Gänsen« anschließt, hat allein schon die globalen Wirtschaftsbeziehungen verwandelt.

Was genau nun jede Gänsestaffel von der vor ihr fliegenden gelernt hat, ist heftig umstritten. Das asiatische Wirtschaftsmodell der »zweiten Generation« zeigt sowohl die langfristige positive Rolle staatlichen Handelns wie die großen Gewinne durch Öffnung und Liberalisierung: Der Staat hatte einen stabilen Rahmen geschaffen – ein hohes Bildungsniveau und (durch Bodenreform) eine gerechte Gesellschaftsordnung –, der als Nährboden ökonomischen Wachstums diente. Das Verständnis des Geschehens leidet freilich unter der Beliebtheit von drei höchst irreführenden Annahmen: daß das, was in den diversen »Wundern« ablief, eine kontinuierliche Entwicklung darstelle, die wiederum das Resultat folgerichtiger Politik sei; daß die Erfolge erzielt wurden, weil Ratschläge von »außen« beziehungsweise vom »Westen« zurückgewiesen oder ignoriert worden seien; und daß statt dessen eine »asiatische« Alternative bestanden habe. Tatsächlich ist die asiatische Entwicklung keineswegs glatt verlaufen. Vielmehr war sie von scharfen Brüchen gekennzeichnet, von denen sich die beiden wichtigsten Anfang der sechziger und Anfang der achtziger Jahre ereigneten. Diese Zäsuren führten zu drastischen Kurswechseln, die in beiden Fällen von einer stärkeren Orientierung am internationalen System begleitet waren und auch die Unterstützung internationaler Institutionen fanden. Zu den charakteristischen Merkmalen der erfolgreichen ostasiatischen Wirtschaften gehört, daß sie sich als außerordentlich geschickt im Umgang mit wirtschaftlichen Krisen und Schocks erwiesen, indem sie diese als Gelegenheit zur Überprüfung und Umorientierung der Politik nutzten.

Da die nach Schocks vorgenommenen Kurskorrekturen alles in allem in enger und recht harmonischer Zusammenarbeit mit multilateralen Institutionen erfolgten – vor allem mit IWF und Weltbank, aber auch mit der Asiatischen Entwicklungsbank –, sah es für viele so aus, als habe es bei den »Wundern« wenig Hilfe von außen gegeben. Ferner fällt es schwer, eine wirtschaftspolitische Konzeption zu identifizieren, der alle erfolgreichen ostasiatischen Industrialisierer gefolgt wären. Bei zweien der »Tiger« war Offenheit angesichts ihrer Größe und Lage unvermeidlich: Hongkong und Singapur sind kleine Stadtstaaten, mit den gleichen Vorteilen und Verwundbarkeiten, die im 16. Jahrhundert

Antwerpen und Venedig aufwiesen oder im 20. Jahrhundert Shanghai und Beirut. Die beiden anderen »Tiger« hatten sich schon seit der japanischen Kolonialherrschaft wirtschaftlich gut entwickelt; zwischen 1911 und 1938 hatten Korea und Taiwan sogar etwas höhere Wachstumsraten zu verzeichnen als Japan selbst.[15] Nach dem Zweiten Weltkrieg traten sie in eine Periode raschen Wachstums ein, und zwar im wesentlichen als geschlossene Wirtschaften; sowohl Korea wie Taiwan demonstrierten, wie eine relativ egalitäre Einkommensverteilung soziale Stabilität und die Akzeptierung des Wachstumsprozesses fördern kann. Im Falle Taiwans hatte eine Bodenreform, die eine höchst produktive kleinbäuerliche Agrarstruktur schuf, bereits unter japanischer Herrschaft stattgefunden.[16] In Südkorea gab es eine ähnliche Reform als Konsequenz des Koreakrieges in den fünfziger Jahren. In beiden Ländern wurde großes Gewicht auf die Schulbildung gelegt, ebenso auf technische und wissenschaftliche Ausbildung. Vielleicht hat auch – wie bei der erfolgreichsten europäischen Nachkriegswirtschaft, der westdeutschen – eine Rolle gespielt, daß die Konkurrenz mit kommunistischen Nachbarn die Regierungen zu bewußten Versuchen veranlaßte, allzu große Einkommensunterschiede zu vermeiden und den Zusammenhalt der Gesellschaft zu festigen.

Die Erfahrung eines offenen oder latenten Bürgerkriegs übte eine ähnliche Wirkung in anderen asiatischen Wirtschaften aus, zum Beispiel in Malaysia und auf den Philippinen. Zugleich stärkte die ständige Präsenz einer Bedrohung von außen die Macht des Staates im Innern. Es wird oft gesehen, daß labile, häufigem Wechsel unterworfene autoritäre Regierungen einem starken Anreiz ausgesetzt sind, die Gesellschaften auszuplündern. Stabile autoritäre Regime und Demokratien hingegen sind eher in der Lage, die langfristigen Interessen der jeweiligen Gesellschaft zu berücksichtigen, und manche autoritäre Regime mögen im Hinblick auf den Entwicklungsprozeß den zusätzlichen Vorteil der größeren Immunität gegen die Forderungen und Pressionen von Interessengruppen haben.[17] Die ostasiatischen Staaten waren jedenfalls in der Lage, einen passenden Rahmen für ihre Entwicklung zu zimmern. Budgetäre Zurückhaltung trug zur Preisstabilität bei, und hohe Realzinsen bewirkten hohe Sparraten. In den sechziger Jahren lösten vereinheitlichte Wechselkurse ein kompliziertes diskriminatorisches System gespaltener Kurse ab, das die Abhängigkeit von Importwaren verringern sollte. Bis gegen Ende der fünfziger Jahre verfolgten sowohl Taiwan als auch Südkorea mit Eifer Importsubstitutionsstrategien und bauten nach mehrjährigen Entwicklungsplänen eigene Textil- und andere Konsumgüterindustrien auf. Am Ende der Dekade begegnete diese Politik – wie in Lateinamerika – größeren Problemen. In Lateinamerika brauchten die meisten Länder Unterstützung für ihre Zahlungsbilanzen. Aber im asiatischen wie in späteren Fällen führten recht fühlbare externe Schocks zur Modifizierung und Neuformulierung der Politik; Krisen wurden zu Lerngelegenheiten.

Die Krise der Importsubstituierung erreichte Taiwan 1958/59, Südkorea 1960 bis 1962. In Korea entstanden größere Unruhen, die 1961 den Hintergrund für einen Militärputsch bildeten.[18] Der Zorn der Bevölkerung richtete sich gegen die Substituierungsgewinnler. Geschäftsleute wurden mit Plakaten »Ich war ein Parasit des Volkes« durch die Straßen getrieben.[19] In beiden Fällen bewirkte jedoch die Erfahrung einen lange währenden politischen Wandel. Korea startete 1960 eine Exportförderungsstrategie; 1964 wurde die Währung abgewertet, auch kam es zu einer Lockerung der Zinskontrollen. Nach 1965 fand die Öffnung der südkoreanischen Wirtschaft auch Unterstützung durch eine Reihe von Stand-by-Vereinbarungen mit dem IWF; wachsendes Vertrauen führte dann zu beträchtlichen Kapitalzuflüssen.[20]

Anschließend wandten sich beide Staaten ganz bewußt der Exportförderung zu, und zwar nicht selten als Ergebnis der Empfehlungen ausländischer Berater. Die neue Strategie erforderte sowohl Anpassung an einen größeren Markt wie die Akzeptierung einer Preisstruktur, die sich auf Grund von Angebot und Nachfrage auf dem Weltmarkt entwickelt hatte. Der Binnenmarkt allein konnte keinen ausreichenden Anreiz für Entwicklung geben und die Beschäftigten nicht aus Arbeitsplätzen mit geringer Produktivität lösen. In Taiwan hatte sich allerdings selbst während der Phase der Importsubstituierung eine gewisse Exportproduktion entwickelt. Zum Beispiel war der Inselstaat bis 1958 zu einem Exporteur von Textilien geworden.[21] Taiwans zweiter Fünfjahresplan legte 1958 als ein Ziel fest, daß »die Regierung private Investitionen anleiten und unterstützen solle, so daß sie nicht in Unternehmen fließen, die eine Überschußproduktion und einen stagnierenden Markt haben«.[22] Exportmärkte zu finden, konnte diesem Ziel dienlich sein.

Die geographische Distanz zu den Vereinigten Staaten und die sicherheitspolitische Abhängigkeit von den USA wie vom »Westen« machten die ostasiatischen Staaten eher geneigt, fremden Rat anzunehmen, als das bei den meisten lateinamerikanischen Regimen der Fall war. 1960 hatte der Export weniger als 2 Prozent des südkoreanischen Bruttoinlandsprodukts betragen, bis 1980 stieg der Anteil auf 30 Prozent. Bei Taiwan lag die Zahl für 1960 mit 10 Prozent etwas höher, 48 Prozent wurden dann 1980 erreicht.[23] Eine Dekade später schlug der nächste Gänseschwarm den gleichen Kurs ein.

Anfang der siebziger Jahre machten steigende Lohnkosten eine arbeitsintensive Industrialisierung, selbst wenn sie auf Export gerichtet war, weniger attraktiv. Der Markt schuf nun Anreize für kapitalintensive Projekte, und die Geschäftswelt reagierte darauf ebenso wie die staatlichen Planer. Zum Beispiel sah 1973 Südkoreas Plan für die Schwer- und die Chemische Industrie sechs Zweige für Entwicklungsförderung vor, darunter Kraftfahrzeuge, Elektronik, Kunststoffe, Schiffsbau und Stahl. Regierungsbeamte arbeiteten mit den großen Industriekombinaten zusammen, um Marktforschung zu betreiben und den Zugang für potentielle neue Bewerber zu beschränken. Sie riefen staatlich finanzierte Institute ins Leben, die den Informationsfluß koordinieren und den technischen Fortschritt fördern sollten.[24]

Solche Methoden führten unvermeidlicherweise zu Fehlurteilen und Fehlrechnungen. Es wäre überraschend gewesen, hätten sie das nicht getan; schließlich vermochte weder ein Beamter noch der Leiter eines Kombinats die Zukunft vorherzusagen.

Korea und Taiwan konzentrierten sich in den siebziger Jahren zu sehr auf den Schiffsbau (für den es ein sicherheitspolitisches Motiv gab) und die Erzeugung von Kunstfasern. Es kam zu einem inflationären Boom, verbunden mit Arbeitskräftemangel in

Schlüsselbereichen. Nach 1976 stiegen die Reallöhne schneller als die Produktivität, und die neuen Marktbedingungen verursachten eine Radikalisierung der Arbeiterschaft. Die staatliche Ausgabenpolitik wurde lockerer. Bis zum zweiten Ölpreisschock entstanden beträchtliche industrielle Überkapazitäten. Am Ende der Dekade sah es so aus, als seien viele Objekte der staatlich gesteuerten Industrialisierung zumindest vorübergehend zu einem recht lästigen Besitz geworden. In einer Analyse hieß es, daß »die Wirtschaftsplaner – und fast jedermann sonst in Südkorea – der Ansicht sind, daß zu viele Unternehmen zuviel für die Schwerindustrie ausgeben«.[25] Eine weitere Pause im Wachstumsprozeß sorgte für eine abermalige Gelegenheit, über die Richtung des Wandels nachzudenken.

Die asiatische Krise am Ende der siebziger Jahre wirkte sich am schlimmsten in Südkorea aus. Nach dem Attentat auf Präsident Park brachen allenthalben Streiks und Unruhen aus. Die globale Rezession und der zweite Ölschock verschärften die Lage noch; das teurer gewordene Öl fraß allein 4,5 Prozent des Bruttosozialprodukts. Um mit der Situation fertig zu werden, lieh sich Südkorea immer größere Summen auf den Kapitalmärkten der Welt: 2,4 Milliarden Dollar im Jahr 1978, 4,6 Milliarden 1979.[26] Manche Verleiher nahmen an, daß es sich bei diesen Infusionen einfach um eine Begleiterscheinung des Wirtschaftswunders der sechziger und siebziger Jahre handle. So schrieb im März 1980 der ›Economist‹, dabei die Fakten auf überraschende, doch bezeichnende Weise ungenau wiedergebend: »Die erfolgreichsten Nicht-Öl-Kreditnehmer waren die rasch wachsenden Staaten Brasilien und Südkorea, die große Defizite auf den laufenden Konten ansammelten und nie eine Vereinbarung mit dem IWF getroffen haben. Bankiers schätzten sie trotzdem, eben wegen ihres Wachstums.«[27] (Tatsächlich hatte Südkorea seit 1965 jährliche Stand-by-Programme mit dem IWF arrangiert, die ein unverzichtbarer Teil der südkoreanischen Wachstumsstrategie gewesen waren. In manchen Jahren waren sie zwar nicht in Anspruch genommen worden, hatten aber eine vertrauensbildende Wirkung.) Als die Zinssätze stiegen, wurde die Bedienung der Schulden zum Problem. Das internationale Klima schlug dann jäh um, und bei vielen setzte sich die Meinung fest, das ostasiatische »Wunder« sei verblaßt und das Zentrum dynamischen Wachstums auf der Wanderung weiter nach Süden.[28]

1980 war ein Jahr der offenen Krise. Das Bruttosozialprodukt in Südkorea ging um 5 Prozent zurück, die Inflationsrate stieg auf 30 Prozent, und im Außenhandel erreichte das Defizit 9 Prozent des Bruttosozialprodukts. Die Krise bewirkte einen dramatischen Kurswechsel, den der IWF im März 1980 mit einem auf zwei Jahre angesetzten Stand-by-Programm, das im Februar 1981 revidiert wurde, unterstützte. Das Haushaltsdefizit und das monetäre Wachstum wurden reduziert, und bereits 1981 konnte die Inflation unter den vom IWF geforderten Stand gedrückt werden. Die Abwertung des Won gegenüber dem Dollar stimulierte den Export. Außerdem setzte die Regierung eine Politik der strukturellen Reformen fort. Die Zuteilung von Krediten, die ein Merkmal der Finanzstruktur Südkoreas gewesen war, wurde eingeschränkt und den Finanzinstituten mehr Autonomie eingeräumt. Die Liberalisierung des Imports ging weiter, wobei es 1980 trotz der Bilanzprobleme zu weiteren Zollsenkungen kam. Im allgemeinen sind auch die IWF-Programme der frühen achtziger Jahre harmonisch abgewickelt worden, nur 1982 kam es zu einer bedeutenderen Meinungsverschiedenheit, als der IWF auf eine abermalige Abwertung des Won drängte[29]; als diese dann tatsächlich stattfand, erwies sie sich als so erfolgreich, daß nach wenigen Jahren Klagen auftauchten, der Won sei absichtlich unterbewertet worden.

Eine erhebliche Verbesserung der Zahlungsbilanz, die 1986 eintrat, verursachte Probleme: Die USA beschwerten sich über einen koreanischen Überschuß von 7 Milliarden Dollar und verlangten IWF-Konsultationen, da der Won künstlich gedrückt worden sei. Auch forderten sie eine GATT-Untersuchung der Importschranken für bestimmte Güter, vor allem für Rindfleisch. Amerikanische Wirtschaftswissenschaftler stellten sich hinter die Behauptung, der Won sei unterbewertet, und erklärten die bewußt verfolgte koreanische Strategie bei der Handhabung der Handelsbilanz für irregeleitet; andere sprachen zutreffender von einer weiteren Liberalisierung des Handels.[30] Der IWF-Stab arbeitete einen Bericht über die Wechselkursfrage aus, in dem Südkoreas »praktisch beispiellose Wendung« gelobt wurde, während einige der bilateralen koreanischen Reaktionen auf den amerikanischen Druck keine Zustimmung fanden. Doch empfahl der IWF auch ein gewisses Maß an Aufwertung, dazu die Fortsetzung der Marktöffnung. Korea versuchte der Kritik von außen mit dem Hinweis auf seinen Status als Schuldnerland und auf das bereits verwirklichte Maß an Handelsliberalisierung zu begegnen; ferner betonte die Regierung, daß die Ursache der Klage in einem bilateralen Problem liege, nämlich im Überschuß beim Handel mit den Vereinigten Staaten – schließlich hatte Südkorea 1986 im Handel mit Japan ein Defizit von 5,5 Milliarden Dollar.[31]

Das Wirtschaftswunder wiederholte sich also in den achtziger Jahren auf einer anderen, das heißt auf einer weniger staatlich inspirierten als vielmehr liberalen Basis. Zur gleichen Zeit lernten allerdings auch einige der Projekte, die das Produkt staatlicher Anleitung gewesen waren, auf eigenen Beinen zu stehen. Im Falle Koreas kamen 1984 drei Fünftel der Exporte aus jenen Sektoren, die als Schwerindustrie und Chemische Industrie klassifiziert worden waren, was ganz den Zielen entsprach, die der Staat 1973 aufgestellt hatte.[32] Für die nächste Phase existierte immer noch ein Anleitungsrahmen: in Korea der Langzeitplan von 1982. Wie bei früheren Initiativen, so wurden auch jetzt manchmal falsche Schwerpunkte gesetzt, zum Beispiel in der Produktion von Computerchips. Als sich gegen Ende der achtziger Jahre das Exportwachstum verlangsamte, nahmen Kommentatoren wiederum an, nun trete der Stillstand ein. Tatsächlich sind die Wellen von Optimismus und Pessimismus, die die externen Urteile über die ostasiatische Wirtschaftsleistung so oft charakterisiert haben, der künstlichen Segmentierung vieler Analysen zuzuschreiben: Die Kommentatoren nehmen die Lage in einem bestimmten Sektor als Grundlage ihrer Diagnose für die Gesamtwirtschaft. In Wahrheit beruht die asiatische Erfolgsgeschichte der achtziger Jahre auf Reaktionen auf den Prozeß der Handelsöffnung: auf einer Diversifizierung der Produkte, die unabhängig von der Entwicklung auf einem bestimmten Markt macht.

Zugleich übernahmen andere Länder der Region Teile aus den früheren Phasen der »Tiger«-Strategie: Exportorientierung und Liberalisierung. Anfang der achtziger Jahre richtete die Volksrepublik China »Spezielle Wirtschaftszonen« ein, drei Fünftel davon in der südlichen Provinz Guandong. Die Produktion stieg dort während des ganzen Jahrzehnts in exzeptionell hohen Raten, freilich von einer sehr niedrigen Ausgangsbasis; das reale Wachstum wurde auf 13 Prozent im Jahr geschätzt. Die Region hatte sich der erweiterten »Tiger-Wirtschaft« Hongkongs in Erwartung des für 1997 vorgesehenen politischen Transfers angeschlossen. In Hongkong angesiedelte Gesellschaften haben in den achtziger Jahren rund 2 Millionen Arbeitsplätze in Guandong geschaffen.[33]

Die neuen Entwicklungszonen standen vor den gleichen Sorgen hinsichtlich der künftigen Offenheit der Weltwirtschaft wie die »Tiger«. Ein wiederholt bemerktes Charakteristikum des Entwicklungsprozesses ist allerdings ein Bocksprung-Phänomen: Nachzügler haben den Vorteil, daß sie von den Fehlern ihrer Vorgänger lernen und – namentlich wenn sie offen sind – modernste Technologie einsetzen können. Das beste Vorgehen ist jedoch nicht einfach von der Nutzung des technischen Wandels abhängig; es geht auch um die Wahl der richtigen Mischung politischer Maßnahmen. Hier hat etwas stattgefunden, was man institutionelles Bockspringen nennen könnte: Die zweite Generation von »Tigern« bewegte sich erheblich schneller in Richtung Liberalisierung und Offenheit als ihre Vorgänger. Zum Beispiel hat Malaysia noch 1971 Exportentwicklungszonen geschaffen, die mit Steuererleichterungen ausländische Investoren anlockten. Auch hier wurden Anpassungen durch Krisen erzwungen. Nach einer schlimmen Rezession 1985/86 begann die Regierung ganz bewußt von staatlich dominierter Industrialisierung abzugehen; man privatisierte partiell die Autoindustrie, die ein Eckstein der Modernisierungsstrategie gewesen war.[34] Die wichtigste Lehre, die von der späteren Generation aus den Erfahrungen ihrer Vorläufer gezogen wurde, bestand darin, daß es vorteilhaft ist, die Wirtschaft zu öffnen und – in zunehmendem Tempo – zu liberalisieren.

Der ostasiatische Erfolg hing stets von der Expansion des globalen Handels ab, ferner von der Existenz eines großen und attraktiven Vorbilds für Anpassung an die internationale Wirtschaft. Die Region ist das Beispiel eines kräftigen Wachstumsmechanismus ohne starken institutionellen Rahmen für regionale Integration. Sie verdankt ihren Erfolg einer Verbindung mehrerer Faktoren: hoher Spar- und Investitionsraten, unternehmerischer Dynamik, die von einer richtigen Regierungspolitik freigesetzt wurde, und offener Weltmärkte. Wenn in der Zukunft etwas zu einem enger integrierten Wirtschaftsraum in Ostasien führen kann, so die weiterhin bestehende Bedrohung des internationalen Handels oder ein wiederbelebter Protektionismus. Die Furcht vor einer Abschließung der nordamerikanischen und der westeuropäischen Märkte steht im Mittelpunkt, wenn ostasiatische Staaten ihre gemeinsamen Interessen erwägen. Es ist eben oft die einseitige Interpretation der Regeln und Grundsätze der internationalen Wirtschaft, die zu der Suche nach regionalen Verteidigungsmechanismen führt. Im Handel kann so ein einseitiger Schritt die allein auf den Entschließungen nationaler Behörden gegründete Verhängung von Anti-Dumping-Maßnahmen sein, in monetären Angelegenheiten die zum eigenen wirtschaftlichen Vorteil unternommene Manipulation des Wechselkurses. 1993 klagte Malaysias Premierminister Datuk Sri Mahathir Mohamed: »Gelenkter Handel hat sich ausgebreitet. Und es gibt geachtete westliche Gelehrte, die das sogar als legitimes Muster für die künftige Handhabung des Welthandels propagieren. Es gibt Politiker, die offen dafür eintreten, ohne schamrot zu werden.« Ostasien hat, wie manche andere Entwicklungswirtschaft, ein Interesse an der Bewahrung eines offenen Markts. Der unsichere Zustand der Weltmärkte hatte eine bemerkenswerte Wirkung: Er heilte diese Wirtschaften von dem Glauben an die Vorzüge gelenkten Handels.

Kapitel 10

Neuer Konsens und neues Wachstum

Zu den überraschendsten Entwicklungen der achtziger und neunziger Jahre zählt das Entstehen eines Konsenses über viele wirtschaftliche Fragen. Ein großer Teil der Schwierigkeiten, vor denen die Architekten von Bretton Woods standen, ergab sich daraus, daß sie nicht fähig waren, einen solchen Konsens zu schaffen. Zu Beginn der Nachkriegsära herrschte keine Übereinstimmung, wie die Probleme des Wirtschaftsmanagements im Innern angegangen werden sollten und wie die Binnenwirtschaft die internationale Ordnung beeinflussen werde. Infolgedessen litten institutionelle Arrangements lange Zeit oft unter dem Mangel an gemeinsamen Auffassungen. Sie waren gespalten durch Dispute über die Vorteile des Protektionismus, zerrissen durch Meinungsverschiedenheiten über die Effekte von fiskalischen Defiziten, paralysiert durch Uneinigkeit in der Wechselkurspolitik. Manche Länder, vor allem Frankreich, hatten sich auf eine gemischte Wirtschaft mit einem komplizierten System der richtungweisenden Planung und der Investitionszuteilung festgelegt. Etliche, so Großbritannien, verließen sich auf fein abgestimmtes makro-ökonomisches Management. Andere, insbesondere Japan, lehnten formale Planung ab, bauten aber einen umfangreichen Apparat informeller Koordination und administrativer Lenkung auf. Westdeutschland, Italien und die USA folgten einem viel weniger interventionistischen Kurs. Vielen der neu entstandenen Staaten auf dem Gebiet der ehemaligen UdSSR erschien die zentrale Planung sowjetischen Stils als geeigneter Weg zu schnellem Wachstum. Die Artikel der IWF-Vereinbarung nahmen mit Bedacht Rücksicht auf die nationale Souveränität und überließen es den einzelnen Ländern, ihre wirtschaftlichen und politischen Interessen zu formulieren.

Am Anfang der Wirtschaftswunder der Nachkriegszeit zogen

viele Beobachter den Schluß, daß die klassische oder neoklassische Wirtschaftstheorie ihren Bankrott erklären müsse, wenn es darum gehe, sich mit der »realen Welt« politisch motivierten Verhaltens auseinanderzusetzen. Zum Beispiel schrieb Jacob Viner 1951: »Die Welt hat sich sehr verändert und ist heute eine Welt der geplanten Wirtschaften, des Staatshandels, der im Grunde willkürlichen und inflexiblen nationalen Preisstrukturen und der gesteuerten Instabilität der Wechselkurse. Die klassische Theorie hat für eine solche Welt keine direkte Relevanz mehr, und es mag gut sein, daß es für eine solche Welt überhaupt keine relevante allgemeine Theorie gibt und geben kann.«[1]

Daß es keinen generell akzeptierten Analyserahmen gab, erwies sich wiederholt als frustrierend. Für eine gewisse Zeit garantierte das System von Bretton Woods einen Konsens über die internationale Ordnung und über die Wünschbarkeit international gültiger Regeln, und zwar einfach deshalb, weil es mit einer Periode spektakulären Wirtschaftswachstums und weit verbreiteten Wohlstands zeitlich zusammenfiel und daran auch seinen Anteil hatte. In den siebziger Jahren entstanden internationale Ungleichheiten aus Meinungsverschiedenheiten über das angemessene Tempo der Anpassung an die Folgen des Ölpreisschocks. Als sich einige Staaten früher als andere anpaßten, wurden nationale Differenzen oft als rivalisierende Interpretationen der weltwirtschaftlichen Bedürfnisse ausgefochten. Die flinken Anpasser (Westdeutschland und Japan) kamen zu der Ansicht, daß die anderen Staaten eine internationale Inflation verursachten; die Spätlinge (vor allem Italien und Großbritannien, bei einigen Gelegenheiten aber auch die USA) gewannen die Überzeugung, daß die flinken Anpasser das globale Wirtschaftswachstum behinderten.

Der Standpunkt, daß Inflation oder großzügige monetäre und fiskalische Politik nicht die richtigen Mittel seien, hohe Wachstumsraten zu halten, ist im Rahmen nationaler Diskussionen über makroökonomische Politik schnell akzeptiert worden, wurde aber erst Ende der siebziger Jahre international geteilt (und dann auch ein Element der Kommuniqués von G-7- und IWF-Interimsausschuß-Treffen). Die neue Einsicht war zu einem guten Teil die Frucht der wirtschaftlichen Instabilität, die von der beträchtlichen globalen monetären Expansion während der siebziger Jahre verursacht wurde.

Noch in der ersten Hälfte der achtziger Jahre rivalisierten Staaten mit unterschiedlichen wirtschaftspolitischen Analysen. Führende amerikanische Politiker weigerten sich, den elementaren ökonomischen Lehrsatz zu akzeptieren, daß Ungleichheiten in der Leistungsbilanz identisch sind mit dem nationalen Verhältnis zwischen Sparrate und Investitionen, daß also fiskalische Politik für einen Rückgang der Sparrate verantwortlich sein kann, der dann mit den Ersparnissen anderer Staaten finanziert werden muß, und daß die daraus resultierenden Zuflüsse das Steigen des Dollar auf auswärtigen Devisenmärkten erklären können. Bei diesen Debatten ging es nicht nur darum, den Amerikanern begreiflich zu machen, warum sich ihr Dollar auf jenen Märkten wie ein Jo-Jo benahm. Vielmehr ging es um den zentralen Punkt des Erfolgs der Weltwirtschaft nach Bretton Woods.

Die Initiativen zur Öffnung der Weltwirtschaft kamen nach 1945 hauptsächlich aus den USA, teils indirekt durch ihren großen Einfluß auf internationale Institutionen, teils direkt durch die Handelspolitik Washingtons. Als nach dem Ende der Dollarknappheit die Vereinigten Staaten dann auf Grund des Auftauchens neuer Überschußländer (erst Deutschlands, danach Japans und schließlich der ostasiatischen »Tiger«) in Sorge gerieten, wirkte sich die Art ihrer Reaktionen unweigerlich auf die Entwicklung der internationalen Institutionen und auch der Weltwirtschaft aus. Die politische Argumentation pendelte hin und her: Forderungen nach Handelsbeschränkung und nach bilateralen Handelsbegrenzungsabkommen wurden abgelöst durch Stimmen, die an der Wechselkurspolitik der Überschußländer Kritik übten, und wiederholt neigten die USA zu bilateralen (oft auch institutionellen) Pressionen, um die Überschußländer zu Aufwertungen zu veranlassen. Jene Kräfte, die in eine andere Richtung drängen, werden gefragt, warum die Amerikaner Opfer bringen sollen, um die Weltwirtschaft zu stützen. Und es ist eine schwere Aufgabe zu erklären, wie Maßnahmen, die zu einem Rückgang des globalen Handels führen, auch dem nationalen Wohlstand schaden: Nicht zuletzt deshalb, weil jede Erklärung auf die tiefsitzende Überzeugung trifft, daß Regierungen angesichts wirtschaftlicher Schwierigkeiten aktiv werden, »etwas tun« sollten. Die Versuchung, mit der liberalen Konzeption zu brechen, kann aber nur durch Bemühen um Einsicht in die Zusammenhänge überwunden werden: Wenn Überschüsse und Defizite weniger als Handelsleistung gesehen werden, sondern mehr als Spiegelungen unterschiedlicher Niveaus im Verhältnis von Sparrate und Investitionen, dann entsteht die Möglichkeit, eine Debatte darüber zu beginnen, wie die Verhaltensmuster beim Sparen und Investieren modifiziert werden können. Das ist natürlich ein viel breiterer sozialer Prozeß als die Veränderung von Zollsätzen, das Aushandeln von Vereinbarungen mit den Herstellern bestimmter Produkte und selbst als die Korrektur staatlicher Haushaltspolitik.

Im Laufe der letzten zwei Dekaden haben sich – als Ergebnis unbefriedigender wirtschaftlicher Erfahrungen – die Ansichten über zutreffende und nicht zutreffende Diagnosen, über geeignete und ungeeignete Politik geändert. Sowohl in Industriestaaten wie in Entwicklungsländern hat sich etwas herausgebildet, das einem Konsens über Diagnosen und Politik nahekommt. Dies sind die Gebote des modernen Dekalogs:

1. Die grundlegende Lehre besteht darin, daß lange Perioden einer nach innen orientierten Substituierungsindustrialisierung schädlich sind, selbst in Ländern mit großen Binnenmärkten wie Brasilien, Indien, Sowjetunion oder China. Eine Separierung vom Weltmarkt bringt eine unangemessene Preisstruktur hervor, die irreführende Signale für die Zuteilung von Ressourcen aussendet und mit Fehlinvestitionen endet. Regierungen sind manchmal versucht und manchmal genötigt, die interne Preisstruktur zum Vorteil einflußreicher Gruppen zu manipulieren. Ergebnis ist ein gesamtwirtschaftlicher Schaden. Der Weltmarkt bietet nicht einfach »Wettbewerb«, der Innovation und Entwicklung stimulieren könnte, er stellt auch den einzigen zuverlässigen Führer zu richtiger Verteilung knapper Ressourcen; kein Staatsplaner kann da mithalten. Überdies führt die Verschiebung der Bedingungen des Binnenhandels zuungunsten der Landwirtschaft zu ländlicher Armut und zur Entstehung extremer Disparitäten von Einkommen und Wohlstand. Die Folgen sind soziale und politische Destabilisierung. Diese Lektion mußten die Men-

schen Mitteleuropas und der ehemaligen sowjetischen Territorien bitter lernen.

2. Verbindungen mit dem Kapitalmarkt beeinflussen den Gang der Entwicklung. Gewiß kann Industrialisierung, die als Resultat wechselnder Bedingungen auf den internationalen Kapitalmärkten von abrupten Stopps und entsprechend häufigen neuen Starts gekennzeichnet ist, mit schädlichen wirtschaftlichen und politischen Konsequenzen verbunden sein. Aber Kapitalbewegungen sind ein essentieller Teil des Entwicklungsprozesses. Es muß sichergestellt sein, daß keine wesentlichen Verteilungsfehler vorkommen, die einen jähen Vertrauensverlust und einen Abfluß von Kapital bewirken. Wiederum wird das optimale wirtschaftliche Ergebnis am besten dadurch erzielt, daß man das Preissystem auf Marktbedingungen reagieren läßt. Ein Kodex für Kapitalliberalisierung könnte ein erwünschter Nachfolger des existierenden IWF-Kodex sein, der (in Artikel VIII) eine Bewegung hin zur Konvertibilität bei laufenden Zahlungen verlangt.[2]

3. Es gibt Zeiten, da es so aussieht, als ob die Märkte nicht notwendigerweise immer »am besten wissen«, was zu geschehen hat (wenngleich es Regierungen gewöhnlich noch weniger wissen). Größere Störungen der zwischenstaatlichen Koordination können jähe Verlagerungen der Kapitalbewegungen zur Folge haben, so in der ersten Hälfte der achtziger Jahre, als die Kapitalflüsse in die Entwicklungsländer versiegten und die Vereinigten Staaten zum bedeutendsten Kapitalimporteur wurden. Stetige und koordinierte Politik ist notwendig, damit die Kapitalzuteilung in Übereinstimmung mit dem Urteil des Markts über die langfristigen Entwicklungspotentiale erfolgt. Die Staaten müssen den Märkten helfen, indem sie eine konsequente Politik betreiben, und zwar ohne zeitliche Schwankungen und ohne Unstetigkeit in den zwischenstaatlichen Beziehungen.

4. Der staatliche Sektor gehört zu den großen Mitspielern auf den Kapitalmärkten. Er scheint potentiellen Investoren maximale Sicherheit zu bieten. Aber in einer unsicheren Welt hat auch diese Sicherheit ihre Nachteile. Staatliche Kreditnahme kann als Mittel zur Bildung von Markturteilen weniger zuverlässig sein als die Kreditnahme und Investition von Unternehmen und Indi-

viduen. In letzterem Falle wird eine viel größere Zahl von Urteilen über die wirtschaftliche Zukunft abgegeben, so daß Platz für einige richtige (und damit erfolgreiche) und etliche falsche (erfolglose) Urteile ist. Staaten können in Versuchung geraten, gegen das Urteil der Märkte zu steuern und dann, falls ihre Steuerung ineffektiv bleibt, Kapitalkontrollen einzuführen. Diese Kontrollen sind selten wasserdicht und haben sich alles in allem nicht als wirksame Instrumente erwiesen, die Flucht von Kapital zum Stehen zu bringen oder das Kapital zurückzuholen.

5. Außerdem können große fiskalische Ungleichheiten sehr destabilisierend sein und zu einem unguten Verhältnis zwischen der nationalen Sparrate und den Investitionen beitragen. Zahlungsbilanzprobleme sind oft eine Folge exzessiver Geldschöpfung zur Finanzierung fiskalischer Defizite. Indes sind fiskalische Probleme oft außerordentlich schwer in den Griff zu bekommen und können wirksam nur im Rahmen einer allgemeinen Strukturreform angegangen werden. Die Europäische Union hat dies in einem regionalen Rahmen mit den Stabilitätskriterien versucht, die im Maastrichter Vertrag festgelegt sind.

6. Überhöhte Wechselkurse, die oft die Unterstützung einflußreicher Interessengruppen haben und als probates Mittel zur Subventionierung notwendiger Importe oder als wirksame Waffe gegen die Inflation bezeichnet werden, sind gleichbedeutend mit einer Besteuerung der Exporte und auf lange Sicht den Entwicklungschancen abträglich.

7. Flexible Wechselkurse sind nicht unerwünscht und häufig eine ideale Methode, Schocks von außen abzufangen. Allzu bewegliche Kurse sind jedoch oft das Resultat sprunghafter Politik, besitzen eine schädliche Wirkung auf die Leistung der Wirtschaft und begünstigen Forderungen nach protektionistischer Politik.

8. Monetäre Politik sollte von Institutionen festgelegt werden, die so unabhängig wie nur möglich sind: sowohl von Regierungen (und den auf sie wirkenden politischen Pressionen) wie von der Finanz- und Bankwelt (und dem hier wirksamen Druck der Tagesschwankungen des Marktes). Mitunter empfiehlt es sich, die Autonomie der Zentralbank durch gesetzliche Vorkehrungen zu sichern.

9. Das allgemeine Wirtschaftswachstum – auch in den Entwicklungsländern – kann von einer falsch komponierten Politik in den Industriestaaten erheblich beeinflußt werden.

10. Die wirtschaftliche Wahrheit gilt ungeteilt: für die entwikkelten Länder wie für die Entwicklungsländer.

Das einzige – allerding außerordentlich wichtige – Feld, auf dem noch keine Übereinstimmung besteht, ist das der internationalen Geld- und Wechselkurspolitik. Insbesondere die seit den fünfziger Jahren in akademischen Kreisen und seit Anfang der siebziger Jahre zwischen Politikern geführte Debatte über feste oder flexible Wechselkurse ist noch zu keinem Ende gekommen. Manche Kommentatoren glauben, daß auf Grund der Tempobeschleunigung der Internationalisierung jene Transaktionskosten, die von der existierenden Vielfalt an Währungen verursacht werden, ein zunehmend gewichtigeres Hemmnis der Wirtschaftstätigkeit darstellen.[3] Andere sehen in Wechselkursen »einfach weitere Preise«, die wie alle anderen Preise frei fluktuieren und notwendige Signale für die Marktteilnehmer geben sollten. Wie die Akademiker, so sind auch die politischen und wirtschaftlichen Eliten uneins. Geschäftsleute führen häufig Klage über die Unsicherheiten, die von den Wechselkursen verursacht werden, und viele Politiker haben ihre Reputation an eine Wechselkursstabilität gebunden: Abwertungen gelten als nationale Demütigungen, effektive Aufwertungen – in den exportabhängigen Überschußländern – als Schläge gegen die Interessen der Exportwirtschaft. Wenn auf der anderen Seite die einheimischen Kosten und die Löhne zu einer unkorrigierten Bewegung des realen Wechselkurses führen, wird das Ergebnis ebenfalls in einer deutlichen Kostenbelastung der Wirtschaft bestehen und eine Berichtigung des Kurses oft der einzige politisch durchsetzbare Weg zur Vermeidung von Arbeitslosenheeren sein.

Berichtigungen der Wechselkurse können plötzliche Änderungen der Versorgungsbedingungen ausgleichen, vielleicht auch Fehler oder Fehlurteile nationaler Regierungen. Tatsächlich herrscht allgemeine Übereinstimmung darüber, daß größere Wechselkursstabilität erreicht wird, wenn politische Mißgriffe vermieden werden (während das Stabilisierungspotential von Wechselkursinterventionen viel geringer ist). So kann also mehr

Wechselkursstabilität vom politischen Konsens in anderen Bereichen erwartet werden: Sie dürfte auf solche Weise eher erreicht werden als durch die Festlegung von Interventionsverpflichtungen, die wie eine offene Einladung zu Tests durch die Märkte wirken.[4] Kurzum: Wechselkursstabilität darf als erwünschtes Ergebnis von Politik gelten, nicht aber als ein sehr brauchbares Instrument der Politik.

Die genannten Aspekte des »neuen Konsenses« sind das Produkt einer intellektuellen Konversion, jedoch nicht das Ergebnis eines idealistischen Glaubens an internationale Kooperation. Eine der bezaubernden Besonderheiten des Klimas in Bretton Woods war die hinreißende Vision einer trotz aller nationaler Unterschiede gegebenen internationalen Harmonie. Jenes hohe Maß an gutem Willen war damals notwendig, weil es an faktischer Übereinstimmung mangelte. Als der anfängliche Enthusiasmus schwand, gewannen andere Überlegungen an Gewicht. So wurden – erstens – die Lehren über Offenheit zunächst nur von einigen Entwicklungstheoretikern gezogen und dann erst allgemeiner akzeptiert. Ein intellektueller Konsens reicht jedoch nicht aus, um politische Wirkung zu zeitigen; Wirtschaftswissenschaftler haben wieder und wieder darauf hingewiesen, daß Handelsprotektionismus Verluste beschert, ja für einen großen Teil der beiden letzten Jahrhunderte hat in dieser Frage unter den Theoretikern nahezu Einstimmigkeit geherrscht. Das hat die Regierungen aber nicht von protektionistischen Maßnahmen abgehalten, weder im späten 19. noch, mit katastrophalen Ergebnissen, in den zwanziger und dreißiger Jahren unseres Jahrhunderts – und abermals nach den siebziger Jahren.

Faktisch – und zweitens – wurde die Welt durch die wiederholten Schocks der letzten zweieinhalb Dekaden förmlich in den »neuen Konsens« geprügelt. Ironischerweise lernten gerade jene Gesellschaften, die diesen Schocks von außen am meisten ausgesetzt waren und sich nicht durch monetäre oder fiskalische Maßnahmen zu schützen suchten, am schnellsten, welche Gewinne durch Offenheit zu erzielen sind. Dies gehört zu den Merkmalen des Erfolgs der ostasiatischen Wirtschaften, die, fast gänzlich von importierter Energie abhängig, in den siebziger Jahren sahen, wie verletzlich sie waren. Gesellschaften hingegen, die sich isolieren wollten, wurden als Folge der Verzögerung nicht selten von einem noch weit heftigeren Schock getroffen.

Drittens haben die einen aus den Erfahrungen der anderen gelernt. Oft aber war das Erlebnis einer eigenen nationalen Krise notwendig, um Lehren zu begreifen, die sich bereits in einem anderen Kontext ergeben hatten: in Westdeutschland nach 1945, in Spanien 1959, in Korea 1960, in Großbritannien 1976, in Frankreich 1983, in den Vereinigten Staaten 1985, in Mexiko 1982, 1985 und 1994, in Indien 1990 und 1991, in den fast permanenten Krisen der nach sowjetischem Muster gelenkten Wirtschaften in den achtziger Jahren. Manche Beobachter sind zu dem Schluß gekommen, daß wir die Erfahrung einer Krise brauchen, um unsere Ansichten zu korrigieren. Die moderne Wirtschaft gleicht, nach einem etwas überzeichneten Bild, einem Riesen, der sich schwerfällig vorwärts schleppt, während er unentwegt zurückschaut. Nur wenn der Riese stolpert, kann er im Straucheln einen Augenblick lang die Zukunft sehen.[5] Müssen wir tatsächlich immer erst eine Katastrophe kommen sehen, um Ideen und politische Wege zu berichtigen?

Zu den wichtigsten Entwicklungen der Nachkriegszeit gehört die für die achtziger Jahre besonders charakteristische Internationalisierung des Lernprozesses. Ideen und Wissen sind globale Güter geworden; die Erfolge der exportorientierten Industrialisierung in Asien demonstrierten den Lateinamerikanern die Nachteile ihrer Importsubstituierungsstrategien. Die Osteuropäer lernten 1989 aus den Erfolgen der deutschen Anpassungsprogramme von 1948, von der Bewältigung der Ölkrisen durch die ostasiatischen NICs und von der Anpassung Chiles oder Mexikos nach der Schuldenkrise. Die Erfahrungen der ersten Reformer in Polen, der Tschechischen Republik und Ungarns können wiederum als Muster für spätere Reforminitiativen in anderen zuvor zentral geplanten Wirtschaften dienen.

In vielen Fällen ist die Transmission von Lernergebnissen die Sache von Technokraten in hohen Funktionen gewesen, die oft im Ausland ausgebildet worden waren oder gearbeitet hatten: zum Beispiel die »Ford Foundation Gang«, die in den späten sechziger Jahren Indonesien stabilisierte, die chilenischen »Chicago boys«, die das Austauschprogramm der katholischen Universität von Santiago absolviert hatten, oder einzelne Persönlichkeiten aus mitteleuropäischen Ländern, die nordamerikanische Universitäten besuchen konnten (etwa der Tscheche Vaclav Klaus).[6] Die Tätigkeit in internationalen Institutionen, vor allem in der Weltbank und im IWF, war ebenfalls ein Weg, diesen »technokratischen Lernprozeß« zu konsolidieren und eine internationale Ideengemeinschaft zwischen den Beamten von Zentralbanken und Finanzministerien zu begründen.

Doch es gibt auch Staaten, die darauf beharren, daß ihre Nöte ganz einzigartig und unvergleichlich sind; sie geraten früher oder später in Schwierigkeiten. Das gilt für so unterschiedliche Länder wie die Vereinigten Staaten in den frühen achtziger Jahren, die in Steuersenkungen einen eigenen Schlüssel zu mehr Wachstum gefunden zu haben meinten, und Brasilien, das sich in den sechziger und siebziger Jahren dem festen Glauben hingab, für Länder mit sehr großen Binnenmärkten sei die Importsubstituierung die richtige Strategie. Nicht nur bei medizinischen Problemen ist die Erkenntnis, daß die eigenen Leiden nicht singulär sind, ein wichtiger Schritt auf dem Weg zur Gesundheit: Im Prinzip trifft das auch auf Nationalwirtschaften zu.

Zu den wichtigsten Beiträgen zur Entwicklung der internationalen Wirtschaft gehört der institutionalisierte Mechanismus für einen gemeinschaftlichen Lernprozeß. Die Tatsache, daß die Bewegung hin zum Konsens so oft von Schocks begleitet war, zeigt, daß ihre Fortsetzung nicht allein vom Predigen einer »vernünftigen Wirtschaftslehre« abhängen wird, sondern auch von spezifischer Hilfe durch mikro-politische Beratung, durch die richtige Konstruktion wirtschaftlicher Institutionen (Zentralbanken, fiskalischer Systeme) und durch die Bereitstellung von Ressourcen nach einem Schock. Die institutionalisierte Aufsicht sorgt für die Vorbereitung wirtschaftlicher Informationen und liefert nicht zuletzt Beispiele erfolgreicher und erfolgloser Strategien. Sie stellt auch einen Mechanismus zur Verfügung, über den ein Staat die anderen Akteure zu beeinflussen vermag: durch die Übermittlung von Informationen und durch Diskussionen im Rahmen multilateraler Beaufsichtigung. In der Vergangenheit liefen diese Informationen vor allem über die Regierungen und über die Diskussionen von Technokraten in hohen Ämtern. Das wird fraglos auch in der Zukunft so sein. Die Öffnung vieler Gesellschaften und die gewachsene Bedeutung der öffentlichen Diskussion erfordern jedoch auch eine wachsende Offenheit im Hinblick auf wirtschaftliche Informationen und Rezepte.

Seit der Herausbildung des Konsenses sind die Forderungen nach einem neuen Bretton Woods oder nach einem Neubau des internationalen monetären Systems sehr viel enger in ihrer Zielsetzung geworden, und zwar nicht einfach auf Grund der praktischen Schwierigkeiten, die weit ausgreifenden Revisionen im Wege stehen. 1989 konnte Robert Solomon noch sagen, daß »in der Brust zahlreicher Wirtschaftswissenschaftler und der Beamten mancher Länder ein Verlangen nach Reform lebt«. 1991 hingegen behauptete Otmar Issing, eine »Reform des globalen monetären Systems à la Bretton Woods [sei] weder möglich noch notwendig«.[7] Statt einer massiven Reform erfordern die meisten Vorschläge nur mehr bescheidenes Herumbasteln: die Ausgabe neuer Sonderziehungsrechte für Entwicklungsländer oder Schwellenländer, effektivere Beaufsichtigung, die Abgrenzung der Zuständigkeiten zwischen IWF und Weltbank, zwischen IWF und BIZ sowie zwischen IWF und der World Trade Organization (WTO). Daß das internationale System mit mehr Realismus betrachtet wird, gründet in seinem besseren Funktionieren.

Die zunehmende Ausbreitung der Konzepte, die auf dem entstandenen Konsens beruhen, ergab seit den achtziger Jahren vor allem in vielen Entwicklungsländern höheres Wachstum; seit 1985 ist die Rate nur in einem Jahr unter 3,5 Prozent geblieben, und insgesamt verzeichneten die Entwicklungsländer 1992/93, als sie sich von der Weltrezession zu Beginn der neunziger Jahre erholten, ein sehr hohes Wirtschaftswachstum. Die Bereitschaft im erweiterten Handel einen Wachstumsmotor zu sehen, führte zum erfolgreichen Abschluß der sogenannten Uruguay-Runde (mit der Ausdehnung der GATT-Prinzipien auf Textilien und geistiges Eigentum) und zur Vereinbarung über die Schaffung der WTO. Es lag zu einem guten Teil an der Bekehrung rasch wachsender Entwicklungswirtschaften zur zentralen liberalen Vision der Ära von Bretton Woods, daß die Gefahr eines »neuen Protektionismus« in globalem Maßstab abgenommen hat.

Hier mag man zögern. Offensichtlich sind nicht alle Meinungsverschiedenheiten über wirtschaftliche Fragen beigelegt, noch darf das erwartet werden; man darf das Ausmaß, in dem die neue »Mono-Ökonomie« eine praktische und geistige Vorherrschaft errungen hat, nicht übertreiben. Auch ist die Weltwirtschaft nicht für jeden Beobachter ein geistig oder theoretisch anziehendes Phänomen. Politiker, Entscheidungsträger, Geschäftsleute, Bankiers fühlen sich nicht immer als Teil eines einzigen, universalen Systems. Nicht selten sind sie mit Eifer dabei, den modernen Konsens als zu kurzatmig, zu chaotisch, zu liberal und manchmal auch als zu angelsächsisch anzuprangern. Sie klagen darüber, daß eine exzessive Liberalisierung stetige Politik unmöglich machen könne. Sie behaupten, daß große Kapitalbewegungen die Wechselkursstabilität gefährdeten und so die Formulierung einer langfristigen Konzeption erschwerten. Sie sagen, die Kosten der Liberalisierung seien zu hoch gewesen und hätten unannehmbare Verschiebungen in der Einkommensverteilung mit sich gebracht; die Globalisierung habe in einigen Industriestaaten – namentlich in den USA – die Verarmung ungelernter Arbeiter bewirkt, in den Ländern aber, deren bessere Sozialsysteme der Lohnanpassung im Wege standen, hohe Dauerarbeitslosigkeit. Auch fordern etliche Kritiker, daß der Staat in der Wirtschaftsentwicklung eine größere Rolle spielen müsse, als »Doktrinäre« ihm zubilligen.

Manche Beobachter stellen die ostasiatischen Erfolge gelegentlich weniger als Siege liberaler Wirtschaftsprinzipien dar denn als Ergebnisse einer Tradition wirtschaftlichen Planens. Insbesondere in Ländern, in denen frühere Plan-Experimente (oft dramatisch) gescheitert sind, haben Institutionen oder Individuen mit einer historischen Bindung an die Methode der Planung nach Blicken auf rasch wachsende NICs die Lehre zu ziehen versucht, daß Direktiven wirksamer sein können als der Markt. Einige Japaner haben die Behauptung aufgestellt, daß die Stärke der japanischen Wirtschaft auf einer dirigistischen Einstellung beruhe, was die japanische Erfahrung für die Lösung der Probleme ehemals zentral geplanter Wirtschaften besonders relevant mache.[8]

Überdies geht es nicht immer nur um wirtschaftliche Effizienz, sondern auch um fundamentale menschliche Probleme:

Wie können die Forderungen der Gerechtigkeit mit denen der internationalen wirtschaftlichen Stabilität und des Wirtschaftswachstums vereinbart werden? Keine internationale Ordnung kann längere Zeit überleben, wenn sie weithin als ungerecht empfunden wird. Große Ungleichheiten von Wohlstand und Einkommen in einer nationalen Wirtschaft zu vermeiden, mag eine Voraussetzung sozialer Gerechtigkeit sein, aber das Beispiel gerade vieler der dynamischsten Wirtschaften zeigt auch, daß eine bessere Verteilung oft von rascherem Wachstum begleitet wird. Wenn in einer Nationalwirtschaft Reformen die Pauperisierung der Ungelernten verhindern sollen, so ist es vielleicht auf längere Sicht besser, das Ausbildungsniveau generell zu heben.

Die gleichen Prinzipien gelten in der internationalen Politik: Eine Welt, in der eine große Anzahl sehr armer Länder sehr arm bleibt, ist auch eine Welt, die ganz unnötig Chancen und Möglichkeiten begrenzt. Die Armut zu bekämpfen, ist folglich eine essentielle Aufgabe der internationalen Gemeinschaft, sofern sie ein stabiles System schaffen will. Dieser Kampf sollte auch Teil der Programme internationaler Institutionen sein, so des IWF (der solchen Fragen im Laufe der achtziger Jahre in der Tat größere Aufmerksamkeit geschenkt hat). Der derzeitige Geschäftsführende Direktor des IWF bezeichnet die Verringerung der Armut immer wieder als die unverzichtbare »vierte Säule« eines jeden Anpassungsprogramms. Das entscheidende Element dabei ist das Knüpfen sozialer Sicherheitsnetze, um die Pauperisierung jener zu verhindern, die im Zuge wirtschaftlicher Umstrukturierung an den Rand geraten. Ohne derartige Netze ist es oft unmöglich, für eine radikale marktorientierte Wirtschaftsreform genügend Unterstützung zu finden. Eine zusätzliche politische Dimension entsteht, wenn die Schaffung eines adäquaten Unterstützungssystems von Interessengruppen verhindert wird, die für ihre eigenen Zwecke den Prozeß wirtschaftlicher Reform und Liberalisierung zu lähmen suchen.

Der Kampf um Gerechtigkeit muß im Rahmen eines Systems geführt werden, das Anreize für Veränderung und Verbesserung bietet, statt mit Einschränkung und Zwang zu arbeiten. In der Vergangenheit haben zu oft Versuche, die Ungerechtigkeit durch behördlich verhängte Verbote zu eliminieren, ungewollte und sogar perverse Konsequenzen gehabt, die nur zu noch größeren Ungerechtigkeiten führten. Strafsteuern als Mittel der Umverteilung von Wohlstand und Einkommen oder Preisfestsetzung zur Verteilung der Ressourcen haben nur allzuoft ein System von Behinderungen geschaffen, denen lediglich jene aus dem Weg gehen können, die besonders ingeniös sind oder über gute politische Beziehungen verfügen. Liberalisierung ist häufig Teil einer erfolgreichen Kampagne gegen die Armut, sie allein reicht jedoch nicht aus. Die Beteiligung reicherer Länder bei der Schaffung wirtschaftlicher Anreize ist unverzichtbar. Dazu können spezifische Transfers für bestimmte Projekte gehören oder der radikale Abbau von Hindernissen, die durch Überschuldung entstehen. Der Armut durch Investition im Bildungssystem, im Gesundheitswesen und in der Infrastruktur zu Leibe zu rücken, bringt bessere Chancen für eine größere Zahl von Menschen. Eine solche Methode ist mit mehr internationaler Offenheit nicht nur vereinbar, sondern untrennbar verbunden.

Letztlich braucht selbst ein theoretischer Konsens noch keine konkreten politischen Konsequenzen zu haben. Viele Länder bekennen sich zu etwas, handeln aber ganz anders. Da mag es eine neue intellektuelle Orthodoxie geben, doch handfeste Interessen drängen die Politik in eine ganz andere Richtung. Aus unterschiedlichen Gründen sind Länder immer wieder Pressionen – politischen, sozialen, demographischen – ausgesetzt, die es ihren Regierungen erschweren, zu einem ausgeglichenen Haushalt zurückzukehren. Infolgedessen sind viele Regierungen in aller Welt dabei, in großem Maßstab das Gegenteil einer Sparpolitik zu betreiben. Viele Industrieländer haben gewaltige Schulden angehäuft, die sie einfach in die Zukunft fortschreiben.

Letztlich: Was immer die theoretischen Attraktionen einer offenen Wirtschaft auch sind – stets gibt es doch zahlreiche Interessengruppen, die in die entgegengesetzte Richtung drängen. Oft sind sich diejenigen, die durch einen Schritt in die Offenheit verlieren, ihrer Verluste sehr bewußt, während die potentiellen Gewinner das Ausmaß und die Verteilung ihrer zukünftigen Gewinne noch nicht recht übersehen. Unter solchen Umständen können internationale Institutionen, welche die Lehren des internationalen Konsenses bekräftigen, eine wichtige Rolle bei der

Bekämpfung des schädlichen Einflusses einzelner Interessengruppen spielen. Vielfach sind die internationale Gemeinschaft und ihre Institutionen in nationalen Debatten, in denen sich partikulare Interessen mit nachteiliger Wirkung so gut organisieren können, Verteidiger des »allgemeinen Interesses«.

Derartige Reaktionen gegen Internationalisierung und den entstehenden wirtschaftspolitischen Konsens sind wohl unvermeidlich. Politiker können über offenen Handel und die Begrenzung von Haushaltsdefiziten und über die Aufhebung von Preiskontrollen reden – in der Praxis fällt es ihnen oft schwer, nach diesen schönen Grundsätzen zu handeln. Ein Gutes aber hat der entstandene Konsens gleichwohl: Er kann angerufen werden, um eine Politik durchzusetzen, die allgemeinere Ziele erreichen will. Daher sehen nur noch wenige einen fundamentalen Gegensatz zwischen den Erfordernissen des internationalen Systems und den Prioritäten der Nationalwirtschaften. Noch wichtiger ist, daß viele in der internationalen Ordnung einen wertvollen Verbündeten gegen politische und wirtschaftliche Partikularinteressen zu sehen begonnen haben.[9] Auf solche Weise stellt der Konsens ein wesentliches Element nicht allein des internationalen Finanzsystems dar, sondern darüber hinaus einen Mechanismus zur Schaffung breiterer Stabilität und einer gerechteren internationalen Gesellschaft.

Viele der Ideen, die 1975 zu dem Treffen von Rambouillet geführt haben, erwiesen sich als so altmodisch wie das Schloß selbst. Im Rückblick ist zu erkennen, daß 1975 weder die Weltwirtschaft noch die westliche Demokratie in einer tiefen Krise steckten. Auch konnte weder politische Pression noch geschickte Diplomatie zur Verschiebung von Macht und Wohlstand in der Welt benutzt werden, wie Henry Kissinger, aber auch die OPEC-Führer glaubten. In persönlichen Gesprächen, dies wurde rasch klar, lag nicht ein Zauberschlüssel zur Lösung wirtschaftlicher Probleme. Die G-7-Gipfel entarteten bald zu Gelegenheiten, bittere Vorwürfe auszutauschen (wie 1978 in Bonn) oder zu frustrierenden Publicity-Veranstaltungen. Nichts davon entsprach mehr der anfänglichen Vorstellung eines intimen Meinungsaustauschs auf hoher Ebene. Nur die Einsicht, daß die Weltwirtschaft durch Handel, Finanzen und Bevölkerungsbewegungen ein zusammenhängendes Ganzes darstellt, blieb gültig. Als die Regierungen begannen, die Lektionen der Interdependenz zu lernen, begann sich auch die Verteilung des Wohlstands in der Welt radikal zu wandeln. Die Entwicklung dieser Interdependenz schuf die Basis für die Ausbreitung von Prosperität – ebenso wie für die Ausbreitung der Demokratie. Aber die Verlagerung des globalen Wohlstands ist und bleibt für viele reiche Industriestaaten schmerzhaft; sie wird dort eine radikale Transformation der industriellen Strukturen und der Arbeitsverhältnisse erfordern.

Anmerkungen

Das Treffen in Rambouillet

1 Margaret Garritsen de Vries, The International Monetary Fund 1972–1978. Washington, D. C., 1985, Bd. 2, S. 761.

Kapitel 1

1 BIZ-Bericht, zit. nach James Blitz, London Consolidates Lead in Foreign Currency Trading. In: Financial Times, 1. 4. 1993; New York Times, 28. 12. 1987, S. 24.

2 Wladimir Schirinowskij, zit. nach Christia Freeland, Blood, Sweat und Tears. In: Financial Times, 9. 12. 1993.

3 W. Arthur Lewis, Growth and Fluctuations 1870–1913. London 1978, S. 69. Andere Zahlen bei Folke Hilgerdt, Industrialization and Foreign Trade. Genf 1945. Die Nachkriegszahlen sind berechnet nach dem United Nations Statistical Yearbook.

4 W. S. und E. S. Woytinsky, World Commerce and Governments: Trends and Outlooks. New York 1955, S. 43.

5 Vgl. World Economic and Financial Surveys: Issues and Developments in International Trade Policy. Washington, D. C., International Monetary Fund, 1992, S. 9.

6 Eine nützliche Literaturübersicht sowie neue Erkenntnisse bei Manuel Guitián, Rules and Discretion in International Economic Policy. In: International Monetary Fund Occasional Paper 97, Washington, D. C., 1992. Vgl. auch Joseph Gold, The Rule of Law in the International Monetary Fund. Washington, D. C., 1980; Ronald I. McKinnon, International Money in Historical Perspective. In: Journal of Economic Literature 31 (1993), S. 1–44.

7 Jacob Viner, Power versus Plenty as Objectives of Foreign Policy in the Seventeenth and Eighteenth Centuries. In: World Politics 1 (1948), S. 1–29. Vgl. Robert und Jean Gilpin, The Political Economy of International Relations. Princeton 1987, S. 32, 180 ff.

8 Lewis, Growth, S. 181. Imre Ferenczi und Walter F. Willcox, International Migrations. Bd. I, New York 1929.

9 Lewis, Growth, S. 186 f.

10 Der Effekt der Mobilität des Weltkapitals besteht darin, das Verhältnis zwischen den Binneninvestitionen in jedem Land und der jeweiligen nationalen Sparrate zu schwächen. Ende der siebziger Jahre kam eine Analyse zu dem Ergebnis, daß die internationalen Unterschiede in den natio-

nalen Sparraten noch immer sehr eng mit dem nationalen Investitionsverhalten zusammenhängen. Vgl. Martin Feldstein und Charles Horioka, Domestic Saving and International Capital Flows. In: Economic Journal 90 (1980), S. 314–329. Vgl. auch Tamim Bayoumi, Saving-Investment Correlations. Immobile Capital, Government Policy, or Endogenous Behavior. In: IMF Staff Papers 37,2 (1990), S. 306–387. Neue Hinweise darauf, daß nationale Investitionen und nationales Sparen nicht mehr so eng zusammenhängen, in dem Referat, das Maurice Obstfeld im April 1993 auf einem »Princeton University Colloquium on the International Monetary System« gehalten hat.

11 André Piganiol, Histoire de Rome. Paris 1939; Mortimer Wheeler, Roman Contact with India, Pakistan and Afghanistan. In: William F. Grimes (Hg.), Aspects of Archaeology in Britain and Beyond. London 1951, S. 354, 359ff.

12 John W. Hall (Hg.), The Cambridge History of Japan. Bd. IV, Cambridge 1991, S. 61.

13 Larry Neal, The Rise of Financial Capitalism. International Capital Markets in the Age of Reason. Cambridge 1990.

14 John Maynard Keynes, The Economic Consequences of the Peace. New York 1920, S. 11f.

15 Albert Feavearyear, The Pound Sterling. A History of English Money. Oxford 1963, S. 212ff.

16 Vgl. Milton Friedman, Bimetallism Revisited. In: Money Mischief. Episodes in Monetary History. New York 1992, S. 126–156.

17 Theodore H. von Laue, Sergei Witte and the Industrialization of Russia. New York 1963, S. 27. Manchmal wird die Bemerkung auch in der weniger drastischen Form zitiert: »Wir müssen exportieren, selbst wenn wir unsere Gürtel enger schnallen müssen.« Vgl. auch Clive Trebilcock, The Industrialization of the Continental Powers 1780–1914. London 1981, S. 227.

18 Youssef Cassis, Les Banquiers de la City à l'époque Edouardienne. Genf 1984, S. 346f.

19 John Maynard Keynes, A Treatise on Money. Bd. II, New York 1930, S. 306.

20 Barry Eichengreen hat vor kurzem den kooperativen gegenüber dem hegemonialen Charakter des Vorkriegsgoldstandards hervorgehoben: Golden Fetters. The Gold Standard and the Great Depression 1919–1939. New York 1992, S. 30ff.

21 Die nachdrücklichste Bekundung dieser Überzeugung bei Norman Angell, The Great Illusion. A Study of the Relation of Military Power in Nations to their Economic and Social Advantage. New York 1911.

22 Marcello De Cecco, The International Gold Standard 1890–1914. Money and Empire. New York 1984, S. 71.

[23] Vgl. Gerald D. Feldman, The Great Disorder. Politics, Economics and Society in the German Inflation 1914–1924. New York 1993.

[24] Vgl. Eichengreen, Golden Fetters, S. 159 ff.

[25] Vgl. Peter B. Kenen, The Coordination of Macroeconomic Policies. In: William H. Branson, Jacob A. Frenkel und Morris Goldstein (Hg.), International Policy Coordination and Exchange Rate Fluctuations. Chicago 1990, S. 63–102.

[26] Stephen V. O. Clarke, The Reconstruction of the International Monetary System. The Attempts of 1922 and 1933. Princeton 1973, S. 14 f.

[27] Bank of England Archive (BoE), G1/421, I v 1927, Strong an Norman.

[28] Clarke, Reconstruction, S. 15.

[29] H. Clark Johnson, The Gold Deflation, France, and the Coming of the Depression 1919–1932. Yale University Diss. 1994, S. 474.

[30] Gustav Cassel, The Downfall of the Gold Standard. Oxford 1936; Henry Strakosch in: The Economist, January 1932, Supplement.

[31] Vgl. Iván T. Berend und Györgi Y. Ranki, Economic Development in East-Central Europe in the 19th and 20th Centuries. New York 1974, S. 247 ff.

[32] Die neueste Studie stammt von Aurel Schubert, The Credit-Anstalt Crisis of 1931. Cambridge 1991.

[33] Vgl. Charles P. Kindleberger, The World in Depression 1929–1939. London 1973, S. 296 f.

[34] Vgl. Barry Eichengreen und Jeffrey Sachs, Exchange Rates and Economic Recovery in the 1930s'. In: Journal of Economic History 45 (1985), S. 925–946; Ben Bernanke und Harold James, The Gold Standard, Deflation and Financial Crisis in the Great Depression. An International Comparison. In: R. Glenn Hubbard (Hg.), Financial Markets and Financial Crises. Chicago 1991, S. 33–68.

[35] Roger Auboin, The Bank for International Settlements 1930–1955. Princeton, Department of Economics, International Finance Section, Essays in International Finance Nr. 22, 1955, S. 3.

[36] Harold James, The Reichsbank and Public Finance in Germany 1924–1933. Frankfurt a. M. 1985, S. 92.

[37] Eckhard Wandel, Hans Schäffer. Steuermann in wirtschaftlichen und politischen Krisen. Stuttgart 1974, S. 217.

[38] The Public Papers and Addresses of Franklin D. Roosevelt. Bd. II: The Year of Crisis 1933. New York 1938, S. 264 f.

[39] Susan Strange, Sterling and British Policy. A Political Study of an International Currency in Decline. London 1971, S. 54 f.; Stephen V. O. Clarke, Exchange-Rate Stabilization in the Mid-1930s. Negotiating the Tripartite Agreement. In: Princeton Studies in International Finance, Nr. 41, 1977; vgl. aber: Ian M. Drummond, London, Washington, and the Management

of the Franc 1936–1939. In: Princeton Studies in International Finance, Nr. 34, 1979.

40 Drummond, London, S. 45f.

41 W. Arthur Lewis, Economic Survey 1919–1939. London 1949.

42 Vgl. Joseph M. Jones, Tariff Retaliation. Repercussions of the Hawley-Smoot Bill. Philadelphia 1934.

43 Howard S. Ellis, Exchange Control in Central Europe. Cambridge Mass., 1941; Albert O. Hirschman, National Power and the Structure of Foreign Trade. Berkeley 1945; Alan S. Milward, The Reichsmark Bloc and the International Economy. In: Gerhard Hirschfeld und Lothar Kettenacker (Hg.), Der »Führerstaat«. Mythos und Realität. Stuttgart 1981, S. 377–413; Larry Neal, The Economics and Finance of Bilateral Clearing Agreements: Germany 1934–8. In: Economic History Review 32 (1979), S. 391–404; David E. Kaiser, Economic Diplomacy and the Origins of the Second World War. Germany, Britain, France, and Eastern Europe 1930–1939. Princeton 1980.

Kapitel 2

1 Vgl. Patricia Clavin, The World Economic Conference 1933. The Failure of British Internationalism. In: Journal of European Economic History 20 (1991), S. 489–527.

2 League of Nations Archive, Genf (United Nations), R2672, 7 xi 1932, Third Meeting of Preparatory Committee.

3 Zit. bei Robert Skidelsky, John Maynard Keynes. The Economist as Saviour. London 1992, S. 482.

4 Cordell Hull papers, Microfilm Reel 11, Dodd to Hull, 19. 5. 1934.

5 Walter Funk, The Economic Future of Europe. Berlin 1940, S. 9.

6 Funk, Economic Future, S. 11.

7 Armand Van Dormael, Bretton Woods. Birth of a Monetary System. New York 1978, S. 6f.; Joseph Gold, Legal and Institutional Aspects of the International Aspects of the International Monetary System. Selected Essays. Bd. II, Washington, D. C., 1984, S. 19; Donald Moggridge, Maynard Keynes. An Economist's Biography. London 1992, S. 654.

8 Moggridge, Keynes, S. 672.

9 Horsefield, International Monetary Fund, Bd. III, S. 31; vgl. auch Moggridge, Keynes, S. 673.

10 BoE OV38/49, Sir Hubert Henderson, Notiz v. 1. 8. 1944.

11 Horsefield, International Monetary Fund, Bd. I, S. 62, 68.

12 Roy F. Harrod, The Life of John Maynard Keynes. Harmondsworth 1972, S. 675.

13 Vgl. Sidney Dell, On Being Grandmotherly. The Evolution of IMF Conditionality. Princeton Essays in International Finance, Nr. 144, 1981, S. 1.

[14] IMF BW, Fund Plan, Inter-Departmental Meetings, 9.10.1942.

[15] Eric E. Jacobsson, A Life for Sound Money. Per Jacobsson. His Biography. Oxford 1979, S. 178ff.

[16] Kürzlich hat ein Kommentator von der Existenz einer »primitiven Gemeinschaft« von wirtschaftlichen Meinungsmachern gesprochen: G. John Ikenberry, A World Economy Restored. Expert Consensus and the Anglo-American Postwar Settlement. In: International Organization 46 (1992), S. 293.

[17] Horsefield, International Monetary Fund, Bd. III, S. 21.

[18] White papers, 10/241, 20.4.1944, Memorandum zu Opie an White.

[19] John Maynard Keynes, The Collected Writings of John Maynard Keynes, XXVI, Activities 1941–1946. Shaping the Post-War World. Bretton Woods and Reparations. Hg. von Donald Moggridge. London 1980, S. 48, 52f.

[20] Keynes, Collected Writings, XXVI, S. 188, Notizen für den Schatzkanzler zu Bretton Woods, 15.11.1945.

[21] Vgl. Clair Wilcox, A Charter for World Trade. New York 1949.

[22] Henry Morgenthau, Jr., Address by the Honorable Henry Morgenthau, Jr., at the Inaugural Plenary Session, 1.7.1944, United Nations Monetary and Financial Conference, Bretton Woods, New Hampshire, 1.7.–22.7.1944. Final Act and Related Documents, Washington, D.C., 1944. Vgl. auch Frank Costigliola, The Other Side of Isolationism. The Establishment of the First World Bank 1929–1939. In: Journal of American History 59 (1972), S. 602–620.

[23] Van Dormael, Bretton Woods, S. 200ff., 211.

[24] Leslie S. Pressnell, External Economic Policy Since the War. Bd. I: The Post-War Financial Settlement. London 1986, S. 141f.

[25] William Y. Elliott, The Political Economy of American Foreign Policy. Its Concepts, Strategy, and Limits. New York 1955, S. 209.

[26] NA RG 56/33 NAC Doc. 581, Geschäftsführender Direktor an Direktorium, 2.12.1947.

[27] Vgl. Eric Roll, Behind Bretton Woods. The Climate Then and Today. In: Wolfram Engels, Armin Gutowski und Henry C. Wallich (Hg.), International Capital Movements Debt and Monetary System. Mainz 1984, S. 311: »Es sollte offen zugestanden werden, daß Bretton Woods im Grunde eine anglo-amerikanische Schöpfung war, von den Alliierten und anderen akzeptiert, weil allein diese beiden Länder damals über die politischen, materiellen und moralischen Ressourcen verfügten, einen Plan dieser Größenordnung zu entwerfen und zu verwirklichen.«

[28] PU (Princeton University), White papers, 7/22d, Besprechung im Büro des Schatzkanzlers, 11.8.1944.

[29] Donald Moggridge, Maynard Keynes, S. 764; John Maynard Keynes, Our

Overseas Financial Prospects. In: Keynes, Collected Writings. Bd. XXIV, London 1979, S. 400.

30 Pressnell, External Economic Policy, S. 262–341.

31 Moggridge, Keynes, S. 797.

32 Paul Einzig, Bretton Woods and the Gold Standard. In: Financial News, 19. 10. 1944.

33 George F. Kennan, Memoirs 1925–1950. Boston 1967, S. 293.

34 Ebd., S. 553, 547.

35 J. Keith Horsefield, The International Monetary Fund 1945–1965. Washington, D. C. 1969, S. 123; Harrod, Keynes, S. 632.

36 Keynes, Collected Writings, XXVI, S. 225.

37 Ebd., S. 229.

38 ME (Französisches Wirtschaftsministerium) B44.833, 8.1945, Rapport fait par M. de Largentaye, Inspecteur des Finances, sur la conférence de Bretton Woods, S. 100ff., 116f.

39 Gérard Bossuat, La France, l'aide américaine et la construction européenne 1944–1954. Paris 1992, S. 81f.

40 Charles P. Kindleberger, A Financial History of Western Europe. New York 1993, S. 419.

41 Milward, Reconstruction, S. 48ff.

42 OEEC Statistical Bulletin of Foreign Trade; William Adams Brown Jr. und Redvers Opie, American Foreign Assistance. Washington, D. C., 1953, S. 247.

43 Michael J. Hogan, The Marshall Plan. America, Britain, and the Reconstruction of Western Europe 1947–1952. Cambridge 1987, S. 410.

44 Vgl. Peter J. Katzenstein, Small States in World Markets. Industrial Policy in Europe. Ithaca 1985, S. 38–79.

45 John Gimbel, The Origins of the Marshall Plan. Stanford 1976, S. 78.

46 Hogan, Marshall Plan, S. 38.

47 Staatssekretär im State Department Robert A. Lovett. Zit. in Hogan, Marshall Plan, S. 127.

48 Robert Triffin, Europe and the Money Muddle. From Bilateralism to Near-Convertibility 1947–1950. New Haven 1957, S. 163.

49 Jacob J. Kaplan und Günther Schleiminger, The European Payments Union. Financial Diplomacy in the 1950s. Oxford 1989.

50 Vg. William Diebold Jr., Trade and Payments in Western Europe. A Study in Economic Cooperation 1947–1951. New York 1952, S. 37–50; Richard N. Cooper, The Economics of Interdependence. Economic Policy in the Atlantic Community. New York 1968, S. 209f.

51 IMF Managing Director files, 28. 8. 1950, Andrew Overby an Gutt, mit dem Zusatz: »Es sieht so aus, als ob die EZU, wenn wir die Sache nicht ge-

nau verfolgen und genügend Unterstützung bekommen, sie zu stoppen, weiterhin ihr eigenes Imperium bauen wird.«

[52] John Fforde, The Bank of England and Public Policy 1941–1958. Cambridge 1992, S. 209.

[53] Horsefield, International Monetary Fund, Bd. I, S. 258.

[54] IMF, Executive Board Meeting 53/81, 4. 11. 1953.

[55] Joseph Gold, Membership and Non-membership of the IMF. A Study in Internationel Law and Organization. Washington, D. C., 1974, S. 342 ff.

[56] BoE OV37/27, Gutt an Bolton, 14. 11. 1950.

[57] Frank Southard, Remarks in The Caravan, Januar 1989, S. 8.

[58] IMF, RD, An 70/41, Box 2, SN164, 5. 11. 1963, Horsefield-Interview mit Camille Gutt; Ivar Rooth, Riksbankschef 1929–1948. En autobiografi, Intalad för och utskriven av Gösta Rooth. Oslo, Privatdruck 1988, S. 110 f.

Kapitel 3

[1] Gottfried Haberler, Review of Harrod. Are these Hardships Necessary? In: Review of Economics and Statistics, Mai 1948, S. 141 ff.; Harrod, Hardships, S. 134, 137, 138; Thomas Balogh, The Dollar Crisis. Causes and Cure. A Report to the Fabian Society. Oxford 1949, S. VII.

[2] IMF, CF, C/UK/110, Juli 1954, The Convertibility of Sterling.

[3] Susan Strange, Sterling and British Policy. A Political Study of an International Currency in Decline. London 1971; Kenneth W. Dam, The Rules of the Game. Reform and Evolution in the International Monetary System. Chicago 1982, S. 179 ff.

[4] Michael J. Hogan, The Marshall Plan. America, Britain, and the Reconstruction of Western Europe 1947–1952. Cambridge 1987, S. 276.

[5] Leslie S. Pressnell, External Economic Policy Since the War. Bd. I: The Post-War Financial Settlement. London 1986, S. 216 ff.

[6] BoE, OV38/49, Notiz, 28. 2. 1956.

[7] IMF, second Annual Meeting of the Board of Governors, 1947, S. 10.

[8] IMF, Annual Report, 1949, S. 2.

[9] Vgl. Camille Gutts Vortrag, The Practical Problem of Exchange Rates, 13. 2. 1948, Littauer School of Public Administration, Harvard University.

[10] Alan S. Milward, The Reconstruction of Western Europe 1945–1951. Berkeley 1984, S. 45; BIZ, Neunzehnter Jahresbericht, Juni 1949, S. 133. Allein für 1948 wurde die Kapitalflucht aus Frankreich auf 150 bis 500 Millionen Dollar geschätzt.

[11] Michael L. Hoffman, Europe Feels Drop in Capital Flight. In: New York Times, 25. 7. 1953.

[12] BoE OV35/21 1. 4. 1949, APGS (Grafftey-Smith)-Notiz.

[13] Cairncross/Eichengreen, Sterling, S. 122, 133.

[14] Vgl. Barry Eichengreen, A Payments Mechanism for the Former Soviet Union. Is the EPU a Relevant Precedent? In: Economic Policy, 17 (1993), S. 310–345.

[15] BoE, OV38/27, Gutt an Bolton, 14. 11. 1950.

[16] Vgl. Hogan, Marshall Plan, S. 297; IMF S1811, 16. 6. 1956, Memorandum: The outcome of the EPU negotiations; ebd., Irving S. Friedman, Notes on discussions with Mr. Tenenbaum (ECA).

[17] Vgl. allgemein Milward, Reconstruction; Jacob J. Kaplan und Günther Schleiminger, The European Payments Union. Financial Diplomacy in the 1950s. Oxford 1986, S. 102.

[18] Erin E. Jacobsson, A Life for Sound Money: Per Jacobsson, his Biography. Oxford 1979, S. 242f.

[19] Vgl. Christoph Buchheim, Die Wiedereingliederung Westdeutschlands in die Weltwirtschaft 1945–1958. München 1990.

[20] Kaplan und Schleiminger, European Payments Union, S. 158f.

[21] J. Keith Horsefield, The International Monetary Fund 1945–1965. Twenty Years of International Monetary Cooperation. Washington, D. C., 1969, S. 314.

[22] Archiv der Deutschen Bundesbank (DB), B330/1058, Donner an Finanzminister, 26. 5. 1954.

[23] Horsefield, International Monetary Fund, Bd. I, S. 273f.; A. F. W. Plumptre, Three Decades of Decision. Canada and the World Monetary System 1944–75. Toronto 1974, S. 147ff.; Paul Wonnacott, The Floating Canadian Dollar. Exchange Flexibility and Monetary Independence. Washington, D. C., 1972.

[24] Alan S. Milward (mit George Brennan und Federico Romero), The European Rescue of the Nation-State. London 1992, S. 347.

[25] Kaplan und Schleiminger, European Payments Union, S. 164. Zu der Auseinandersetzung über ROBOT in britischen politischen Kreisen Alec Cairncross und Nita Watts, The Economic Section 1931–1961. New York 1989, S. 302–322.

[26] IMF, CF, C/UK/110, Rooth an Cobbold, 22. 6. 1952.

[27] Strange, Sterling, S. 66f.; vgl. auch Judd Polk, Sterling. Its Meaning in World Finance. New York 1956.

[28] Vgl. Diane B. Kunz, The Economic Diplomacy of the Suez Crisis. Chapel Hill 1991, S. 133ff.

[29] Universität Basel, Manuskriptsammlung (UB), Tagebuch Jacobsson 1959, I, 24. 1. 1959.

[30] ME Z10061, Telegramm Alphand (über die Auffassungen des amerikanischen und des kanadischen Direktors, Southard und Rasminsky), 18. 4. 1959.

[31] DB, B330/1058, Hallstein an Erhard, 23.7.1959; ebd., Memorandum der EWG-Kommission, 27.7.1959.
[32] DB, B330/148, 38. Sitzung des Zentralbankrats, 8./9.1.1959.
[33] Cmd 827, August 1959, Report on the Working of the Monetary System (Radcliffe Report), S. 252.
[34] Deutsche Bundesbank, Deutsches Geld- und Bankwesen in Zahlen 1976–1975. Frankfurt a. M. 1976, S. 339.
[35] Herbert Giersch, Karl-Heinz Paqué und Holger Schmieding, The Fading Miracle. Four Decades of Market Economy in Germany. Cambridge 1992, S. 110.
[36] DB, Nachlaß Emminger, Emminger an Guth, 1.9.1960.
[37] Otmar Emminger, D-Mark, Dollar, Währungskrisen. Stuttgart 1986, S. 123.
[38] IMF, CF, C/Japan/820, Notiz Per Jacobsson, 18.6.1957; Memorandum von Irving S. Friedman, 30.11.1962.
[39] Ebd. vgl. auch Chalmers Johnson, MITI and the Japanese Miracle. The Growth of Industrial Policy 1925–1975. Stanford 1982, S. 259ff.
[40] IMF paper on »International Reserves and Liquidity«, abgedruckt bei Horsefield, International Monetary Fund, Bd. III, S. 349–420.
[41] Vgl. die Diskussion in den Executive Board Minutes (EBM), 21./22.3.1961.
[42] Robert Triffin, The European Monetary System. Tombstone or Cornerstone? In: Federal Reserve Bank of Boston, The International Monetary System. Forty Years after Bretton Woods. Boston 1984, S. 151.
[43] International Monetary Fund, Annual Report 1952, S. 6.

Kapitel 4

[1] Vgl. Anne O. Krueger, Political Economy of Policy Reform in Developing Countries. Cambridge 1993, S. 39.
[2] M. A. G. van Meerhaeghe, International Economic Institutions. London 1971, S. 113f.
[3] Patrick Low, Trading Free. The GATT and US Trade Policy. New York 1993.
[4] Für eine Kritik vgl. Gottfried Haberler, Terms of Trade and Economic Development. In: Howard S. Ellis (Hg.), Economic Development for Latin America. Proceedings of a Conference held by the International Economic Association. London 1961, S. 275–297.
[5] Vgl. W. Arthur Lewis, Economic Survey 1919–1939. London 1953, S. 59f.
[6] Hans W. Singer, Economic Progress in Under-Developed Countries. In: Social Research 16 (1949), S. 1–11; United Nations Economic Commission for Latin America, The Economic Development of Latin America

and its Principal Problems. Lake Success 1950; Raúl Prebisch, Commercial Policy in Underdeveloped Countries. In: American Economic Review, Papers and Proceedings 49 (1959), S. 251–273.

7 Eine klassische Formulierung bei Celso Furtado, The Economic Growth of Brazil. A Survey from Colonial to Modern Times. Berkeley 1965, S. 252f.

8 Henry J. Bruton, Inflation in a Growing Economy. Bombay 1961, S. 57. Diese Auffassung von Inflation ist in einigen Entwicklungsländern auf scharfe Kritik gestoßen, vgl. Alexandre Kafka, The Theoretical Interpretation of Latin American Development, und Roberto de Oliveiro Campos, Inflation and Balanced Growth, beide in: Ellis (Hg.), Economic Development, S. 1–25 bzw. 82–106.

9 Rüdiger Dornbusch und Sebastian Edwards, The Macroeconomics of Populism. In: Dies., The Macroeconomics of Populism in Latin America. Chicago 1991, S. 9.

10 European Office of the United Nations, Press Release ECOSOC/1168, 6.7.1959.

11 Kafka, Theoretical Interpretation, S. 21.

12 Edward S. Mason und Robert E. Asher, The World Bank since Bretton Woods. Washington, D. C., 1973, S. 397.

13 Report by the Board of Directors of the African Development Bank 1964–5, S. 21.

14 Po-Wen Huang, The Asian Development Bank. Diplomacy and Development in Asia. New York 1975.

15 Mason und Asher, World Bank, S. 578.

Kapitel 5

1 Stephen A. Marglin und Juliet B. Schor (Hg.), The Golden Age of Capitalism. Reinterpreting the Postwar Experience. Oxford 1990; Michael Bordo, The Bretton Woods System. A Historical Overview. In: Michael Bordo und Barry Eichengreen (Hg.), A Retrospective on the Bretton Woods System. Lessons for International Monetary Reform. Chicago 1993, S. 27; Ronald I. McKinnon, International Money in Historical Perspective. In: Journal of Economic Literature 31/1 (1993), S. 39.

2 Simon Kuznets, Two Centuries of Economic Growth. Reflections on US Experience. In: American Economic Review 67 (1977), S. 14.

3 J. M. Finger, Trade Liberalization. A Public Choice Perspective. In: Ryan C. Amacher, Gottfried Haberler und Thomas D. Willett, Challenges to a Liberal International Economic Order. Washington, D. C., 1979, S. 431.

[4] Robert Solomon, The International Monetary System 1945–1976. An Insider's View. New York 1977, S. 30.
[5] Walter S. Salant u. a., The United States Balance of Payments in 1968. Washington, D. C., 1963.
[6] Robert Triffin, Europe and the Money Muddle. From Bilateralism to Near-Convertibility 1947–1950. New Haven 1957. S. 296.
[7] International Economic Policy Association, The United States Balance of Payments. From Crisis to Controversy. Washington, D. C., 1972, S. 13.
[8] Economic Report of the President, Transmitted to Congress January 1976. Washington, D. C., 1976, S. 274 f.
[9] Vgl. Richard N. Cooper, The Economics of Interdependence. Economic Policy in the Atlantic Community. New York 1968, S. 133.
[10] Die klassische Analyse bieten Emile Despres, Charles P. Kindleberger und Walter S. Salant, The Dollar and World Liquidity. A Minority View. In: The Economist, 11. 2. 1966, S. 526–529.
[11] Margaret de Vries, Balance of Payments Adjustment 1945–1986. The IMF Experience. Washington, D. C., 1987.
[12] UB, Jacobsson-Tagebuch 1962, I, 21. 3. 1962.
[13] Arthur M. Schlesinger Jr., A Thousand Days. John F. Kennedy in the White House. New York 1965, S. 601.
[14] J. Keith Horsefield, The International Monetary Fund 1945–1965. Twenty Years of International Monetary Cooperation. Washington, D. C., 1969, S. 183 f.
[15] Vgl. Charles A. Coombs, The Arena of International Finance. New York 1976, S. 53 ff.
[16] Solomon, International Monetary System, S. 41; Kristin Howell, The Role of the Bank for International Settlements in Central Bank Cooperation. In: Journal of European Economic History 22/2 (1992), S. 377 f.
[17] Coombs, Arena, S. 86; Howell, The Role of the Bank for International Settlements, S. 377 f.
[18] J. J. Servan-Schreiber, The American Challenge. New York 1968, S. 281.
[19] Jean Lacouture, De Gaulle: The Ruler 1945–1970. New York 1992, S. 381.
[20] Vgl. Kenneth W. Dam, The Rules of the Game. Reform and Evolution in the International Monetary System. Chicago 1982, S. 152.
[21] Eine nützliche Erörterung in: International Monetary Fund Occasional Paper 51, The Role of the SDR in the International Monetary System, Washington, D. C., 1987.
[22] Hendrik Houthakker. The Breakdown of Bretton Woods. In: Werner

Sichel (Hg.), Economic Advice and Executive Policy. Recommendations from Past Members of the Council of Economic Advisers, New York 1978, S. 61.

Kapitel 6

1 Charles A. Coombs, The Arena of International Finance, New York 1976, S. 171.

2 Arthur M. Okun, The Political Economy of Prosperity, Washington, D. C., 1970, S. 15.

4 German Council of Economic Experts, Toward a New Basis for International Monetary Policy. Princeton 1972.

5 John Williamson, The Crawling Peg. Princeton 1965.

6 World Economic Outlook Figures, April 1972.

7 Emminger, D-Mark, Dollar, Währungskrisen, S. 186.

8 Auf dem G10-Treffen am 23. 4. 1970 (IMF, CF, S371).

9 IMF CF, C/Germany/810, Whittome-Notizen, 29. 4. 1971.

10 Volcker/Gyohten, Changing Fortunes, S. 75; Economic Report of the President, Transmitted to Congress January 1972. Washington, D. C., 1972, S. 145; IMF, CF, C/US/820, Aufzeichnungen vom 8. 4. 1971 eines Treffens beim Mittagessen mit Finanzminister Donnally am 7. 4. 1971.

11 Joint Economic Committee Congress of the United States, Report of the Subcommittee on International Exchange and Payments. Action Now to Strengthen the U. S. Dollar. Washington, D. C., 1971, S. 4, 8, 11, 13 f.

12 Eine Kopie des Papers des Joint Economic Committee in IMF, CF, S123. Vgl. auch Robert Solomon, An Insider's View, S. 181.

13 Gerald R. Ford Library (GRF), Burns papers, B65, International Monetary Crisis (3), 18. 8. 1971, Recent Economic Developments in Japan; ebd., 19. 8. 1971, Yen Revaluation and Long-term Foreign Credits.

14 Margaret Garritsen de Vries, The International Monetary Fund 1966–1971. The System under Stress. Bd. I, Washington, D. C., 1971, S. 425.

15 William S. Borden, Defending Hegemony. American Foreign Economic Policy. In: Thomas G. Paterson (Hg.), Kennedy's Quest for Victory. American Foreign Policy 1961–1963. New York 1989, S. 69.

16 Benjamin J. Cohen, The Revolution in Atlantic Economic Relations. A Bargain Comes Unstuck. In: Wolfram F. Hanrieder (Hg.), The United States and Western Europe. Political, Economic and Strategic Perspectives. Cambridge 1974, S. 125.

17 GRF, Burns papers, K31, William Safire, Notizen zu einem Wochenende in Camp David, 13.–15. 8. 1971.

[18] Vgl. Jagdish N. Bhagwati, Export Market Disruption, Compensation and GATT Reform. In: Ders. (Hg.), The New International Economic Order. The North-South Debate. Cambridge 1977, S. 165ff.

[19] GATT, Study on Textiles, L/3797, 29.12.1972, S. I–1.

[20] William R. Cline, The Future of World Trade in Textiles and Apparel. Washington, D. C., 1987 (1990 überarbeitet), S. 15. Vgl. auch Ying-Pik Choi, Hwa Soo Chung und Nicolas Marian, The Multi-Fibre Arrangement in Theory and Practice. London 1985; Robert E. Hudec, The GATT Legal System and World Trade Diplomacy. New York 1975, S. 215.

[21] IMF CF, C/US/820, Memorandum Ernst Sturc vom 14.6.1972: Ansichten amerikanischer Beamter.

[22] John Williamson, Keynes and the International Economic Order. In: David Worswick und James Trevithick (Hg.), Keynes and the Modern World. Cambridge 1983, S. 103; Gottfried Haberler, How Important is Control over International Reserves? In: Anthony Y. C. Koo, Selected Essays of Gottfried Haberler. Cambridge 1985, S. 215. Vgl. auch Joseph Gold, Legal and Institutional Aspects of the International Monetary System. Selected Essays. Bd. II, Washington, D. C., 1984, S. 69.

[23] International Monetary Fund, Annual Report 1975, S. 24.

[24] Das Folgende basiert auf den Notizen, die sich Pierre Paul Schweitzer während des Treffens machte (IMF, S321), zum Teil auch auf einer Unterhaltung des Autors mit Professor Karl Schiller.

[25] Emminger, D-Mark, Dollar, Währungskrisen, S. 204.

[26] IMF, CF, S123, Exchange Rates Changes Required to Achieve Balance of Payments Targets, 27.8.1971; GRF, Burns papers, B65, International Monetary Chrisis 1971 (2), Ralph C. Bryant, Helen B. Junz u. a., The Magnitude of the US Imbalance and the Changes in Exchange Rates Required, 19.8.1971.

[27] Edwin L. Dale Jr., Nixon Hails Pact. New York Times, 19.12.1971.

[28] International Financial Statistics Yearbook 1990, S. 752.

[29] International Financial Statistics Yearbook 1991, S. 90f.

[30] Solomon, International Monetary System, S. 218; Emminger, D-Mark, Dollar, Währungskrisen, S. 214.

[31] Zit. bei Milton Gilbert, Quest for World Monetary Order. The Gold-Dollar System and its Aftermath. New York 1980, S. 73.

[32] Emminger, D-Mark, Dollar, Währungskrisen, S. 220.

[33] Arnulf Baring, Machtwechsel. Die Ära Brandt-Scheel. Stuttgart 1982, S. 671f.

[34] Emminger, D-Mark, Dollar, Währungskrisen, S. 225.

[35] IMF, CF, S123, Memorandum A. D. Crockett vom 12.2.1973, Meeting on Monetary Crisis (9.2.1973).

[36] Emminger, D-Mark, Dollar, Währungskrisen, S. 240; IMF, C/US/820, Southard Memorandum, Monetary Crisis, March 1–2, 1973, 7.3.1973.

[37] Vgl. IMF, Annual Report 1973.

[38] IMF, CF, S371, 11.3.1973, Sterie T. Beza, Memorandum for Files: Paris Meetings, Deputies' Level (9.3.1973).

[39] Zit. bei Cohen, Revolution, S. 129.

[40] International Financial Statistics Yearbook 1990, S. 90f.

[41] The Limits to Growth. A Report for the Club of Rome's Project on the Predicament of Mankind. New York 1972.

[42] International Financial Statistics Yearbook 1990, S. 178–183.

[43] Zit. bei Daniel Yergin, The Prize. The Epic Quest for Oil, Money and Power. New York 1991, S. 595.

[44] Vgl. Edith Penrose, The Development of Crisis. In: Raymond Vernon (Hg.), The Oil Crisis. New York 1976, S. 39–58.

[45] Joseph Stanislaw und Daniel Yergin, Oil. Reopening the Door. In: Foreign Affairs 72, 4 (1993), S. 81.

[46] Edward R. Fried und Charles L. Shultze, Higher Oil Prices and the World Economy. The Adjustment Problem. Washington D. C., 1975.

[47] Johannes Witteveen, Rede auf der Weltbankkonferenz, The Role of the International Monetary Fund, 15.1.1974.

[48] IMF, CF, CXX Ministers, First Session, 17.1.1974.

[49] Christopher McMahon, CXX Deputies, Third Session, 15.1.1974.

[50] de Vries, International Monetary Fund 1972–1978, III, S. 165.

[51] Joseph Gold, Law and Reform of the International Monetary System. In: Ders., Legal and Institutional Aspects of the International Monetary System. Selected Essays. Bd. I, Washington, D. C., 1979, S. 94ff.

Kapitel 7

[1] Keesings Contemporary Archives, 1974, 26548f.

[2] Keesings Contemporary Archives, 1975, 27010.

[3] Jan Tinbergen, Reshaping the International Order. A Report to the Club of Rome. New York 1976, S. 156.

[4] World Economic Outlook, April 1985, S. 3.

[5] Vgl. auch Volcker und Gyohten, Changing Fortunes, S. 146.

[6] Robert Putnam und Nicholas Bayne, Hanging Together. Cambridge/Mass. 1984, S. 86ff.

[7] Die Zahlen stammen vom Staatssekretär im Finanzministerium Anthony M. Solomon in: Forex Research Ltd. Conference, The Management of Foreign Exchange Risks. New York, 15.5.1978.

[8] Interview mit Helmut Schmidt. In: Die Welt, 14.7.1978, S. 3.

9 Helmut Schmidt, Menschen und Mächte. Berlin 1987, S. 317.

10 Gerald Holtham, German Macroeconomic Policy and the 1978 Bonn Summit. In: Can Nations Agree? Issues in International Economic Cooperation, S. 157.

11 IFS.

12 Holtham, German Macroeconomic Policy, S. 173.

13 Wilfried Guth, Summary and Conclusions. In: Ders. (Hg.), Economic Policy Coordination. Washington, D. C., 1988, S. 211.

14 Vgl. Edward J. Lincoln, Japan. Facing Economic Maturity. Washington, D. C., 1988, S. 211.

15 18. 8. 1972, Reform of the International Monetary System. A Report by the Executive Directors to the Board of Governors, de Vries, International Monetary Fund 1972–1978, III, S. 41 ff.

16 Emminger, D-Mark, Dollar, Währungskrisen, S. 364.

17 Jenkins, A Life, S. 478.

18 Schmidt, Menschen, S. 318; William Greider, Secrets of the Temple. How the Federal Reserve Runs the Country. New York 1987, S. 118 ff.

19 Tim Congdon, The Debt Threat. The Dangers of High Real Interest Rates for the World Economy. Oxford 1988, S. 91; Anthony Y. C. Koo (Hg.), Selected Essays of Gottfried Haberler. Cambridge 1985, S. 238; Volcker und Gyohten, Changing Fortunes, S. 169 f.

20 Jesús Silva Herzog, The Costs for Latin America's Development. In: Robert A. Pastor (Hg.), Latin Americas Debt Crisis. Adjusting to the Past or Planning for the Future? Boulder 1987, S. 33.

21 Congdon, The Debt Threat, S. 134 ff.

22 Polish Debt Problem Looms for Banks – Lending Margins Compressed in Asia. In: Wall St. Journal, 11. 3. 1981, S. 30.

23 IMF, CF, C/Hungary/810, Bericht von P. de Fontenay, 17. 12. 1981.

24 Bank for International Settlements, Fifty-Third Annual Report 1982/83, S. 164 f.

25 BIS, Committee on Banking Regulations and Supervisory Practices, Management of Banks' International Lending, 1982 (März).

26 Guttentag, Disaster Myopia, S. 15; E. Brau, R. C. Williams, P. M. Keller und M. Nowak, Recent Multilateral Debt Restructurings with Official and Bank Creditors. Washington 1983, S. 5.

27 Carlos Bazdresch und Santiago Levy, Populism and Economic Policy in Mexico 1970–1982. In: Rüdiger Dornbusch und Sebastian Edwards (Hg.), The Macroeconomics of Populism in Latin America. Chicago 1991, S. 249.

28 IMF, CF, C/Mexico/820.3, 25. 6. 1982, Article IV Consultation Report.

[29] Loan Signed for Mexico Totaling $ 2.5 Billion. In: Wallstreet Journal, 2.7.1982, S.17; Loan to Mexico of $ 2.5 Billion Seems Delayed. In: Wallstreet Journal, 14.6.1982, S.25; French Raise 12-Year Credit. In: Finanical Times, 14.6.1982, S.21.

[30] IMF, RD, AN 87/19, Box 2, Section 94, 12.7.1982, Memorandum for the Files.

[31] Ebd., M. Guitián Memorandum, Mexico-Meeting with Creditor Banks at the Federal Reserve Bank of New York.

[32] Kraft, Mexican Rescue, S.39.

[33] World Bank, World Debt Tables 1991–92, I, S.44.

[34] IMF, RD, 85/231, Box 9, Section 177, Irwin D. Sandberg Memorandum, Meeting between IMF and Commercial Bankers regarding Mexico and Argentina, 18.11.1982.

[35] Madrid, Overexposed, S.98f.

[36] IMF, RD, AN 88/274, Box 5, Section 269, 22.11.1982, De Larosière, handschriftliche Notizen vom Londoner Treffen.

[37] World Economic Outlook, April 1984, S.56f.; Nora Lustig, Mexico. The Remaking of an Economy. Washington 1992, S.35.

[38] Der kritische Bericht der ›Washington Post‹ (IMF Cuts Off Lending to Mexico, 20.9.1985) erschien am selben Tag wie die Nachrichten über das Erdbeben in Mexico City. Vgl. auch IMF, CF, C/Mexico/810, 18.9.1985, J.P. Pujol Memorandum.

[39] Philippe Szymczak, International Trade and Investment Liberalization. Mexico's Experience and Prospects. In: Claudio Loser und Eliot Kalter (Hg.), Mexico. The Strategy to Achieve Sustained Economic Growth. Washington 1992, S.28–31.

[40] Zit. bei Rüdiger Dornbusch, Mexico. Stabilization, Debt and Growth. In: Economic Policy 7 (1988), S.233.

[41] James W. Wilkie (Hg.), Statistical Abstract of Latin America. Los Angeles 1992, S.396, 406.

[42] William R. Cline, The Baker Plan and Brady Reformulation. An Evaluation. In: Husain und Diwan (Hg.), Dealing with the Debt Crisis, S.192f.

[43] Attali, Verbatim, Bd. I, Paris 1993, S.694.

[44] Hearing before the Committee on Banking, Finance and Urban Affairs, House of Representatives, Ninety-Ninth Congress, First Session, 22.10.1985, Serial No. 99–39, Washington 1986.

[45] IMF, RD, AN 88/274, Box 8 Section 269, Managing Director's Meeting with Bankers (6.1.1986).

[46] World Bank, Debt Tables 1988–89, S.11.

[47] IMF Annual Report 1990, S.32.

[48] Karin Lissakers, Banks, Borrowers and the Establishment. New York 1991, S. 237.
[49] Peru's New Chief to Limit Payments on Foreign Debt. In: New York Times, 29. 7. 1985, S. 1.
[50] Zit. bei Lissakers, Banks, S. 202.
[51] Alfred Herrhausen, Zeit ist Geld. In: Die Zeit, 16. 9. 1988, S. 35 f.
[52] Brief Herrhausen an Camdessus, 23. 9. 1989.
[53] Japan to Play Leading Role over Debt Burden. In: Financial Times, 15. 9. 1987, S. 1; Japan as a Suitable Leader. In: Financial Times, 28. 9. 1987, S. 2; Japan Economic Journal, 10. 10. 1987.
[54] Financial Times, 19. 4. 1994, ein Mitglied des bankeigenen Institute for International Finance zitierend, und zwar über den brasilianischen Abschluß, der »einen Wandel der Bedeutung signalisiert, die den Institutionen von Bretton Woods von den Märkten beigelegt wird«.
[55] Return of a Deal-Maker. In: Financial Times, 18. 6. 1993, S. 10.
[56] World Bank, World Debt Tables 1995–6 (vgl. Neue Zürcher Zeitung, 13. 3. 1996, S. 21).
[57] Vgl. Benjamin J. Cohen, In Whose Interest? International Banking and American Foreign Policy. New Haven 1986; Joseph Jude Norton, Capital Adequacy Standards. A Legitimate Regulatory Concern for Prudential Supervision of Banking Activities? In: Ohio State Law Journal 49 (1989), S. 1325; Daniel Granirer, A Modern Great Power Concert. New York, Tokyo and the Political Economy of International Financial Regulatory Cooperation. Princeton (PHD) 1994; Goldstein u. a., International Capital Markets 1992, S. 10–15.
[58] Zum Beispiel Gerald E. Corrigan, Challenges Facing the International Community of Bank Supervisers. In: Federal Reserve Bank of New York Quarterly Review 17/3 (1992), S. 1–9.

Kapitel 8

[1] Vgl. Michael Mussa, Nominal Exchange Rate Regimes and the Behavior of Real Exchange Rates. Evidence and Implications. In: Carnegie-Rochester Conference Series on Public Policy 25 (1986), S. 117–213; C. Fred Bergsten, Economic Imbalances and World Politics. In: Foreign Affairs 65 (1987), S. 770–794.
[2] IMF, CF, S375, 2. 12. 1985, Staff Note.
[3] Vgl. Stephen Marris, Deficits and the Dollar. The World Economy at Risk. Washington, D. C., 1985 (für 1987 ergänzt).
[4] Robert D. Putnam und Nicholas Bayne, Hanging Together. The Seven Power Summits. Cambridge 1984, S. 156.

[5] Jacques Attali, Verbatim, Bd. I. Paris 1993, S. 61.
[6] OECD, Outlook, 37, Juni 1985, S. XVII.
[7] Bergsten, Economic Imbalances, S. 772.
[8] Attali, Verbatim, Bd. I, S. 445, 830.
[9] Nigel Lawson, The View from No. 11. London 1992, S. 554f.
[10] Yoichi Funabashi, Managing the Dollar: from the Plaza to the Louve. Washingon, D.C., 1989. S. 54.
[11] David Marsh, The Bundesbank. The Bank that Rules Europe. London 1992. S. 74f.
[12] IMF, CF, Interim Committee, Sitzung vom 27. 11. 1987.
[13] Stocks Plunge Despite Baker Reassurances. In: Washington Post, 16. 10. 1987, S. A16; U. S. Cautions Bonn That It May Force the Dollar Lower. In: New York Times, 16. 10. 1987, S. 1.
[14] Stock Market Takes Biggest Nose Dive Yet. In: Washington Post, 17. 10. 1987, S. 1.
[15] Strains Appear in Group of Seven's Ranks. In: Wallstreet Journal, 19. 10. 1987, S. 42.
[16] Funabashi, Managing, S. 212.
[17] Ebd., S. 217; Martin Feldstein, Correcting the Trade Deficit. In: Foreign Affairs 65 (1987), S. 788.
[18] Margaret Thatcher, The Downing Street Years. London 1993, S. 783.
[19] Lawson, The View, S. 752.
[20] Andrew Crockett, Monetary Policy Implications of Increased Capital Flows. In: Bank of England Quarterly Bulletin 33/4 (1993), S. 500.
[21] Bretton Woods Commission, Bretton Woods. Looking to the Future. Washington, D. C., 1994, S. 5.
[22] Lawson, The View, S. 756.
[23] IMF, World Economic Outlook, Oktober 1993, S. 63f.
[24] Ebd., S. 65.

Kapitel 9

[1] Richard A. Giggott, Andrew F. Cooper und Jenelle Bonnor, Asia-Pacific Economic Cooperation. An Evolving Case-Study in Leadership and Cooperation Building. In: International Journal 19 (1990), S. 828.
[2] IFS.
[3] Ishikawa Tadao, Asia and Japan. In: Andrew J. L. Armour (Hg.), Asia and Japan. The Search for Modernization and Identity. London 1985, S. 7.
[4] Sanko Deal May Aid Shipyards in Japan. Asian Nations Pursue Trading Union Plan. In: Wall St. Journal, 11. 6. 1973, S. 6.

[5] Higgott, Cooper und Bonnor, Asia-Pacific Economic Cooperation, S. 832ff.

[6] Southeast Asia Nations Sign Free-Trade Accord. In: New York Times, 29.1.1992, S. D5.

[7] Zit. in »Growing«. In: Time, 14.9.1992, S. 38.

[8] Ippei Yamazawa, Koji Taniguchi und Akira Hirata, Trade and Industrial Adjustment in Pacific Asian Countries. In: The Developing Countries 21 (1983), S. 225.

[9] In Search of a New Crystal Ball. In: Far Eastern Economic Review, 9.9.1979, S. 64f.

[10] Yamazawa, Taniguchi und Hirata, Trade and Policy Adjustment, S. 291f.; Stephen Guisinger, Foreign Direct Investment Flows in East and Southeast Asia. Policy Issues. In: ASEAN Economic Bulletin, Juli 1991, S. 29–46; Randall S. Jones, Japanese Direct Investment in the United States. In: Asian Affairs 18 (1991), S. 173.

[11] Economist, Survey, 16.11.1991, S. 7.

[12] Miyohei Shinohara, Trends and Dynamics of East and Southeast Asian Economies. In: Asian Development Review 3 (1985), S. 54; Kazushi Ohkawa, Japan's Development. A Model for Less-Developed Countries? In: Asian Development Review 1/2 (1983), S. 45–57.

[13] Die Frage wurde zu einem beliebten Thema für Wirtschaftswissenschaftler der unterschiedlichsten intellektuellen und ideologischen Orientierung: Handelte es sich hier um ein vom Staat bewirktes Wachstum oder war das Wachstum dem freien Spiel der Kräfte in einem marktwirtschaftlichen Rahmen zu verdanken? Jedoch stimmen fast alle darin überein, daß die »Erfolgsgeschichte« kein »Wunder« darstellt, sondern durchaus auf vertraute Faktoren zurückgeführt werden kann: auf hohe Sparraten und Investitionen, dazu auf das Vorhandensein einer Bevölkerung mit einem höheren Standard der Bildung und Ausbildung als in anderen Ländern mit vergleichbaren Einkommensniveaus. Vgl. vor allem World Bank, The East Asian Miracle. Washington, D. C., 1993.

[14] World Bank, World Debt Tables 1995–6.

[15] Mataji Umemura und Toshiyoki Mizoguchi (Hg.), Quantitative Studies on Economic History of Japan [sic] Empire 1890–1940. Tokio 1981, S. 64.

[16] Robert Wade, Governing the Market. Economic Theory and the Role of Government in East Asian Industrialization. Princeton 1990, S. 63f.

[17] Vgl. hierzu Mancur Olson, The Rise and Decline of Nations. Economic Growth, Stagflation, and Social Rigidities. New Haven 1982. Dazu Wade, Governing the Market, S. 71: »All seiner abstoßenden

Aspekte ungeachtet, hat Taiwans geschlossenes und autoritäres Regime dafür gesorgt, daß das Land dem politischen Geschick vieler Entwicklungsländer entgehen konnte, nämlich dem fortwährenden Wechsel zwischen anfälligen demokratischen Experimenten, inkompetentem Autoritarismus und Demagogen. Es war in der Lage, Geschäftsleuten das Vertrauen zu geben, daß es das auch tut, was es zu tun verspricht.«

18 Stephan Haggard, Richard N. Cooper und Chung-in Moon, Policy Reform in Korea. In: Robert H. Bates und Anne O. Krueger (Hg.), Political and Economic Interactions in Economic Policy Reform. Evidence from Eight Countries. Oxford 1993, S. 294–332.

19 Bruce Cumings, The Origins and Development of the Northeast Asian Political Economy. In: International Organization 38,1 (1984), S. 26.

20 Vgl. Ronald I. McKinnon, Money and Capital in Economic Development. Washington 1973, S. 107ff., 163f.

21 Wade, Governing the Market, S. 79.

22 Ebd., S. 81f.

23 United Nations, Yearbook of International Trade Statistics 1968, S. 475; 1980, S. 1202; 1984, S. 164.

24 Wade, Governing the Market, S. 319.

25 South Korea's Generals Invent Merger by Decree. In: Economist, 6. 9. 1980, S. 67; vgl. auch After the Debt Crisis, the Credit Crunch. In: Far Eastern Economic Review, 9. 11. 1979, S. 62.

26 Caught in the Oil-Debt Trap. In: Far Eastern Economic Review, 19. 10. 1979, S. 58.

27 Prescription for the IMF. In: Economist, 15. 3. 1980, S. 18.

28 Southeast Asian Countries Will Outgrow Nations to North in 1980s. Study Shows. In: Wall St. Journal, 12. 5. 1981, S. 36.

29 IMF, CF, C/Korea/810, 19. 2. 1982, Memorandum Gyorgy Szapary für Geschäftsführenden Direktor.

30 Bela Belassa und John Williamson, Adjusting to Success. Balance of Payments Policy in the East Asian NICs. Washington, D. C., 1987, bes. S. 70f.; Rüdiger Dornbusch und Yung Chul Park, Korean Growth Policy. In: Brookings Papers on Economic Activity, 1987, S. 389–444.

31 IMF, CF, EBM/87/97, 6. 7. 1987, EBS/87/134, 22. 6. 1987.

32 Wade, Governing the Market, S. 319.

33 Geography and Geometry. In: Economist, 16. 11. 1991, S. 9.

34 World Bank, East Asian Miracle, S. 135; Vehicle of Growth. In: Financial Times Survey, 31. 8. 1993, S. IV.

Kapitel 10

[1] Jacob Viner, International Economics, Glencoe, Ill., 1951, S. 16.

[2] Vgl. Manuel Guitián, The Issue of Capital Account Convertibility. A Gap Between Norms and Reality. Vortrag auf einem Seminar in Marrakesch, 16.–18. 12. 1993.

[3] Vgl. Richard N. Cooper, A Monetary System for the Future. In: Foreign Affairs 63 (1984), S. 166–184; ders., What Future for the International Monetary System? In: Jacob A. Frenkel und Morris Goldstein (Hg.), International Financial Policy. Essays in Honor of Jacques J. Polak. Washington, D. C., 1991, S. 125–149; Ronald I. McKinnon, An International Standard for Monetary Stabilization. Washington, D. C., 1984; ders., The Rules of the Game. International Money in Historical Perspective. In: Journal of Economic Literature 31 (1), März 1993, S. 1–44.

[4] Vgl. Paul de Grauwe, Hans de Wachter und Marc Embrechts, Exchange Rate Theory. Chaotic Models of the Foreign Exchange Markets. Oxford 1993.

[5] Harry G. Johnson, The Bretton Woods System, Key Currencies and the »Dollar Crisis« of 1971. In: Three Banks Review 94 (1972), S. 5. Für eine andere Analogie vgl. Knut Borchardt, Can Societies Learn from Economic Crisis? In: German Yearbook on Business History 1984, Berlin 1985, S. 13–24.

[6] Vgl. Barbara Stallings, International Influence on Economic Policy. Debt, Stabilization, and Structural Reform. In: Stephan Haggard und Robert R. Kaufmann (Hg.), The Politics of Economic Adjustment. Princeton 1992, S. 52 f.

[7] Robert Solomon, International Monetary Reform. The Future is Not What it Used to Be. In: O. F. Hamouda, R. Rowley und B. M. Wolf (Hg.), The Future of the International Monetary System. Aldershot 1989, S. 10; Otmar Issing, Internationale Währungsordnung. Tübingen 1991, S. 50 f.

[8] Vgl. Fusae Ota, Hiroya Tanigawa und Tasuke Otani, Russia's Economic Reform and Japan's Industrial Policy. MITI Working Paper. Tokio 1992.

[9] Dies wurde kraftvoll vertreten von François Bourguignon und Christian Morrisson, Adjustment and Equity in Developing Countries. A New Approach. Paris 1992.

Abkürzungen

APEC	Asian Pacific Economic Forum
ASEAN	Association of South East Asian Nations
BIZ	Bank für Internationalen Zahlungsausgleich
ECA	Economic Cooperation Association (Rat für wirtschaftliche Zusammenarbeit)
ECU	European Currency Unit (Europäische Währungseinheit)
EWS	Europäisches Währungssystem
EZU	Europäische Zahlungsunion
GAB	General Arrangements to Borrow (Allgemeine Kreditvereinbarungen)
GATT	General Agreement on Tariffs and Trade (Allgemeines Zoll- und Handelsabkommen)
ITO	International Trade Organization (Internationale Handelsorganisation)
IWF	Internationaler Währungsfonds
OECD	Organization for Economic Cooperation and Development (Organisation für wirtschaftliche Zusammenarbeit und Entwicklung)
OEEC	Organization for European Economic Cooperation (Europäische Organisation für wirtschaftliche Zusammenarbeit)
OPEC	Organization of Petroleum Exporting Countries (Organisation der Erdölexportierenden Länder)
RGW	Rat für gegenseitige Wirtschaftshilfe
SDR	Special Drawing Rights (Sonderziehungsrechte)
UNCTAD	United Nations Conference on Trade and Development
WTO	World Trade Organization (Welthandelsorganisation)

Literatur

Berend, Iván u. Györgi Y. Ranki, Economic Development in East-Central Europe in the 19th and 20th Centuries. New York 1974.

Bhagwati, Jagdish, Anatomy and Consequences of Exchange Control Regimes. New York 1978.

Boltho, Andrea, The European Economy. Growth and Crisis. Oxford 1982.

Bordo, Michael D. und Barry Eichengreen (Hg.), A Retrospective on the Bretton Woods System. Lessons for International Monetary Reform. Chicago 1993.

Bossuat, Gérard, La France, l'aide américaine et la construction européenne 1944–1954. Paris 1992.

Brown, William Adams Jr., The International Gold Standard Reinterpreted 1914–1934. New York 1940.

Buchheim, Christoph, Die Wiedereingliederung Westdeutschlands in die Weltwirtschaft 1945–1958. München 1990.

Burk, Kathleen und Alec Cairncross, Goodbye Great Britain. The 1976 IMF Crisis. New Haven 1992.

Cairncross, Alec und Barry Eichengreen, Sterling in Decline. The Devaluations of 1931, 1949 and 1967. Oxford 1983.

Cassel, Gustav, The Downfall of the Gold Standard. Oxford 1936.

Clarke, Stephen V.O., The Reconstruction of the International Monetary System. The Attempts of 1922 and 1933. Department of Economics, International Finance Section, Essays in International Finance No. 33. Princeton 1973.

Cline, William R., International Monetary Reform and the Developing Countries. Washington D.C. 1976.

Cohen, Benjamin J., In Whose Interest? International Banking and American Foreign Policy. New Haven 1986.

Congdon, Tim, The Debt Threat. The Dangers of High Real Interest Rates for the World Economy. Oxford 1988.

Coombs, Charles A., The Arena of International Finance. New York 1976.

Cooper, Richard N., The Economics of Interdependence. Economic Policy in the Atlantic Community. New York 1968.

Dam, Kenneth W., The Rules of the Game. Reform and Evolution in the International Monetary System. Chicago 1982.

Dasgupta, Partha, An Inquiry into Well-Being and Destitution. Oxford 1993.

De Cecco, Marcello, The International Gold Standard 1890–1914. Money and Empire. New York 1984.

Dell, Edmund, A Hard Pounding. Politics and Economic Crisis 1974–76. Oxford 1991.

Deutsche Bundesbank, Deutsches Geld- und Bankwesen in Zahlen 1876–1975. Frankfurt a.M. 1976.
Dobson, Wendy, Economic Policy Coordination. Requiem or Prologue? Washington D.C. 1991.
Dominguez, Kathryn and Jeffrey Frankel. Does Foreign Exchange Intervention Work? Washington D.C. 1993.
Dormael, Armand van, Bretton Woods. Birth of a Monetary System. New York 1978.
Eichengreen, Barry, Golden Fetters. The Gold Standard and the Great Depression 1919–1939. New York 1992.
Ellis, Howard S., Exchange Control in Central Europe. Cambridge/Mass. 1941.
Emminger, Otmar, D-Mark, Dollar, Währungskrisen. Erinnerungen eines ehemaligen Bundesbankpräsidenten. Stuttgart 1986.
Feldstein, Martin and Charles Horioka. Domestic Saving and International Capital Flows. In: Economic Journal 90 (1980).
Frieden, Jeffry A., Banking on the World. The Politics of American International Finance. New York 1987.
Friedman, Milton, Essays in Positive Economics. Chicago 1953.
Friedman, Milton, Bimetallism Revisited. In: Ders., Money Mischief. Episodes in Monetary History. New York 1992.
Funabashi, Yoichi, Managing the Dollar. From the Plaza to the Louvre. 2. Aufl. Washington D.C. 1989.
Gardner, Richard N., Sterling Dollar Diplomacy. The Origins and the Prospectus of Our International Economic Order. New York 1969.
Giersch, Herbert, Karl-Heinz Paqué und Holger Schmieding, The Fading Miracle. Four Decades of Market Economy in Germany. Cambridge 1992.
Gilpin, Robert und Jean, The Political Economy of International Relations. Princeton 1987.
Gimpel, John, The Origins of the Marshall Plan. Stanford 1976.
Gowa, Joanne, Closing the Gold Window. Domestic Politics and the End of Bretton Woods. Ithaca 1983.
de Grauwe, Paul, International Money. Post-war Trends and Theories. Oxford 1989.
Guitián, Manuel, Rules and Discretion in International Economic Policy. International Monetary Fund Occasional Paper 97, Washington D.C. 1992.
Gwynne, S. G., Selling Money. New York 1986.
Hardach, Gerd, Der Marshall-Plan. Auslandshilfe und Wiederaufbau in Westdeutschland 1948–1952. München 1994.
Harrod, Roy F., The Life of John Maynard Keynes. Harmondsworth 1972.

Hirschman, Albert O., National Power and the Structure of Foreign Trade. Berkeley 1945.
Hoffmeyer, Erik, The International Monetary System. An Essay in Interpretation. Amsterdam 1992.
Hogan, Michael J., The Marshall Plan. America, Britain, and the Reconstruction of Western Europe 1947–1952. Cambridge 1987.
Horsefield, J. Keith, The International Monetary Fund 1945–1965. Twenty Years of International Monetary Cooperation. Washington D.C. 1969.
Issing, Otmar, Internationale Währungsordnung. Tübingen 1991.
Jacobsson, Erin E., A Life for Sound Money: Per Jacobsson. His Biography. Oxford 1979.
James, Harold, International Monetary Cooperation Since Bretton Woods. New York 1996.
Johnson, Chalmers, MITI and the Japanese Miracle. The Growth of Industrial Policy 1925–1975. Stanford 1982.
Jones, Joseph M., Tariff Retaliation. Repercussions of the Hawley-Smoot Bill. Philadelphia 1934.
Kaplan, Jacob J. und Günther Schleiminger, The European Payments Union. Financial Diplomacy in the 1950s. Oxford 1989.
Kenen, Peter B., Financing, Adjustment and the International Monetary Fund. Washington D.C. 1986.
Kenen, Peter B., EMU After Maastricht. Washington D.C. 1992.
Keynes, John Maynard, The Economic Consequences of the Peace. New York 1920.
Kindleberger, Charles P., The Dollar Shortage. Cambridge/Mass. 1950.
Kindleberger, Charles P., Die Weltwirtschaftskrise 1929–1939. München 1973 (Geschichte der Weltwirtschaft im 20. Jahrhundert, Bd. 4).
Kindleberger, Charles P., A Financial History of Western Europe. New York 1993.
Kraft, Joseph, The Mexican Rescue. New York 1984.
Krueger, Anne O., Liberalization Attempts and Consequences. New York 1978.
Krueger, Anne O., Political Economy of Policy Reform in Developing Countries. Cambridge/Mass. 1993.
Lewis, W. Arthur, Economic Survey 1919–1939. London 1953.
Lewis, W. Arthur, Growth and Fluctuations 1870–1913. London 1978.
Lissakers, Karin, Banks, Borrowers and the Establishment. A Revisionist Account of the International Debt Crisis. New York 1991.
Lomax, David F., The Developing Country Debt Crisis. London 1986.
Low, Patrick, Trading Free. The GATT and US Trade Policy. New York 1993.

Ludlow, Peter, The Making of the European Monetary System. A Case Study of the Politics of the European Community. London 1982.
Lustig, Nora, Mexico. The Remaking of an Economy. Washington D.C. 1992.
Maddison, Angus, Phases of Capitalist Development. Oxford 1982.
Marsh, David, The Bundesbank. The Bank that Rules Europe. London 1992.
Meadows, Dennis u.a., Die Grenzen des Wachstums. Bericht des Club of Rome zur Lage der Menschheit (1972), 16. Aufl. Stuttgart 1994.
Milward, Alan S., The Reconstruction of Western Europe 1945–1951. Berkeley 1984.
Milward, Alan S. (mit George Brennan und Federico Romero), The European Rescue of the Nation-State. London 1992.
Moggridge, Donald, Maynard Keynes. An Economist's Biography. London 1992.
Nau, Henry R., The Myth of America's Decline. Leading the World Economy into the 1990s. New York 1990.
Neal, Larry, The Rise of Financial Capitalism. International Capital Markets in the Age of Reason. Cambridge 1990.
Nurkse, Ragnar, International Currency Experience. Lessons from the Inter-War Period. Genf 1944.
OECD, Why Economic Policies Change Course. Eleven Case Studies. Paris 1988.
Odell, John S., US International Monetary Policy. Markets, Power and Ideas as Sources of Change. Princeton 1982.
Olson, Mancur, The Rise and Decline of Nations. Economic Growth, Stagflation, and Social Rigidities. New Haven 1982.
Putnam, Robert D. und Nicholas Bayne, Hanging Together. The Seven-Power Summits. Cambridge/Mass. 1984.
Putnam, Robert D. und C. Randall Henning, The Bonn Summit of 1978. A Case Study in Coordination. In: Richard N. Cooper u.a., Can Nations Agree? Issues in International Economic Cooperation. Washington D.C. 1989.
Simonsen, Mario Henrique, The Developing-Country Debt Problem. In: Gordon W. Smith und John T. Cuddington (Hg.), International Debt and the Developing Countries. Washington D.C. 1985.
Singer, Hans W., Economic Progress in Under-Developed Countries. In: Social Research 16 (1949).
Skidelsky, Robert, John Maynard Keynes. The Economist as Saviour. London 1992.
Solomon, Robert, The International Monetary System 1945–1976. An Insider's View. New York 1977.

Strange, Susan, Sterling and British Policy. A Political Study of an International Currency in Decline. London 1971.
Triffin, Robert, Europe and the Money Muddle. From Bilateralism to Near-Convertibility 1947–1950. New Haven 1957.
de Vries, Margaret Garritsen, The International Monetary Fund 1966–1971. The System under Stress. Washington D.C. 1976.
de Vries, Margaret Garritsen, The International Monetary Fund 1972–1978. Cooperation on Trial. Washington D.C. 1985.
de Vries, Margaret Garritsen, Balance of Payments Adjustment 1945 to 1986. The IMF Experience. Washington D.C. 1987.
Volcker, Paul A. und Toyoo Gyoten, Changing Fortunes. The World's Money and the Threat to American Leadership. New York 1992.
Wade, Robert, Governing the Market. Economic Theory and the Role of Government in East Asian Industrialization. Princeton 1990.
van der Wee, Herman, Der gebremste Wohlstand. Wiederaufbau, Wachstum, Strukturwandel 1945–1980. München 1984.
Williams, John H., Postwar Monetary Plans and Other Essays. New York 1947.
Williamson, John, The Failure of World Monetary Reform 1971–74. New York 1977.
World Bank, The East Asian Miracle. Economic Growth and Public Policy. Washington D.C. 1993.

Register

Der Autor

Harold James, geboren am 19. Januar 1956, studierte Geschichte an der Cambridge University (Ph.D. 1982). 1982 erhielt er den Ellen MacArthur Prize for Economic History, im gleichen Jahr Forschungsaufenthalt am Institut für Europäische Geschichte in Mainz. Seit 1986 lehrt er an der Princeton University, zunächst als Assistant und Associate Professor, seit 1995 als Professor für Geschichte. 1996 Gastprofessur am Graduiertenkolleg für Internationale Studien in Genf.
Zahlreiche Veröffentlichungen zur deutschen Geschichte und Wirtschaftsgeschichte des 20. Jahrhunderts, u.a.: ›The Reichsbank and Public Finance in Germany 1924–1933. A Study of the Politics of Economics during the Great Depression‹ (1985); ›The German Slump. Politics and Economics 1924–1936‹ (1986; dt.: Deutschland in der Weltwirtschaftskrise 1926–1936; 1988); ›A German Identity 1770–1990‹ (1989; 1990; dt.: Deutsche Identität 1770–1990; 1991; 1994); ›Vom Historikerstreit zum Historikerschweigen‹ (1993); ›International Monetary Cooperation since Bretton Woods‹ (1996).

20 Tage im 20. Jahrhundert

Herausgegeben von Norbert Frei, Klaus-Dietmar Henke und Hans Woller

20 Tagesereignisse aus den letzten hundert Jahren bilden den Ausgangspunkt für eine umfassende Darstellung der historischen, gesellschaftlichen und kulturellen Entwicklung vom Beginn des Jahrhunderts bis zum Ende des Jahrtausends. Als Ergebnis liegt damit eine Bilanz des 20. Jahrhunderts vor.

Volker R. Berghahn
Sarajewo, 28. Juni 1914
Der Untergang des alten Europa
dtv 30601 (1997)

Dietrich Beyrau
Petersburg, 25. Oktober 1917
Die russische Revolution und der Aufstieg des Kommunismus
dtv 30602 (1998)

Hans Woller
Rom, 28. Oktober 1922
Die totalitäre Herausforderung
dtv 30603 (1998)

Jürgen Osterhammel
Shanghai, 30. Mai 1925
Die Chinesische Revolution
dtv 30604 (1997)

Ulrich Herbert
Auschwitz, 17. Juli 1942
Rassenideologie, Genozid und Ausrottungspolitik
dtv 30605 (1998)

Jost Dülffer
Jalta, 4. Februar 1945
Der Zweite Weltkrieg und die Entstehung der bipolaren Welt
dtv 30606 (1998)

Detlef Bald
Hiroshima, 6. August 1945
Die nukleare Bedrohung
dtv 30607 (1998)

Dietmar Rothermund
Delhi, 15. August 1947
Das Ende kolonialer Herrschaft
dtv 30608 (1998)

Franz Knipping
Rom, 25. März 1957
Die Einigung Europas
dtv 30609 (1998)

Robert D. Johnson
Washington, 20. Januar 1961
Der amerikanische Traum
dtv 30610 (1998)

Helmut Mejcher
Sinai, 5. Juni 1967
Krisenherd Naher und Mittlerer Osten
dtv 30611 (1998)

Norbert Frei
Paris, 13. Mai 1968
Kulturprotest und Gesellschaftsreform
dtv 30612 (1998)

Brigitte Röthlein
Mare Tranquillitatis, 20. Juli 1969
Die wissenschaftlich-technische Revolution
dtv 30613 (1997)

Wilfried Loth
Helsinki, 1. August 1975
Entspannung und Abrüstung
dtv 30614 (1998)

Harold James
Rambouillet, 15. November 1975
Die Globalisierung der Wirtschaft
dtv 30615 (1997)

Mária Huber
Moskau, 10. März 1985
Die Auflösung des sowjetischen Imperiums
dtv 30616 (1998)

Franz J. Brüggemeier
Tschernobyl, 26. April 1986
Die ökologische Herausforderung
dtv 30617 (1998)

Walter L. Bernecker
Port Harcourt, 10. November 1995
Aufbruch und Elend in der Dritten Welt
dtv 30618 (1997)

Klaus-Dietmar Henke
Berlin, 9. November 1989
Die deutsche Frage
dtv 30619 (1998)

Lutz Niethammer
Boston, 26. Dezember 2000
Schöne neue Welt: Erwartung und Erfahrung
dtv 30620 (1998)